中青年经济与管理学者文库

本书受到国家社会科学基金青年项目“精准扶贫政策跟踪审计耦合机制研究（18CGL039）”的资助。

精准扶贫审计评价及政策实施效果研究

王 帆 著

中国财经出版传媒集团
中国财政经济出版社

图书在版编目（CIP）数据

精准扶贫审计评价及政策实施效果研究 / 王帆著
. -- 北京：中国财政经济出版社，2022.7
（中青年经济与管理学者文库）
ISBN 978-7-5223-1397-9

Ⅰ.①精…　Ⅱ.①王…　Ⅲ.①扶贫-经济政策-审计-研究-中国　Ⅳ.①F126

中国版本图书馆 CIP 数据核字（2022）第 072941 号

责任编辑：武志庆　　　　责任印制：党　辉
封面设计：智点创意　　　　责任校对：张　凡

精准扶贫审计评价及政策实施效果研究
JINGZHUN FUPIN SHENJI PINGJIA JI ZHENGCE
SHISHI XIAOGUO YANJIU

中国财政经济出版社 出版
URL：http：//www. cfeph. cn
E-mail：cfeph@ cfeph. cn

社址：北京市海淀区阜成路甲 28 号　邮政编码：100142
营销中心电话：010-88191522
天猫网店：中国财政经济出版社旗舰店
网址：https：//zgczjjcbs. tmall. com
北京财经印刷厂印刷　各地新华书店经销
成品尺寸：148mm×210mm　32 开　9.75 印张　257 000 字
2022 年 7 月第 1 版　2022 年 7 月北京第 1 次印刷
定价：45.00 元
ISBN 978-7-5223-1397-9
（图书出现印装问题，本社负责调换，电话：010-88190548）
本社质量投诉电话：010-88190744
打击盗版举报热线：010-88191661　QQ：2242791300

策划人语

题记：一个人的精神成长史，取决于他的阅读史。只有阅读能最有效地培养精神生活习惯，而好的习惯又培养性格，性格决定人生。

——我们自豪，因为我们就是创造这精神产品的人。

选择了飞翔，总能看到蓝天；选择了远航，总能感受大海。人生不仅要作出选择，也要坚持住自己的选择。学会计、当编辑是我的意外选择。人说编辑是为人作嫁，可是这一选择我坚持了30年，苦在其中，乐在其中，也算是有声有色。每当我把一本本好书呈献给人们的时候，我觉得我是“富贵”的人：富，不是你身上的钱财，而是你心里的满足；贵，不是你地位的显赫，而是你被人需要的程度。

书海探寻，情怀永恒

我要说，做编辑我幸运，因为我不仅是第一个读者，可以对作品“品头论足”，也可以对作品“生杀予夺”；更重要的是，这是一个有很高层次的平台，在多年与名家的交往和名著的“对话”中，深深地为他们的人格和才学所感动，被作品的精彩所吸引，这不仅使我“下笔如有神”，更使我的思想和灵魂也受到一次次洗礼和震撼，得到一次次升华。对于我的作者我的书，如数家珍，作者中不乏才学和为人同样过人的多位泰斗和“颜值高责任大”的众多才子佳人；策划的作品不仅立足专业还兼顾人文，也是情怀所在，专业加人文路才会更宽更远。

多年的体会是，作为一名编辑，起码要“三心二意”，即“责任心、细心、耐心”和“服务意识、创新意识”。要多策划一些拳头产品，用一个选题推动一个系统工程，用一个系统工程培养一个出版社品牌。给新入职编辑讲座时我做过一个比喻：编辑两项基本功，审稿——甚至要比博导审批学生论文还要全面、细致；选题策划——要像电影导演一样做“星探”，善于发现优秀作者和挖掘好的原创作品。记不清30年来我策划和编辑了多少书，组织和策划了大批教材、业务培训用书、通俗读物、理论专著等，有的获得过国家、省部级各类奖项，有的以其填补空白、社会热点、风格新颖、开拓尝试等特点受到读者的欢迎。正是：

一入书门情似海，
探寻经典职责在。
苦辣酸甜何其乐，
编辑人生也精彩。

想是问题，做是答案

众所周知，目前的图书出版业在行业竞争和纸质图书受到严重冲击的情况下，出版人无不感到莫大的危机。在这种背景下，我们还要积极应对，完善纸质图书的固有特质，拓宽纸媒的功能，挖掘出版内容和形式都精彩的原创作品，适应新形势下读者的更高需求。2017 年至今，在新的时代环境下不断出新，我又策划了多套系列丛书和单本图书，不乏名家著作、教材、学术专著和实务丛书等，继续为扶持学术研究和总结实践最新成果，在高端研究与专业知识普及和应用之间搭建一座座有益的桥梁。

每一个时代的经济环境不同，理论研究和实务探索所需要解决的问题也有所差别。当前我国处于新的历史时期，市场环境和组织模式不断演变发展、推陈出新，经济、管理、财税等领域的新理论、新思想、新方法、新工具也层出不穷。乱花渐欲迷人眼，击水三千浪几何？这些领域的研究人员被时代赋予了更艰巨的责任，也面临着更高、更多元的要求，我们不仅要具备更广阔的学术视野，而且要有更严谨的学术思维。

输在犹豫，赢在行动

《中青年经济与管理学者文库》的作者，都是我国经济与管理领域的中坚力量，也是未来的大家。他们中有些人潜心从事理论研究，有些人则深耕在实务一线，但无论现实身份如何，视野全都没有被拘泥在“象牙塔”内。他们从不同视角对市场经济的不同要素进行细致审视，然后汇聚于“财经版”这面旗帜之下，相互碰撞，彼此激荡，力求在市场经济转型升级的关键时期留下最新鲜的“中国印记”。

这些经济与管理领域的中青年学者，就是我国市场经济发展的潜力与优势，他们的研究成果，不仅将引领市场经济的各个组成环节向更科学、更先进的方向发展，而且将成为我国政府和企业在未来经济世界扮演更重要角色的支点与动力。祝愿这些中青年学者能攀上更高的学术之山，走向更远的研究之路，也期待宏观、中观、微观各个层面的市场参与者都能从这套文库中得到切实的启发与指引，在全面深化改革、增强发展活力的关键时期，发挥正能量和积极作用，为经济社会发展增添新的动力！——这也是我策划此套丛书的初衷。

作始也简，毕也必巨

2021年，是一个非凡之年，纵观世界风云，抗击疫情“风景这边独好”，“十四五”规划开局，我们喜迎建党百年。“其作始也简，其将毕也必巨。”从“开天辟地”“改天换地”到“翻天覆地”“惊天动地”，我们党经历了四个历史时期——救国大业、兴国大业、富国大业、强国大业，四件大事铸就了中国共产党百年辉煌。我们不禁感叹——风雨百年创辉煌，“天地”之间“有杆秤”。

2021年，还是一个纪念之年，出版社成立65周年和我从事编辑工作30周年。65年来，财经出版社始终坚持正确的舆论导向和鲜明的出版特色，努力为经济建设和财政工作服务，致力于为读者奉献经典作品，在中国财经出版传媒集团旗下发挥着更大的作用，取得更大的成就。作为一个有着20多年党龄的党员，我是生在新中国长在红旗下的幸运的一代，怀着对党无限的热爱和感恩，浓情做事、淡泊做人，用30年的情怀和坚守见证了出版业的转型，践行了编辑的天职，向党递交一份努力的答卷。

2017年策划出版《中青年经济与管理学者文库》至今已五年，得到了众多中青年学者的热烈响应与大力支持，文库诞生至今已囊括专著60余种，为中青年学者们提供了展示学术研究成果的平台，作者队伍不断壮大，作品陆续出版。如果您认可，如果您有意愿，欢迎您和您的朋友加盟我们的作者队伍！在中国财经出版传媒集团的“旗舰”下，中国财政经济出版社这“老字号”，一定励精图治，谱写新的篇章。敬请关注“龙媒玉制新书坊”微信公众号，我们用“龙的精神，玉的品质”来助力您实现梦想！

策划人：樊清玉
邮箱：qingyuf@ sina. com
2021年12月31日

前言

经过近三年的研究，我终于完成并出版了专著《精准扶贫审计评价及政策实施效果研究》，本书受到国家社会科学基金青年项目“精准扶贫政策跟踪审计耦合机制研究”（18CGL039）的资助。本书共包括论文14篇，主要发表在《会计研究》《审计研究》《中国软科学》《经济学家》等一级期刊，1篇发表在SSCI一区，1篇发表在AH&CI，取得了较好的社会影响。

为了撰写本书，我经过3年的细致工作，收集了全部《中国统计年鉴》《中国审计年鉴》《审计署绩效报告》上相关数据，且收集了审计署2015年5—12月“稳增长等政策措施贯彻落实跟踪审计结果”公告（共8份）、2016—2019年“国家重大政策措施落实情况跟踪审计结果”公告（共16份）、2016—2018年“贫困县扶贫审计结果”公告（共3份）、2015—2019年“审计署移送违纪违法问题线索查处”公告（共5份）等报告，以及地方审计机关扶贫报告45份（东北3份、华北4份、华东4份、华南7份、西南8份、华中9份、西北10份）。并对浙江省审计厅及浙江宁波梁弄革命老区、宁夏贫困乡村等进行了问卷调查和实地访谈，为验证精准扶贫政策跟踪审计评价体系以及精准扶贫政策实施效果研究打下了坚实的基础。

本书的写作过程，虽然经历千辛万苦。但经过朋友和同学们的鼓励，经历了思想的碰撞终于完成。在此我衷心感谢上海财经大学汪峰老师、浙江工商大学陶媛婷博士以及我的硕士们，包括褚茂康、陈梦铃、商佳敏、申述超、任瑞雪等，感谢你们对我完成本书写作的支持与鼓励。

希望本书能够为推动全面小康社会实现、增加跟踪审计、促进反贫困政策实施的中国特色社会主义学理基础提供决策参考，为学者们今后研究政策跟踪审计助推乡村振兴、共同富裕提供思路。

王　帆

撰于杭州

2022 年 5 月 10 日

目录

第1章 引 言

1.1 研究背景与意义

精准扶贫是以习近平为核心的党中央提出并实施的重大举措，是新时代中国特色社会主义理论的重要组成部分。习近平总书记在党的十九大报告（2017）中创新性地提出“注重扶贫同扶志、扶智相结合”更是将扶贫这一经济行动跃升到追求生产、社会、生态、教育等精准扶持的新高度，走出了一条符合中国实际的特色扶贫开发道路（王高贺，2016）。到2020年为止，我国的脱贫攻坚成果举世瞩目，5575万农村贫困人口实现脱贫。精准扶贫政策的落实离不开包括审计在内的国家治理体系的合力监督（审计署，2016）。仅2017年，审计就剔除不符合贫困建档立卡10.18万人、重新识别贫困人口9.51万人、完善建档立卡数据信息21.68万人（胡泽君，2017），取得了惊人的成效。然而，精准扶贫的客观要求和扶贫政策跟踪审计实践的迅速发展，特别是“乡村振兴”战略、“全面建成小康社会”战略的要求，迫切需要加强防返贫审计理论指导和审计制度规范。但现行的理论与实践主要针对精准扶贫审计，尚未对防返贫审计进行前瞻性研究。为了探索这个问题，本书试图厘清精准扶贫审计主体、客体与其他监督主体如何良性互动以发挥其在扶贫监督合力中的作用，以及利用审计机关绩效评价结果引导政策运行、体制机制完善、环境保护以及企业投资效率提升等目标实现的路径。这样做的目的是建立防返贫政策，跟踪审计双向制度，保障耦合机制（防止返贫手册和防返贫审计规范），用以指导各级审计机关促进防返贫政策落实、推动全面小康社会实现与推进乡村振兴战略实施。因此，在习近平新时代中国特色社会主义思想指导下，总结和归纳精准扶贫政策跟踪审计的理论与实践的意义重大。

本书拟从过程控制与结果导向两维出发，构建监管要素互动耦合、评价体系协同耦合、双向制度保障耦合的政策跟踪审计机制。其重要意义在于：

第一，助推全面小康社会实现。在习近平“精准扶贫”思想指导下构建“防止返贫手册”，为各级政府防返贫政策实施效率提升、扎实推进乡村振兴以及全面建成小康社会提供一个科学合理的平台，以保障贫困人口在合理的投入基础上全面脱贫、进入小康生活，随后各乡村实现振兴战略。

第二，增加跟踪审计促进反贫困政策实施的中国特色社会主义学理基础。将习近平“国家治理体系和治理能力现代化”思路融入审计机关在监督合力中发挥作用的途径、绩效评价及考评制度设置等研究（结果导向），使用“六个精准”“五个一批”思想指导审计主体、客体与其他监督主体良性互动路径、扶贫政策实施效果评价及督查制度建设等研究（过程控制），为世界反贫困审计研究提供习近平新时代中国特色社会主义学理基础。

第三，延伸审计机关绩效管理改革的研究内容。从深层次整体性政府绩效管理入手，研究包括审计机关在内的政府机构实现与保障精准扶贫政策落实的绩效管理评价体系，即基于过程控制的精准扶贫政策实施效果评价体系与基于结果导向的审计机关精准扶贫监督绩效评价体系的协同耦合机制，从而加强审计对扶贫资金、政策、项目、责任、机制的保障，并为审计机关绩效管理改革提供一种新的思路。

第四，推进我国生态文明建设。精准扶贫的过程也是绿色开发的过程，国家审计持续关注扶贫政策措施的绿色性，检查扶贫项目是否按照国家规定进行保护和治理，关注重要的环境资源的开发利用情况，动态评估扶贫项目对环境产生的影响，实现贫困地区经济建设与环境保护的同步性，为绿色发展提供保障。

第五，助力社会主义市场经济微观主体发展。企业尤其是民营企业作为社会主义市场经济的微观参与主体，积极参与精准扶贫项目，助力国家扶贫开发。国家审计监督贫困地区政府的财政、税收等政策，为企业扶贫营造良好的经营环境，间接降低政府对企业经营的不当行政干预，促进扶贫企业投资效率的提升，实现更好的企业发展，为国家经济发展做出更多贡献。

1.2 研究对象与框架图

本书共分为7章4个部分（如图1-1所示）。其中，第1章为引言，介绍了本书的研究背景与意义、研究对象与框架、研究思路与方法、文献综述等内容。第2章是本书的第1部分，研究了习近平新时代中国特色社会主义“精准扶贫”理论，以此为基础将精准扶贫政策跟踪审计耦合机制分为过程控制与结果导向下的监管要素互动耦合机制、评价体系协同耦合机制、双向制度保障耦合机制。目标是搭建本课题的研究体系，解决如何实施政策跟踪审计促进精准扶贫政策落实的问题。第3章是本书的第2部分，研究了精准扶贫审计监管要素互动耦合机制，分析了精准扶贫监督主体职责、客体履责范围及风险、良性互动路径。目标是分析审计主体、客体与其他监督主体良性互动。第4章与第5章共同组成了本书的第3部分，研究了精准扶贫政策跟踪审计耦合评价体系以及精准扶贫政策实施效果，并利用审计署、地方审计机关扶贫审计数据应用评价体系。同时，从宏观环境改善和微观企业投资效率提升角度证实精准扶贫实施的效果，以研究如何设计评价体系以达到保障政策运行、完善体制机制等目的。第6章是本书的第4部分，研究防返贫制度保障机制，通过提出建立防止返贫手册建议、防返贫审计规范建议与促进精准扶贫政策实施效果方案，为未来防止返贫提供策略。

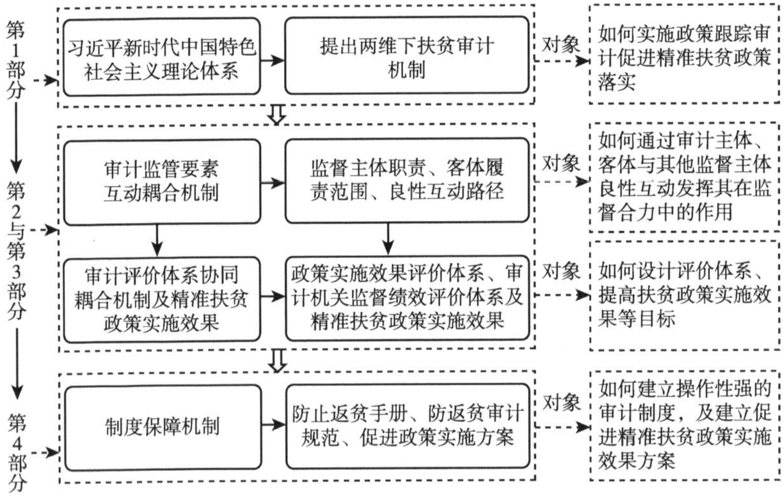

图1-1　研究对象与框架图

1.3　研究思路与方法

如图1-2所示，本书的研究思路与方法：第一，利用法制与政策研究法分析精准扶贫与国家治理思想及文献研究相关理论，从而归纳推演审计促进精准扶贫政策落实路径“两维下三大耦合机制”的内涵及运行机理。第二，采用问卷调查、走访座谈法调研监督主体职责整合及互动规则，以及内容分析法探析客体责任与范围，并据此构建理论指标体系。随后，先运用因子分析法对两个指标体系进行最适筛选，再用耦合度模型检验这些指标体系的耦合程度，最后用层次变权综合评价法分别评价审计署与地方审计机关的扶贫政策实施效果及审计机关监督绩效，以及通过实证研究分析精准扶贫政策实施的宏微观效果。第三，在前述研究基础上，归纳推演、螺旋推进构建防止返贫手册的建议、建立防返贫审计规范的建议以及促进精准扶贫政策实施效果的方案。

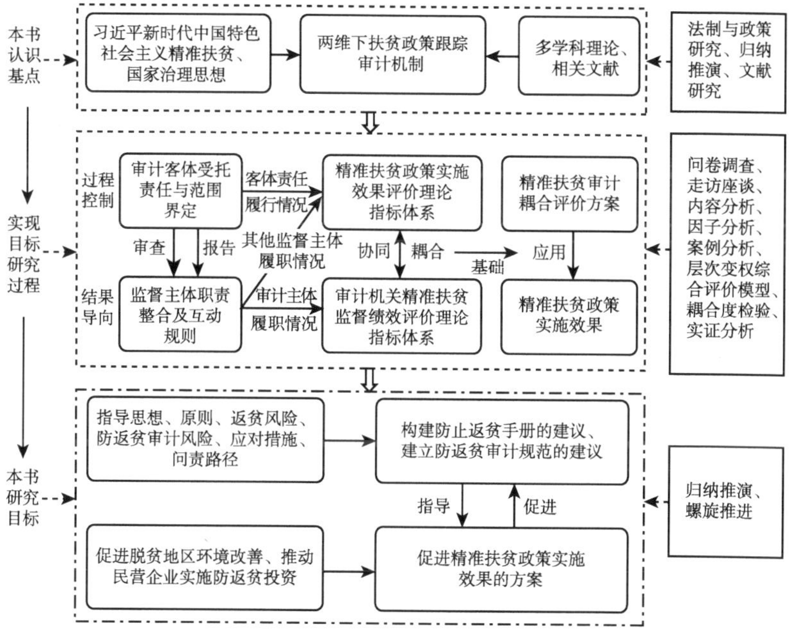

图1－2 基本思路与方法图

1.4 文献综述

1.4.1 反贫困的政策干预研究

1. 扶贫政策研究

扶贫政策包括“保姆式”与“赋权式”两种（卫小将，2017）。

欧洲“福利资本主义”国家多采取直接影响收入的“保姆式”，如英国1948年建成“从摇篮到坟墓”的社会福利政策（Hill，1985）；欧共体1975年实施了调研原因、资金资助、修正策略的三轮反贫困政策，但这些措施多倾向于直接发放福利，导致社会就业率不高及影响了经济运行效率（Smeeding and Waldfogel，2010）。与此不同，美国采取“赋权式”政策消除贫困，如美国1990起实施“高贫困风险”领域扶持计划，为印第安部落提供了诸多培训与就业机会（GAO，2017）。

我国的扶贫时间较长，从新中国到现在已经历了70年的扶贫发展。同时，也尝试了各种扶贫政策，大致可包括救济式扶贫、多元化扶贫和精准扶贫等。在扶贫初期，主要是以救济救灾和实物救济、财政、物资和技术支持为主（朱玲，1992）。随着扶贫的不断发展，20世纪80年代起我国就由原先的救济式扶贫政策演化为帮助有劳动能力的人自食其力与社会保障解决温饱问题相结合的多元化扶贫政策（唐丽霞，2016）。随后经过多年的实践，习近平总书记于2015年提出“六个精准”与“五个一批”方针目标，其核心思想是在建设投入和产业扶持基础上“授之以渔”（汪三贵、刘未，2016）。精准扶贫政策与美国“赋权式”扶贫有类似之处，均是政府主导扶贫工作并鼓励多元主体参与。但不同的是，美国社保的非强制性使扶贫政策很难兜底所有贫困人口（黄爱军、朱奎，2010），而我国精准扶贫能够真正实现“普惠”，即利用社保与产业扶贫政策帮助所有贫困人口脱贫，充分体现社会主义优越性。

2. 扶持政策实施效果评价研究

学者们主要采用构建贫困指数和建立评价体系两种方式进行扶持政策实施效果评价。首先，在构建单维与多维贫困指数方面。在评价初期，学者们采用亲贫增长（PGI）、贫困等价增长（PEGR）、增长发生（GIC）、贫困增长（PGC）等单维贫困指数测度所属地区的反贫困政策实施效果（Kakwan，2000；Martin，1996；Chen，

2007)。但 Shen (2001) 提出单维指数不能体现能力贫困，这不利于评价各地区人口脱贫的程度与速度。基于此，Wagle (2008)、Maasoumi (2008)、王小林和 Alkire (2009) 分别设置多维贫困指数 (MPI)，考察了美国、印度尼西亚、中国贫困家庭救助政策实施情况。此外，牛津大学贫困和人类发展组织 (OPHI, 2012—2017) 使用 MPI 预测全球 103 个国家的贫困人口数量并为扶贫政策实施服务。类似地，朱梦冰、李实 (2017) 也使用 MPI 预测思路提高了低保瞄准率为扶持对象更为精准地提供服务。但多维贫困指数也会因指标设置不足，导致扶贫项目产出水平、收入利润水平和贫困人口脱贫能力的评价出现偏差，从而影响政府对扶持政策实施效果的整体判断。

二是建立评价体系。扶持测度指标体系主要针对行业、区域扶贫展开，如从旅游、金融等行业出发建立评价体系 (汪侠等，2017；龚霖丹等，2017)，又如从湖南片区、武陵山贫困片区等区域出发建立评价体系 (黄渊基，2017；毛婧瑶等，2016)。在行业方面，汪侠等 (2017) 认为贫困居民旅游扶贫测度应包含经济条件、生活水平、社会和谐、医疗健康、公共设施、教育条件、生态文化以及扶贫参与和收益 8 个方面；龚霖丹等 (2017) 指出金融行业扶持测度指标应从金融创新环境、财政支持力度、信息交流机制与信用风险状况展开。在地区方面，黄渊基 (2017) 提出湖南片区应从人均旅游综合收入、人均接待旅游量、农村居民人均纯收入、城镇居民人均可支配收入、森林覆盖率和城镇化率 6 个评价指标来构建旅游扶贫评价体系；毛婧瑶等 (2016) 提出武陵山贫困片区应从经济发展、社会发展、生产生活状况、扶贫工作成效 4 个方面评价扶贫成效。然而，审计评价指标体系与上述扶持测度指标体系不同，可同时涉及多行业及多区域，如 GAO (2002, 2007, 2011, 2012, 2017, 2019) 利用财政资金使用、国家机关政策执行、项目运营情况等指标检查了全美农业、商业、教育、劳工等部门实施临时援助贫困家庭计划（TANF）、劳动力投资法（WIA）、社区和经济发展补助计划（CED）等政策的减贫效果[①]。又如我国实施的重大政策跟踪审计（2015 年至今）利用资金使用情况、项目建设和运营情况、政策落实情况和体制机制运行情况等指标，检查了各贫困县地方党委和政府实施教育、健康、产业、金融等精准扶贫政策的减贫效果。

3. 扶持政策的实现因素研究

扶持政策的实现需要依靠政府、市场和基层贫困群众三方共同协作。

首先，从政府角度来看，其可以在财政资金运用、扶持政策制定以及调配人员协作等方面发挥作用（Montalvo et al.，2010）。例如，政府可通过大数据技术精准定位贫困地区、贫困人口，再用转移支付（樊丽明、解垩，2014）和加大财政资金投入（Montalvo et al.，2010）的方法，对处于无劳动能力的贫困人群采取社会保障为主的扶贫策略；政府设置的精准扶贫政策需要考虑当地文化因素和社会结构因素（方菲、吴志华，2019）。还要对精准扶贫政策实施分类管理，不断根据贫困人口需求变化来评估政策效果（边俊杰、赵天宇，2019）；政策目标执行过程中存在机关单位协作不积极、扶贫政策执行人员能力较差等问题（郭春甫等，2019），因此需要不断调配协作人员、分配不均衡的扶贫资源。

其次，从市场角度来看，可采取的措施包括贫困地区减贫项目、市场推广（唐惠敏、范和生，2017）、公私合作（郭沛源、于永达，2006）等。贫困地区减贫项目是指大力发展贫困地区特色农产品项目、工业产品项目等；市场推广是指通过政策或广告等对贫困地区产品进行市场推广；公私合作是指企业与贫困地区政府合作共同建立当地特色产业项目，以增加农户经营性收入、增加农户

① 资料收集整理于美国审计署网站，https：//www.gao.gov/。

其他收入的来源渠道，进而增加农户的整体收入。

最后，从基层贫困群众角度来看，①政府实施扶贫政策要重视贫困群众的公平公正原则，防止扶贫过程中的不公平现象影响扶贫政策实施（肖云等，2012），继而帮助后续扶贫政策与相关配套措施衔接。②相比长远的产业政策，贫困户更关注产业政策的短期效用或者选择短期的货币补助，因而政府需要根据不同层级贫困户需求来动态调整贫困户产业补贴标准。在强化扶贫实践的同时，还要加强农户文化指引，防止精准扶贫政策在实施过程中出现文化与扶贫目标脱钩，继而导致农户过度依赖福利（方菲、吴志华，2019）。

4. 扶贫政策实施效果与效率研究

学者们分别对彩票公益金扶贫政策、大型公共支出政策、教育扶贫政策、金融扶贫政策、科技扶贫政策、易地扶贫搬迁政策、食品补助政策、农业支出政策、农村就业保障政策、农村私人转移支付政策、生态扶贫政策、产业扶贫政策等实施的效果与效率进行了研究（Gaiha and Imai，2002；Koohsar et al.，2008；Deepark and Anuj，2009；Conchada and Rivera，2013；曾小溪等，2015；王艺明、刘志红，2016；薛曜祖，2018；和月月等，2021；巫林洁等，2019）。具体而言：Gaiha and Imai（2002）对印度所实施的农村就业保障计划实施效果与效率进行研究，结果发现该政策实施后有效缓解了贫困现象；Koohsar等（2008）对伊朗的农业支出政策实施效果进行研究，发现其虽然对经济发展具有积极影响，但扶贫效果较弱；Deepark and Anuj（2009）同样基于印度样本，发现政府各部门实施的农村私人转移支付计划，也能有效缓解贫困现象；Conchada and Rivera（2013）对菲律宾非食品补助政策和食品补助政策的实施效果进行研究，发现其非食品补助政策相对于食品补助政策更能缓解贫困；曾小溪等（2015）基于山东、湖北和四川三省的调研，对彩票公益金扶贫政策实施效果与效率进行研究。研究发现，这些省份彩票公益金扶贫政策实施后改善了农村基础设施条件，优化了农村农业与发展环境，达到了促进产业发展的目的；王艺明、刘志红（2016）选取贵州等四省，考察“八七扶贫攻坚计划”的政策效果与效率，研究发现，短期“八七计划”的政策效果不显著。但长期来看，61%贫困县的政策效果具有持续性；薛曜祖（2018）对吕梁山集中连片特困地区科技扶贫政策实施效果进行研究，发现科技扶贫的联动效应显著，但科技扶贫的独立效应不显著，即单纯增加农户物质资本对农户人均收入影响并不显著。和月月等（2021）基于云南省5县10镇1605户农户的入户调查数据，估计生态扶贫政策对农户生计策略选择及其收入的影响。研究表明：参与生态扶贫政策虽然使农户整体收入水平得到提升，但也降低了农户选择农业种植，家畜养殖生计活动的概率而显著提高了农户外出务工活动的概率。巫林洁等（2019）基于江西省1047户贫困户的入户调查数据分析产业扶贫实施效果发现产业扶贫对贫困农户的收入产生了正向影响，但影响还没有充分发挥。

可见，多数研究扶贫政策实施效果与效率的文献，是对各类扶贫政策实施情况及发现的问题进行的研究，而并未有文献涉及精准扶贫对环境以及微观企业产生的影响方面的研究，也没有文献下结论说明脱贫效果是否实现。这是因为，政策评价是依据一定的标准和程序，对政策实施的效率、效果及价值进行判断的一种政治行为（高雪莲，2009）。即扶贫政策评价是对扶贫政策的执行情况进行的评价，而不是对脱贫效果是否实现的评价。

1.4.2 政策跟踪审计研究

1. 政策跟踪审计的内涵

政策跟踪审计是审计机关对各地方、各部门传递、执行、落实中央重大决策部署等政策措施的过程和效果情况进行监督检查，及时发现和纠正问题，从而促进政策落地生根和不断完善，积极发挥审计作为政策落实“督查员”和经济发展“助推器”的作用（王慧，2017）。政策跟踪审计具有跟踪的特征，它通过对政策执行情况进行动态监督反馈政策执行中存在的问题，提出整改建议以推动政策执行部门纠正问题，进而促进公共政策不断优化，以推动国家治理的完善（上海市审计学会课题组，2017）。可见，政策跟踪审计不仅要检查政策执行情况，还要针对以前阶段政策措施落实情况跟踪审计发现的问题，跟踪检查各地区、各部门是否制订或完善相关政策、是否积极组织相关单位进行整改等，特别应重点跟踪检查未及时整改或整改暂时困难的问题。

2. 政策跟踪审计的作用与范围

国家治理结构须建立既遵循通行的行政管理规则，也有利于风险管理的体制、机制和制度体系（高小平，2014）。政府审计是国家风险管理体系不可缺少的组成部分，能对政府运行进行检查（廖义刚等，2008），具有发现权力机构在责任履行、资源使用、运行机制等方面是否存在问题的作用（郑石桥，2014）。政策跟踪审计延伸了政府审计的功能，根据公共政策的适应性标准进行探讨，既能促进政策执行，也能完善政策措施。如美国早在 1993 年《政府绩效与结果法案》就授权审计总署促进并改革联邦政府公共政策（秦荣生，2011），依据该法案 GAO 明确要求跟踪审计既要对政策制定的合理性、合法性进行审计，还需要对政策实施过程中使用资金、完成项目目标等情况进行审计，此外还需做到对外及时与政策执行部门、政策制定部门沟通审计结果，以推动重大政策修正，据此形成“政策—执行—审计—改进”的良性循环（付宏琳，2016）。与美国不同，我国的政府绩效监督由诸多组织共同完成（杨肃昌，2014），政策跟踪审计只属于其中的一部分，其在监督体系中的重要作用是推动党的路线方针政策和重大决策部署贯彻落实（胡泽君，2017）。然而，鲜有学者研究审计机关与其他组织在政策实施监督中的职责分工与互动规则，不利于解决重复或遗漏检查的问题。

此外，政策跟踪审计范围包括政策执行机制与过程、与政策执行紧密相关的公共资金和公共资源配置、政策性资金与资源管理利用有效性、政策执行结果、政策制定后评估等（蔡春等，2016）。但在具体项目中，审计范围需根据执行组织的运行特点确定（审计署重庆特派办理论研究会课题组，2017）。例如以 2016—2019 年国家重大政策措施落实情况跟踪审计为例，主要内容包含扶贫政策、财政资金统筹政策、深化“放管服”改革政策、重大项目建设政策、去产能政策、防范化解重大风险政策、降税减负政策等。但这些内容的审计发现范围、审计整改范围均有所不同，如扶贫政策审计发现的范围主要包括扶贫资金使用情况、扶贫项目建设和运营情况、扶贫政策是否落实到位、扶贫体制机制是否运行得当等，与此对应审计整改的范围包括资金使用规范情况、项目建设和运营优化情况、政策落实纠正情况、体制机制完善情况；财政资金统筹使用情况审计范围主要包括财政资金使用情况、项目建设和运营使用资金情况，相应的审计整改的范围包括资金使用规范情况、项目建设和运营资金使用优化情况；重大项目审计范围主要包括项目建设和运营情况、政策落实情况，类似地，审计整改的范围包括项目建设和运营优化情况、政策落实纠正情况（见表 1－1）。

表 1－1　国家重大政策措施落实情况跟踪审计的范围

审计内容	审计发现范围	审计整改范围
扶贫政策	资金使用情况	资金使用规范情况
	项目建设和运营情况	项目建设和运营优化情况
	政策落实情况	政策落实纠正情况
	体制机制运行情况	体制机制完善情况
财政资金统筹使用情况	资金使用情况	资金使用规范情况
	项目建设和运营资金使用情况	项目建设和运营资金使用优化情况
深化“放管服”改革政策	资金使用情况	资金使用规范情况
	政策落实情况	政策落实纠正情况
	体制机制运行情况	体制机制完善情况

续表

审计内容	审计发现范围	审计整改范围
重大项目建设	项目建设和运营情况	项目建设和运营优化情况
	政策落实情况	政策落实纠正情况
防范化解重大风险	资金使用情况	资金使用规范情况
	政策落实情况	政策落实纠正情况
	重大违纪违法情况	重大违纪违法处理情况
降税减负相关政策	政策落实情况	政策落实纠正情况
污染防治相关政策	政策落实情况	政策落实纠正情况
	项目建设和运营情况	项目建设和运营优化情况

3. 政策跟踪审计项目评价与审计机关绩效评价

（1）政策跟踪审计项目评价

多数国家审计机关开展了政策执行绩效评价工作，评价指标基本包括资金、政策、项目、责任、机制等方面。如加拿大生物多样性政策审计项目（1992—2009）的指标体系有政府部门履职责任、政策落实、管理体制和机制运行、保护多样性资金使用等情况（Dolman and Mossman，2012）；美国紧急经济稳定法审计项目（2008—2011）从经济稳定资金使用情况、地区经济增长政策执行效果、产业工人生活保障机制等指标体系评价（GAO，2011）；我国审计署（2016）制定《进一步加强扶贫审计促进精准扶贫精准脱贫政策落实的意见》（简称《扶贫审计意见》），建议从扶贫政策落实、重大违纪违法、扶贫资金使用、扶贫项目建设运营、扶贫体制机制等指标体系评价。

与实务界不同，学界建立的评价指标体系多基于理论框架。如宋常、赵懿清（2011）基于5E绩效框架，从经济性、效率性、效果性、公平性、环境性等指标着手建立投资项目绩效审计评价体系；彭兰香等（2015）基于PSR模型，从压力指标、状态指标、响应指标着手建立水环保绩效审计评价指标体系；方俊等（2017）

基于5E绩效框架，从立项决策、中期监督管理、后期移交评价等维度建立PPP项目全过程跟踪审计评价体系；王帆、钱瑞（2019）基于平衡计分卡框架，从政策贯彻落实情况、项目建设及简政放权情况、财政资金使用情况和审计结果整改情况为准则层建立政策跟踪审计效果评价体系。同时，一些学者还提出了政策跟踪审计项目评价指标体系的构建原则。例如张金辉（2014）提出公共政策的评价方式应分为刚性评价和弹性评价两方面，其中对公共政策中的刚性规范应侧重于执行力评价，对弹性规范要侧重于执行效果评价。且在开展项目评价中不仅要考虑政策执行的成本效益，还应充分考虑政治、经济、文化、社会、生态等因素对政策的影响（马志娟等，2017），将经济效益、资源环境效益和社会效益相结合协调统一构建政策跟踪审计评价体系。

（2）审计机关绩效评价

审计机关绩效评价包括传统绩效评价模式。如英国审计署NAO从1997年起就使用审计促进公共资金节省、审计建议被采纳数量、审计客户对工作的认同、审计署内部管理等指标评价（Pollitt，2003）以及加入审计促进政策实施绩效提升指标的评价模式，如GAO从2002年起就将审计完善法律制度、改进政府运作和改善政府项目执行等指标加入传统的审计机关绩效评价体系（GAO，2002—2017）①。我国现行的审计机关绩效评价是传统模式，指标多集中于审计机关人力财力投入，发现违规单位数、问题金额，审计建议数、信息报告数，审计处罚金额、移送处理案件及人数等（审计署报告，2015—2019）。

基于上述指标，一些学者利用审计署绩效报告，采取AHP模型（王学龙等，2015）和DEA模型（李璐、夏昱，2011；刘爱东、张鼎祖，2014；汤小莉等，2016；黄溶冰，2017）进行不同级别审计机

① 资料来源：美国审计署网站，https：//www.gao.gov/。

关审计质量测度。其中，王学龙、王复美采取 AHP 法，研究了审计署 2010—2013 年绩效报告，结果发现地方审计机关投入与产出情况、审计意见采纳率等均逐年提高；李璐、夏昱采取 DEA 模型，分析了审计署下属的 18 特派办的绩效，结果发现特派办存在资源浪费情况、技术管理经验不足，导致绩效情况并不理想；刘爱东、张鼎祖采取 DEA 模型，研究了地方审计机关 1998—2009 年审计年鉴，结果发现地方审计机关预防效率在逐年提高，规模效率会影响预防效率、揭示效率等；汤小莉等采取灰色局势决策模型和 DEA 模型，研究了审计署 2008—2012 年审计年鉴，结果发现影响审计机关绩效的最主要原因是移送处理情况、决定处理处罚情况，而其他的违规单位数、审计意见数及被采纳情况对审计机关的绩效评价影响非常小；黄溶冰采用 DEA - Tobit 模型，选取审计署审计干部教育学院培训班学员进行调研分析，结果发现东部地方审计机关的绩效表现比中部、西部要高，中部、西部在处理效率和整改效率方面有待提高。

但后新公共管理理论认为，单一主体绩效评价无法满足整体性政府绩效改进要求（王会金，2014）。而当前的审计评价体系就未将多个主体绩效整体考量，即政策跟踪审计项目评价只检查了其他机构政策执行与监管的绩效，却忽视了审计机关保障政策落实的绩效；同时，传统的审计机关绩效评价模式多注重检查资金规范、项目运营及违法违纪行为，却忽视了政策跟踪审计项目的核心目标政策运行、完善体制机制。

（3）政策跟踪审计评价流程

虽然，实务中审计机关已执行了诸多政策审计项目，但政策跟踪审计评估流程方面的理论研究却不多。作为一种新的审计类型，理论界对政策跟踪审计介入的时机、组织形式、程序等方面的研究尚处于摸索阶段。例如，朱智鸿（2016）提出在审计准备、实施、报告各阶段，应当研究审计取证、质询、成果利用等专业工作流程。魏明、席小欢（2017）提出在跟踪审计各阶段，审计部门应对相关措施及内容、政策执行情况进行评价，重点关注政策执行的效果和效率，据此形成审计结论及审计报告，并通过向被审计单位的公告，对已发现的问题及时进行纠正。淄博市审计局课题组（2016）提出应当制订跟踪审计的操作流程，具体包括明确审计项目组的职责权限，对政策执行情况监督的目标、范围、形式加以规定，对发送政策跟踪审计通知书、获取证据、编制方案、下达报告等工作流程进行规范。

4. 政策跟踪审计的制度建设

2008年审计署首次在其工作发展规划中提出政策跟踪审计理念，规划中指出："对关系国计民生的特大型投资项目、特殊资源开发与环境保护事项、重大突发性公共事项、国家重大政策措施的执行试行全过程跟踪审计。"随后，2014年国务院出台《关于加强审计工作的意见》明确提出国家审计机关及各地方审计机关要开展重大政策跟踪审计工作，承担起确保重大政策措施稳步落实和推进的职责，目的是持续发挥政策跟踪审计的保障作用。2015年审计署出台了《国家重大政策措施和宏观调控部署落实情况跟踪审计实施意见（试行）》和2016年《"十三五"政府审计工作发展规划》，进一步明确了政策措施跟踪审计的重点、范围和要求，并强调严格按照国家审计准则规定，对各地区、各部门单位贯彻落实国家重大政策措施的具体部署、执行进度和实际效果进行监督，及时发现不作为、慢作为、假作为等重大履职不到位问题，以及重大失职渎职、重大损失浪费、重大风险隐患、重大违纪违法等问题的揭露和查处力度，推动整改问责。

然而，审计署印发的方案、通知和意见主要是为了紧急审查国家重大政策实施的阶段效果，但不利于实务机关中对审计对象、审计范围、审计评价等充分认识，从而难以保障政策实施效率效果、体制机制建设等方面的评价质量，也不利于国家治理能力的提升

（王永海、王嘉鑫，2017）。因而，政策跟踪审计实践面临着需要突破原有常规审计规则而新规范尚未建立的困局（陈希晖、邢祥娟，2017）。

1.4.3 扶贫审计研究

（1）扶贫审计的对象与内容

扶贫政策自新中国成立初期到现在已经经历了70余年的发展，从初始的救济式扶贫阶段到如今的精准扶贫阶段。扶贫审计也随之经历了一系列变化，扶贫审计对象包括扶贫办、运用扶贫资金、制定扶贫政策的相关部门及乡镇，如水利局、农业局、各级乡镇扶贫办公室等（雷俊生，2018）；扶贫审计内容主要包括扶贫资金使用情况、扶贫专项资金管理情况、扶贫方案制定情况、精准扶贫政策落实情况、扶贫成效和扶贫资金使用是否与政策相匹配等。但吕劲松等（2018）提出扶贫审计不应仅局限于检查扶贫资金合理使用和扶贫政策有效落实等，还应关注扶贫工作对农民生活满意度的提升，脱贫后续防返贫工作，及资金、政策是否与实际相匹配等。

（2）扶贫审计评价体系构建

专家学者们主要利用平衡计分卡、三层面、PSR、四维视角出发构建扶贫审计评价体系（王善平、金妍希，2013；刘博等，2019；刘国城、黄崑，2019）。具体而言：①中国人民银行贵阳中心支行内审处课题组（2017）利用平衡计分卡，从原有财务、客户、内部运行和学习与成长四个维度出发，衍生出以政策落实维度、项目建设维度、财政资金维度、审计整改维度为准则层的政策跟踪绩效评价体系；②刘国城、黄崑（2019）利用熵权评价方法，以扶贫目标为导向，从精准性、安全性和绩效性等三层面出发构建了扶贫政策跟踪审计总体评价体系；③李静等（2019）借助PSR理论与AHP法，从压力、状态、响应三方面选取具体指标构建扶贫审计评价体系；④刘博等（2019）利用AHP法，从精准识别、精准施策、精准帮扶和精准脱贫等四维视角构建精准扶贫绩效审计评价指标体系。

(3) 扶贫审计评价结果运用

扶贫审计评价结果主要包括扶贫过程中的风险点及相应的整改建议，以及对相关责任人的问责，结果运用的目标是为扶贫部门改善工作提供帮助，及移交与问责相关扶贫资金贪腐的责任人。具体而言：

首先，审计发现的风险点及相应的整改建议。本书详细研究了国家重大政策措施落实情况跟踪审计结果公告（2016—2019年），结果发现，审计发现的风险点主要集中在扶贫资金使用情况、扶贫项目建设运营情况、扶贫政策落实情况、体制机制运行情况、重大违纪违法情况等方面，相应的整改建议主要集中在扶贫资金使用整改、扶贫项目建设运营整改、扶贫政策落实整改、体制机制运行整改、重大违纪违法查处等方面。具体而言：

①精准扶贫政策审计中涉及的资金使用问题主要有扶贫资金沉淀、滞留未及时安排使用，扶贫资金被骗取套取、挪用、违规使用于非扶贫领域等问题。如审计发现，1个州和4个县的5个单位违规将扶贫资金11073.94万元用于市政设施建设、企业日常经营等非扶贫领域[①]。相应地，审计机关可以使用违规扶贫资金整改率、骗取套取扶贫资金整改率及扶贫资金盘活率作为扶贫审计绩效评价指标。

②项目建设运营情况问题包括项目进度缓慢、项目管理不规范和项目绩效未达标等问题。如审计发现，四川省甘洛县、广西壮族自治区靖西市扶贫项目招投标不规范，且存在违规转包的问题。相应地，审计机关可以使用扶贫项目进度推动率、扶贫项目管理整改率和扶贫项目绩效提高率作为政策跟踪审计绩效指标进行评价。

---

① 资料来源：《2017年第四季度国家重大政策措施落实情况跟踪审计结果》。

③扶贫政策落实的问题包括扶贫政策未落实和未达成扶贫政策目标等。如审计发现，黑龙江省拜泉县扶贫小额贷款优惠政策落实不到位[①]。相应地，审计机关可使用扶贫政策推进落实率和未达到扶贫政策目标纠正率作为审计绩效评价指标。

④扶贫体质机制的问题包括未设置专门的扶贫机构和职责、扶贫机构和职责设置不合理等。如由于多头管理、相关配套政策不完善等原因，9 个县未实现“一站式医疗”信息交换和即时结算等健康扶贫政策[②]。相应地，审计机关可以使用机制运行整改数量和机构职责改善数量作为审计绩效评价指标。

⑤重大违纪违法包括涉案人数和涉案金额等问题。如审计发现，针对 4 个县 1458 名建档立卡贫困家庭学生未享受教育资助的问题，望谟县人民政府对 1 名责任人进行问责，县纪检监察部门对 5 名相关责任人立案调查[③]。相应地，审计机关可以使用问责移交人数和审计处罚金额作为审计绩效评价指标。

其次，问责机制的构建也是保障精准扶贫政策有效落实的重要因素之一。陶媛婷、王帆（2019）通过梳理我国精准扶贫政策跟踪审计的问责方式，归纳出四种问责机制：

①审计直接问责。《中华人民共和国审计法》第四十一条列明，国家审计机关对被审计单位违反国家规定的财政收支、财务收支行为，依法应当给予处理处罚的，有权在法定职权范围内做出审计决定，审计机关在法定职权范围内做出的审计决定，被审计单位应当执行。对于审计发现的被审计单位没有建立财政专项扶贫资金专户，确保专款专用、封闭运行的；提供不完整、虚假或无效报账凭证的等违反国家财政财务收支规定的行为，审计机关在法定权限内直接作出处理、处罚决定。区别具体情况，可以通报批评，给予

①③ 资料来源：《2018 年第一季度国家重大政策措施落实情况跟踪审计结果》。

② 资料来源：《2017 年第三季度国家重大政策措施落实情况跟踪审计结果》。

警告；有违法所得的，没收违法所得，并处违法所得1倍以上5倍以下的罚款；没有违法所得的，可以处5万元以下的罚款；对直接负责的主管人员和其他直接责任人员，可以处2万元以下的罚款。

②移送司法机关问责。审计中发现的精准扶贫政策落实不到位、精准扶贫项目管理违规、精准扶贫资金贪污侵占以及精准扶贫脱贫减贫绩效不佳等问题，审计人员应判断是否犯罪，对于可能存在犯罪行为的，直接进行审计移送，交给司法机关进行问责，由司法机关进行调查，依照法律法规，具体追究刑事责任。司法机关进行问责，具体追究刑事责任，需严格做到失职要问责，犯罪要追究。

③移送纪检监察机关问责。对精准扶贫工作重视程度不够、责任心不强；对精准扶贫工作服务指导、监督管理不到位；对精准扶贫有关政策落实不力，执行中出现偏差，造成工作被动；对所承担的扶贫工作任务打折扣、搞变通，敷衍塞责；在精准扶贫工作中做搞“数字扶贫”“数字脱贫”造成不良影响和后果等问题，阻碍精准扶贫领域党的路线、方针、政策和决议的执行情况，存在精准扶贫责任落实问题、精准扶贫作风问题，审计机关依据《中国共产党纪律处分条例》直接移送纪检监察机关，由其问责。对于审计移送问责对象属于党员或党组织的，其在精准扶贫工作中不负责任或者疏于管理，贯彻执行、检查督促落实精准扶贫决策部署不力，给党、国家和人民精准脱贫事业造成较大损失的，对直接责任者和领导责任者，给予警告或者严重警告处分；造成重大损失的，给予撤销党内职务、留党察看或者开除党籍处分。

④移送主管部门（单位）、监管部门或各级政府问责。精准扶贫政策跟踪审计发现精准扶贫资金用途不符合国家规定，虚报、冒领、骗取等情况需要由有关主管部门（单位）、监管部门或各级政府移送进行处理的，根据被审计单位级别或问题的性质向直接具有管辖权的主管部门（单位）、监管部门或各级政府移送问责。

1.4.4 研究现状评析

现有研究成果在各领域已进行了深入研究，但就审计与扶贫政策交叉学科而言仍存在以下不足：

①缺乏审计如何在反贫困中发挥作用的习近平新时代中国特色社会主义学理基础。已有的文献分别对反贫困政策干预、政策跟踪审计展开了较深入的研究，但缺乏跟踪审计在反贫困政策执行监督方面的学理基础研究，特别尚未阐明习近平“国家治理体系和治理能力现代化”思路要求审计在扶贫监督合力中如何发挥作用，及“六个精准”“五个一批”如何指导跟踪审计，这不利于审计机关实现国家赋予的贫困治理职责。

②尚未建立精准扶贫政策跟踪审计项目过程控制评价与审计机关精准扶贫监督绩效结果导向评价耦合机制。已有文献分别从扶持政策效果评价（包括政策审计评价）及审计机关绩效评价展开深入研究，但并未将扶贫过程控制评价涉及的政策执行、体制机制保障等内容与审计机关绩效评价相关联，不利于发挥审计对精准扶贫政策实施的结果导向效力。但这些成果为本书建立过程控制与结果导向两维下的精准扶贫政策跟踪审计评价体系协同耦合机制提供思路。

③没有形成规范性的精准扶贫政策跟踪审计操作制度。虽然《扶贫审计意见》为精准扶贫政策跟踪审计提供了指导，但不能代替规范性、可操作性的审计制度对扶贫政策落实、体制机制运转的保障作用。因此，亟须从制度层面研究如何将不同区域审计客体履责与监督主体履职（包括审计与其他监督主体）相耦合，从而指导实务机关识别审计对象与范围及提升扶贫治理能力现代化。

第2章 理论基础

2.1 精准扶贫思想概述

2.1.1 精准扶贫思想提出的背景

中华人民共和国自成立以来就一直努力减少贫困。但1978年改革开放之前，减贫效果不明显，这与我国当时的社会经济总体状况不佳有关。随着改革开放的深入，扶贫开发效果才逐渐显现。特别是1986年国务院专门成立了扶贫开发机构，先后颁布了《国家八七扶贫攻坚计划（1994—2000）》[以下简称《计划》]、《中国农村扶贫开发纲要（2001—2010）》[以下简称《纲要（2001—2010）》]、《中国农村扶贫开发纲要（2011—2020）》[以下简称《纲要（2011—2020）》]等政策文件，本书将此间我国扶贫工作分为三个阶段。

（1）以瞄准贫困县的方式展开扶贫（1994—2000年）

在改革开放后，我国的普遍贫困状况已逐渐下降。进入20世纪90年代，“老少边穷”地区成为扶贫的重点领域。由于这些地区环境状况较差、基础设施建设不完备，导致扶贫难度较大（张磊，2007）。为了更好地帮扶“少数民族地区”和“革命老区”等贫困地区，1994年的《计划》根据“食不果腹、衣不蔽体、房不蔽风雨”这一标准，将1986年设置的331个贫困县调整为592个，目的是瞄准贫困县。在当时，这种瞄准方法非常有效，因为当时贫困县中绝大多数人口均为贫困人口，将扶贫资金、政策等给予贫困县可以减少扶贫的管理成本，使贫困县的多数贫困人口受益（陆汉文、黄承伟，2016）。事实上，当时的扶贫政策也取得了较好的效果，根据国家统计局数据，贫困人口由 1994 年的 7000 万人下降到 2000 年的 3209 万人①。

然而，瞄准贫困县展开扶贫的方式也存在一定缺陷。贫困县并未覆盖我国所有贫困人口，如 2000 年贫困县的贫困人口只占全国贫困人口的 60%（张磊，2007），表明还有很大一部分的贫困人口不属于贫困县人口。如果将扶贫资金与扶贫政策仅继续投放于贫困县，可能会导致剩下的 40% 贫困人口难以得到帮扶，这会造成扶贫瞄准目标存在偏离。同时，贫困县持续获得扶贫资金与扶贫政策，还可能会导致贫困县扶贫资金分配存在腐败，使一些已脱贫的人口继续享受帮扶，而真正贫困的人口却无法获得扶贫资金与政策，这将会不利于我国的减贫进程。

（2）以瞄准贫困村的方式展开扶贫（2001—2010 年）

随着我国贫困人口的不断减少，大规模贫困的情况在很大程度上得到了缓解，贫困人口由原来的片状逐步变为点状。如果继续采用瞄准贫困县的方式进行扶贫，一定会导致扶贫资源的浪费与贫困人口的不满。因此，《纲要（2001—2010）》在全国设定了 1481 万个贫困村，并采用自下而上的方式制订扶贫计划，即利用产业扶贫与劳动力培训的方法进行贫困村整村扶贫。该阶段的扶贫方式更有针对性，减贫产生了一定效果。根据国家统计局数据，贫困人口由 2001 年的 9029 万下降到 2010 年的 2688 万②，农村人口的贫困比重

① 按 1978 年扶贫标准计算。数据来源：汪三贵，曾小溪．从区域扶贫开发到精准扶贫［J］．农业经济问题，2018（8）：40－50.

② 按 2008 年扶贫标准计算。数据来源：汪三贵，曾小溪．从区域扶贫开发到精准扶贫［J］．农业经济问题，2018（8）：40－50.

也从2000年的10.2%不断下降为2.8%（王灵桂、侯波，2018）。这表明瞄准贫困村展开扶贫极大地减少了农村贫困人口，使他们在短期内获得大量生活用品与生产资料，将我国的扶贫事业推到了新高度。

然而，瞄准贫困村的方式也没有精准到贫困人口，这不利于真正扶持贫困户，也不利于缩小各地发展差距。同时，此时的扶贫多采用给项目、给资金、给培训的方式。但这些项目是否符合当地地理条件、气候条件及社会经济需求，则很少被考虑在内，使扶贫多为短期扶贫，即扶贫出现困难、资金不再继续资助时，扶贫项目就无法运转，引起贫困户脱贫失败。

（3）以精准扶贫的方式展开扶贫

随着我国经济的发展，扶贫形势发生了变化。在此阶段我国的扶贫工作进入了攻坚期，原有的瞄准贫困县、贫困村的方式已不能精准解决个别贫困户的问题，因此需要制订新的制度来瞄准贫困人群以实现全面小康社会。《纲要（2011—2020）》提出："中国扶贫开发从以解决温饱为主要任务的阶段转入巩固温饱成果，加快脱贫致富，改善生态环境，提高发展能力，缩小发展差距的新阶段。"2013年习近平总书记提出"精准扶贫"，目的就是指导加快脱贫、缩小发展差距。精准扶贫是我国自己创立的扶贫道路，是以"六个精准""五个一批"为重点的脱贫阶段。2015年习近平总书记先在贵州解释了六个精准包括"对象要精准、项目安排要精准、资金使用要精准、措施到位要精准、因村派人要精准、脱贫成效要精准"，又在减贫与发展高层论坛上提出了五个一批包括"发展生产脱贫一批、易地搬迁脱贫一批、生态补偿脱贫一批、发展教育脱贫一批、社会保障兜底一批"。

依据上述思想的指导，全国展开了精准扶贫，核心是精准识别贫困户，精准制定扶贫策略和制度、精准管理扶贫项目、精准考核管理部门。目的是从贫困对象、管理部门两个角度出发规范精准扶贫行为，进而解决最难攻克的人群贫困问题。实践结果证明，这一阶段的减贫效果非常显著，我国的精准扶贫政策取得了巨大成功。如图 2－1 所示，按照基期 2010 年的每人每年 2300 元的农村贫困标准计算，从 2011—2018 年，贫困人口由 12238 万人下降为 1386 万人，贫困发生率由 12.7% 下降为 1.7%。但随着贫困人口的减少，贫困发生率下降速度也会变慢，这是因为剩下没有脱贫的人群是最贫困、最难脱贫的人群。可见，在 2020 年之前，国家需加强扶贫资金投入和项目建设，以及包括扶贫审计在内的扶贫监督，以倒逼全面小康社会实现。

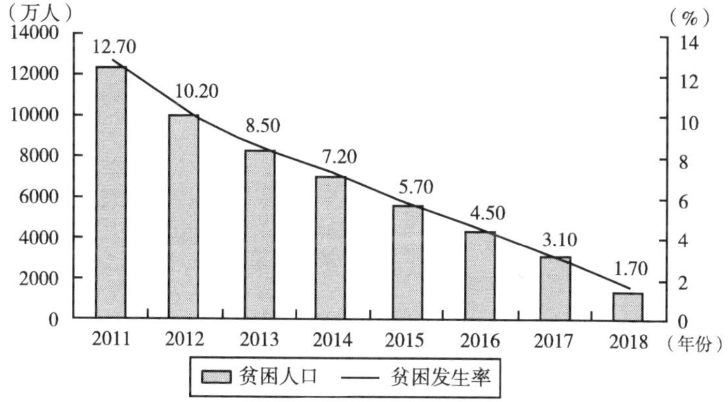

图 2－1　2011—2018 年我国减贫情况①

2.1.2　精准扶贫思想的内涵

（1）“六个精准”的内涵

2015 年 11 月 27 日，习近平总书记在中央扶贫开发工作会议上提出：“关键是要找准路子、构建好的体制机制，在精准施策上出实招、在精准推进上下实功、在精准落地上见实效。”“找准路

① 数据来源：根据国家统计局、国务院扶贫办网站公布数据整理。

子”是指要瞄准贫困人口，解决扶贫过程中扶贫对象不确定的问题；“好的体制机制、施策上出实招、推进上下实功”是指要精准扶持，即项目安排、资金使用、措施到户、因村派人等都要到位，要“授之以渔”以解决贫困人口根本贫困的问题；“落地上见实效”是指要保证和保障脱贫成效精准，即管理机构需要下实功推进且监管机构需要下实功监督。

如图2－2所示，脱贫成效精准是精准识别、精准扶持、精准管理与精准考核的目标，主要解决扶贫效果不显著的问题，即如何精准确认扶持对象、项目安排、资金使用、措施到户、因村派人等实施扶贫，以及实施考核评估监督扶贫。实现该目标的过程主要包括：

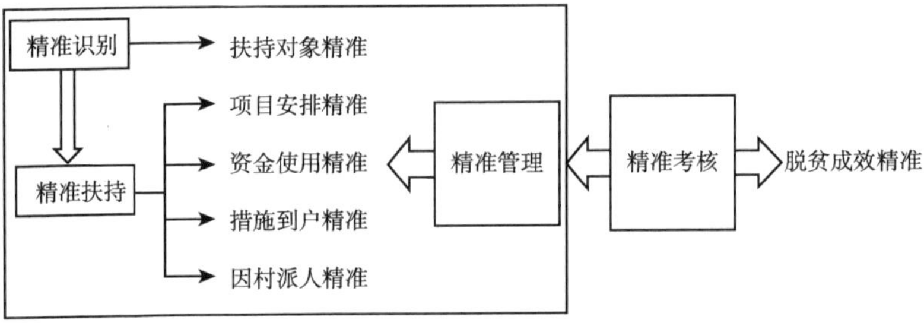

图2－2　“六个精准”实现的过程图

第一，精准识别是精准扶持、精准管理与精准考核的前提。扶贫工作要做的就是弄清楚谁是贫困人口，随后才能在此基础上因户或因人采取扶贫措施。在整个过程中，需要摸排贫困人口[①]并建立贫困人口档案卡（刘占勇，2016），随后可从家庭、婚姻、教育等方面仔细分析致贫的原因。

第二，精准扶持是扶贫工作的关键。扶贫工作的开展需要根据致贫原因、地理与天气、扶贫机制等现有条件的基础上安排项目、

① 当期采用2011年确定的人均收入低于2300元。

资金、措施及人手。具体而言，为了解决之前“项目下乡”安排不合理的问题，精准项目到户的关键是针对不同的致贫原因采取不同的扶贫项目（陆汉文、黄承伟，2016）；在精准扶贫政策出台之前，为了保障资金安全，在资金使用方面往往规定严格，这导致一些贫困人群需要的项目没有资金可用，而不需要的项目却有大量资金（汪三贵、刘未，2016）。因此，精准扶贫政策实施之后，资金使用精准的核心在于提高资金使用绩效。为了实现这个目标，2016 年国务院办公厅颁布了《关于支持贫困县开展统筹整合使用财政涉农资金试点的意见》，提高了扶贫资金的绩效，使扶贫资金使用准确；为了解决精准扶贫之前扶贫措施没有到户或到人而导致的项目失败，措施到户精准要求扶贫工作组根据每户或每人的情况制订措施和办法，以使措施真正起到精准脱贫作用；精准扶贫之前，我国基层党组织人员的扶贫素质、能力等均有待提高。为了解决这个问题，国务院办公厅先后印发了《关于创新机制扎实推进农村扶贫开发工作的意见》（2013）与《关于做好选派机关优秀干部到村任第一书记工作的通知》（2015），从建立机制方面着手确保每个贫困户都有负责帮扶的责任人，及从考核方面保障干部驻村“在精准施策上出实招、在精准推进上下实功”。

第三，精准管理具有保证精准扶贫的作用。精准管理主要体现在三个方面：①管理农户信息。在摸排扶贫对象时，建立起贫困户信息系统，动态管理贫困户信息，以便对贫困户实施不同的脱贫计划与帮扶政策；②治理资金滥用、乱用等。财政部门依据《中央财政专项扶贫资金管理办法》（2017）建立提高项目绩效的精准扶贫资金使用系统，即保证扶贫资金公开披露，避免暗箱操作，并引入审计等第三方监督；③扶贫事权划分。为了防止管钱、分钱与监督的责任划分不清，各个部门推诿扯皮。国务院《关于加大改革创新力度加快农业现代化建设的若干意见》（2015）将扶贫资金和项目监督权赋予省、市，将扶贫项目审批管理权赋予县，目的是将监督权和管理权分离，更有效地加大资金使用效率，保障精准扶贫政策实施。

第四，精准考核是一个监督系统，目的是保障整个精准扶贫实施过程与管理过程的运行。精准考核的部门主要包括审计部门、扶贫办、财政部门、统计部门以及其他政府部门等。在全过程监督中，各级政府、扶贫办、财政、统计等部门负责日常监管，审计机关负责阶段性评价，合力发挥精准扶贫监督主体的作用。

（2）“五个一批”的内涵

2015 年 11 月习近平总书记在中央扶贫开发工作会议上提出“五个一批”扶贫措施，是一线扶贫工作者的指导方针。具体包括：①通过扶持发展脱贫一批。在确定时应以有一定产业基础、靠近交通干线的贫困户为单位，可依靠他们原有的产业发展养殖或旅游业，通过“授之以渔”实现脱贫；②通过移民搬迁脱贫一批。在确定时应考虑地理环境不佳、种植困难的地区，这些地区的贫困户无法通过扶持发展脱贫，而只能搬迁到各种基础设施好的地方以谋求脱贫办法；③通过生态补偿脱贫一批。以贫困人口为单位，将留守家庭的贫困人口依据地理环境，转移成为护林员等生态保护人员，即促进了环境保护，也解决了这部分人员的工作；④通过发展教育脱贫一批。以贫困人口为单位，给予贫困户家庭中的孩子从小学到高中的资助，也给予大学或中职高职一次性助学金，从而确保脱贫；⑤通过社会保障兜底一批。以贫困人口为单位，对不能劳动的老年贫困人口、智商有障碍的贫困人口、家庭成员重度残疾或重大慢性病的贫困人口，给予大病医疗救助以及生活困难补助。

2.1.3　精准扶贫监督思想的发展历程

如图 2－3 所示，精准扶贫监督思想的发展主要经历了提出阶段、发展阶段、实践阶段。监督思想的发展历程与精准扶贫的发展过程密不可分，它随着扶贫工作的不断深入而不断完善。具体如下：

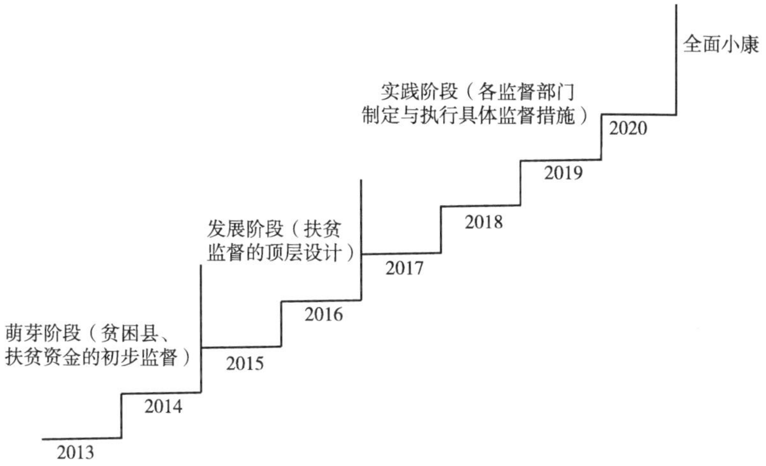

图 2－3　精准扶贫监督思想的发展历程图

第一，精准扶贫监督思想的提出阶段（2013—2014 年）。2013 年 11 月习近平总书记首次提出了“精准扶贫”思想，随后中共中央办公厅与国务院办公厅颁布了《扶贫开发工作意见》，这是精准扶贫的具体方针，标志着我国扶贫工作真正进入了精准扶贫阶段。该意见既给出了具体的执行方案，同时也给出了具体的监督办法。《扶贫开发工作意见》主要在两个方面提出了监督精准扶贫工作：一是，改进贫困县考核机制。由中央组织部牵头，国务院扶贫办、国家统计局等协同考核国家扶贫开发工作重点县。这些部门的具体工作是建立考核办法与退出机制，将考核贫困地区生产总值转变为重点县的扶贫工作绩效，目的是将扶贫工作的焦点集中在扶贫工作；二是，将财政资金的绩效考核与资金分配、工作考核相关联。由于精准扶贫之前，财政资金只拨划到贫困县，而很少监督具体项目的执行状况，这会导致一些项目难以真正盈利，达不到精准扶贫的目的。为了杜绝这种情况再发生，《扶贫开发工作意见》要求财政部牵头改革原有的扶贫资金管理机制，建立项目资金到村到户制度，使扶贫资金能够直接用于贫困户。同时，要求中央纪委、监察部、审计署等形成合力来监督扶贫资金的使用绩效，并要求逐步引入社会力量，即利用国家机关与媒体等力量共同倒逼扶贫资金精准到位。

第二，精准扶贫监督思想的发展阶段（2015—2016）。2015 年 11 月 27—28 日，习近平总书记在中央扶贫开发工作会议上系统提出实施“六个精准”与“五个一批”重要思想，并指出扶贫工作应着重解决“扶持谁、谁来扶、怎么扶、如何退”的问题。其中，“怎么扶”的问题就包括扶贫的措施如何开展，以及如何监督扶贫的实施过程；“如何退”的问题就包括脱贫的贫困户如何退出，以及如何监督退出的合理性。为了解决上述监督问题，国务院于 2015 年 11 月 29 日颁布了《关于打赢脱贫攻坚战的决定》（以下简称《攻坚战决定》），规定：一是在重点被帮扶县退出之后，应该加强社会监督，即引入第三方机构调查贫困县群众扶贫满意度，并评估贫困政策落实成效；二是针对扶贫资金，应加强财政合力监督体系。特别应实施检查和审计、稽查等工作，建立扶贫资金考核问责制度。2016 年 1 月国务院颁布了《关于落实发展新理念加快农业现代化实现全面小康目标的若干意见》，再次强调了建立严格考核问责制度的重要性。纪检监察机关对有确凿证据的贪污扶贫资金、浪费挥霍扶贫资金、冒领扶贫资金等责任人给予坚决处罚，特别要集中治理与防范职务犯罪。同时，要求贫困地区对扶贫资金使用情况予以公示，以便于进行社会监督；三是，建立扶贫工作逐级监督机制。在国家层面，由国务院扶贫办领导审计署、统计局等部门，选择重点地区或部门进行合力监督，并向党中央、国务院报告主要领导未完成减贫任务的责任，并提出相应的追责建议。在省级层面，政府要出台贫困县扶贫绩效考核办法，将减贫指标加入贫困县绩效考核指标体系，从而严格控制不真实的脱贫形象工程。政府还应建立涉及贫困事件的应急反馈与处置机制以提高扶贫工作能力，以及统计监测体系以提高扶贫监测能力。

第三，精准扶贫监督思想的实践阶段（2017—2020年）。自2016年“十三五”规划以来，包括监督部门在内的各扶贫工作部门执行了诸多具体精准扶贫实践，目的是实现2020年全面建成小康社会。就纪检监察部门而言，2017年7月时任中纪委书记的王岐山在扶贫监督问责工作会议上提出了对纪检监察干部的要求，要求他们纠正扶贫工作的官僚主义与形式主义，严厉惩罚贪污、强占、冒领扶贫资金的责任人，为打赢脱贫攻坚战提供保障。在会议精神的指导下，中央纪委国家监委在查处扶贫违纪违规领域问题上做出了巨大贡献，2017—2019年5月各年的扶贫腐败案件分别为17953件、1079件与59件，涉案资金分别为4057.574万元、5871.008万元与2605万元，涉案人数22790人、2456人与94人[①]。可见，随着扶贫腐败监督的实施，腐败案件与涉案人数逐渐下降。但随着扶贫腐败监督的不断深入，平均每个案件的涉案资金却不断增加（2017年平均每案为0.226万元，2018年平均每案为5.441万元，截至2019年5月平均每案为44.153万元），这表明国家监委的监督起到了威慑作用，减弱了扶贫干部的腐败意愿。就国务院扶贫开发领导小组而言，2017年8月制定了《中央单位定点扶贫工作考核办法（试行）的通知》，要求从帮扶成效、组织领导、选派干部、督促检查、基层满意情况、工作创新等指标出发对中央单位的扶贫工作绩效进行评估，并给予好、较好、一般、较差等四个级别评级。这种考核方式能通过倒逼提高中央单位的扶贫绩效。就审计部门而言，继审计署2016年发布的《扶贫审计意见》之后，2017年又发布了《关于“十三五”期间定期报送扶贫审计工作有关情况的通知》（以下简称《报送通知》）以及《关于在打赢脱贫攻坚

① 根据国务院扶贫办网站披露的数据计算得到，数据包括2017—2019年5月扶贫领域腐败与作风案件数、涉案人数、涉案金额，网站地址：http：//www.cpad.gov.cn/col/col2082/index.html。

战中进一步加强扶贫审计的意见》（以下简称《打赢脱贫攻坚战的意见》）。2016 年颁布的《扶贫审计意见》是对精准扶贫政策实施情况进行检查的具体方案，而 2017 年颁布的《报送通知》是进一步指导审计部门如何扩大精准扶贫政策跟踪审计成果的应用范围，《打赢脱贫攻坚战的意见》则进一步指导审计部门如何全覆盖审计难以攻克的国家重点扶贫县和深度贫困地区。

2.2 政策跟踪审计概述

2.2.1 政策跟踪审计的理论框架①

1. 政策跟踪审计创新特征

党的十八大以来，习近平总书记提出了“国家治理能力现代化”“全面覆盖”“治已病、防未病”等理论，并通过组建中央审计委员会将审计定位为国家治理体系的重要组成部分。在这些理论与实践的指导下，审计机关开展了包括政策跟踪审计、自然资源资产离任审计等在内的多个创新审计项目。其中，审计署自 2014 年 8 月起开展了重大政策措施落实情况跟踪审计，该项目实践了习近平新时代中国特色社会主义思想。具体表现在：

首先，政策跟踪审计是实现国家治理能力现代化的创新手段。习近平总书记在 2014 年提出国家治理体系与治理能力现代化集中体现于一个国家的制度和制度执行能力②。这意味着，国家治理体

① 2.2.1 政策跟踪审计的理论框架（包括政策跟踪审计创新特征、政策跟踪审计中国家审计与其他政府部门监督的职责分工与协同、政策跟踪审计绩效评估的构想），转引自：王帆，谢志华．政策跟踪审计理论框架研究［J］．审计研究，2019（3）：3－10.

② 习近平总书记在省部级主要领导干部学习贯彻十八届三中全会精神全面深化改革专题研讨班上的讲话［N］．人民日报，2014－2－18（1）.

系要保障国家制度制定的合理性与制度执行的准确性。同时，习近平总书记在中央审计委员会首次会议中强调："各地区各部门特别是各级领导干部要积极主动支持配合审计工作，依法自觉接受审计监督，认真整改审计查出的问题，深入研究和采纳审计提出的建议，完善各领域政策措施和制度规则。"可见，国家审计所进行的政策跟踪审计能够更加有效地促使各级政府、各个部门完善政策制度、实现政策目标，从而促使国家治理科学合理、治理能力不断提高；更为重要的是国家审计作为国家治理体系的重要组成部分，通过构建政策跟踪审计制度，不仅使国家审计体系更加完善，也使国家治理体系更加系统协调，治理能力不断强化。正因为政策跟踪审计直接关系国家制度的完善和执行的有效，它必然是国家审计机关实现国家治理能力现代化的创新方法。事实上，政策跟踪审计不仅能发现政策制定、执行中的问题，还能发现与政策执行相关的体制、机制问题（蔡春等，2016）。国家审计在进行政策跟踪审计时，第一，能够发现制度制定者由于自身的既得利益的追求而造成的制度主观故意缺陷，以及由于环境的复杂和变化所导致的制度客观无意缺陷；第二，能够发现政策执行过程中，执行主体或机构设置不合理、相互职责边界不清晰而导致政策执行过程中的相互推诿、互相扯皮甚至无人执行的情况；第三，能够发现政策执行的效果及其形成的原因，对政策执行过程中的相关责任人的责任落实提出建议，也对政策的调整和修正提出审计建议，从而形成对政策的执行和再决策的反馈机制，以及政策落实的倒逼机制。如审计署 2015 年 11 月发布的重大政策审计报告披露，吉林省未制定保障性住房分配制度，并建议制定相关制度并追究责任人责任。随后吉林省政府及时完善公共租赁住房政策，并对 2 人进行党纪、政纪处分。这表明，审计机关的建议完善了相关制度并处罚了责任人，保障了重大政策目标的实现。

其次，政策跟踪审计是促进审计监督全面覆盖的创新方法。

2015年12月中共中央办公厅、国务院办公厅印发的《关于实行审计全覆盖的实施意见》指出:“按照协调推进‘四个全面’战略布局的要求,依法全面履行审计监督职责,坚持党政同责、同责同审,对公共资金、国有资产、国有资源和领导干部履行经济责任情况实行审计全覆盖。”从政策跟踪审计角度来看,这里要求的审计全覆盖主要集中于公共资金政策,国有资产、资源保护政策和领导干部履责政策等国家重大决策部署贯彻落实的情况。中央审计委员会会议首次提出:“全面覆盖”后,原有的“审计全覆盖”的广度得以拓宽、深度得以提升。习近平总书记在此次会议中指出:“审计机关要增强‘四个意识’,自觉在思想上政治上行动上同党中央保持高度一致,坚决维护党中央权威和集中统一领导,落实党中央对审计工作的部署要求。”这表明,今后政策跟踪审计需要对党中央各项重大政策执行情况进行检查,审计内容涉及党和国家所制定各项制度的制定和执行过程中涉及的项目、资金、政策及其落实、责任人履责等内容。不仅要审计政策制定和执行的结果,还需分析和查明原因;不仅要分析审计政策制定和执行本身的问题,还需要分析和查明制度制定和执行的体制机制的背景问题;不仅要通过审计查改问题,还需要为政策的完善和执行的有效提供建议。同时,审计过程既有政策执行结果的审计,主要是政策效果审计;也有政策执行过程的审计,主要是遵循性审计,这就意味着审计要覆盖政策制定、执行及其执行结果的全过程。

最后,政策跟踪审计是推动审计“治已病、防未病”的创新途径。2019年1月习近平总书记对审计整改工作的重要批示指出:“要着力‘防未病’,要突出‘治已病’。”政策跟踪审计是审计机关“防未病”的一种创新途径。政策跟踪审计通过对政策制定及其制定过程的监督能够发现制定的政策中可能存在的问题。从理论上说,政策制定的过程必须要合规合法,制定的政策也必须要合规合法有效,从这点出发,政策制定的审计也具有结果审计的属性;

政策跟踪审计通过对政策执行过程的监督，不仅能够发现政策是否被执行，对未执行的情况防范于未然，以保证政策的最终落实。就政策执行或没有执行这一点而言，政策执行过程的监督也是一种结果审计；政策跟踪审计通过对政策制定、执行过程和执行结果的监督，发现政策实施及其效果的有利和不利因素，为下一轮的政策制定、完善提供建议，从而防止新的政策制定和实施中可能存在的缺陷和漏洞。政策跟踪审计的所有这些方面都发挥着审计的预警功能，具有“防未病”的特征。如2017年第三季度的重大政策审计报告公布，审计发现由于统筹协调机制不畅导致6834名建档立卡贫困家庭学生未享受普通高中学杂费免除、雨露计划补助等教育资助。为了防范民生风险进一步扩大，审计机关立即下发了整改通知，随后该省教育部门通过数据比对和信息清理等措施打通协调机制，进而促进扶贫政策落实。这表明，审计起到了预防重大民生风险发生的作用。政策跟踪审计也是审计机关“治已病”的一种创新途径。政策跟踪审计涉及资金、项目、政策、责任、体制、机制等政策执行的各方面，既要审查政策的落实情况，也要审查政策的效果；既要审查政策制定的合规合法性，也要审查政策的执行的合规合法性；既要审查政策的执行结果，也要审查执行偏差及其形成原因。总之，就是要查明政策制定、执行及其执行效果中存在的问题和原因，并进行卓有成效的整改，实现习近平总书记对查出问题“即知即改、立行立改、真改实改，建立长效机制，做到防患于未然”的要求。如2017年第二季度公布的重大政策审计报告，审计建议取消“信息系统工程监理工程师”资格认定后，中国电子企业协会及时撤销具体组织该项工作的委员会，并对4人进行问责。这表明，被审计单位能够立即根据政策跟踪审计结果进行整改与问责，对相关领导干部产生了威慑作用。

政策跟踪审计的创新特征是国家审计的职责定位与审计绩效评估的学理基础。政策跟踪审计能更好地保障国家治理现代化的实现，体现了实施该类审计的重大理论与现实意义；政策跟踪审计具有“治已病、防未病”的功能，“治已病”将审计定位于结果审计的属性，“防未病”是指审计对未执行的情况防范于未然，这是一种基于监督政策执行过程的结果审计。该创新特征为本书第三部分的研究奠定了理论基础；审计监督全面覆盖的任务下使审计的人力资源严重不足，只有提升审计效率和效果，才能真正实现全覆盖。而绩效评估是一种倒逼审计效率和效果提高的措施，今后可考虑在审计结束后不久，从项目、资金、政策、体制机制及责任人履责等内容着手实施绩效评估。该创新特征为本书第四部分的研究奠定了理论基础。

2. 政策跟踪审计中国家审计与其他政府部门监督的职责分工与协同

(1) 政策跟踪审计中国家审计与其他政府部门监督的职责分工

审计产生于两权分离所形成的受托责任监督的需要，在两权分离的条件下，所有者委托经营管理者管理其财产，为了维护自身的财产权利，确保经营管理者履行受托责任，所有者必然委派或者委托具有独立性和专业化的监督主体，对经营管理者的履责情况进行监督。所以，国家审计就是代表国家所有者进行的独立监督。国家审计的特征之一是所有权监督，以区别于经营管理权监督。两权分离形成了所有权和经营管理权，依托这两种不同的权利，相应形成了两种监督，即所有权监督和经营管理权监督。所有权监督产生于两权分离的需要，其目的是维护所有者的财产权利，也就是要促使经营管理者确保财产的安全，并通过财产的运用实现所有者的目标。国家作为财产的所有者将财产委托给政府部门或相关主体运用，从而在国家财产所有者与政府部门或者相关主体之间形成了公共受托责任，公共受托责任的重要特征之一就是这些受托责任通常是以国家政策的方式予以呈现，各政府部门或相关主体通过执行国家政策得以履行受托责任。国家审计对政府部门和相关主体公共受托责任履行情况的监督就表现为对国家相关政策的执行过程和执行结果的监督。与此不同，经营管理权监督是产生于决策权与执行权相分离所形成的受托责任监督的需要，财产的经管主体为了履行责任必然制定决策，为了保证这些决策的执行主体能够实现决策目标，必然要对决策的执行者进行监督；国家审计的特征之二是独立监督，国家财产所有者为了对财产的经营管理者履行受托责任的情况进行监督，必然要委托独立的监督主体进行监督，也就是国家审计监督具有独立性。

首先，国家作为财产的所有者并不能直接行使监督权力，而是要通过设立独立的审计机关行使监督权力。其次，两权分离后，国家作为财产所有者并不直接参与财产的运用活动，与财产的经营管理者之间保持相对的独立，从而使代表国家所有者的审计监督也具有独立性，也就是独立于被审计对象。与此不同，经营管理权监督不具有独立性，原因在于经营管理者是决策者，而执行者执行的就是经营管理者的决策，两者之间存在关联性，因决策失误而导致的执行失败，其责任在经营管理者而不是执行者，这必然会导致监督的非独立性。国家审计进行的监督是所有权监督，而政府行政部门如发改委、财政部等所进行的监督属于经营管理权监督的范畴，国家所有者将国有资产委托于各政府部门，通过各政府部门经管这些资产以履行公共受托责任。各政府部门在履行公共受托责任的过程中，要制订各种决策方案，这些决策方案呈现为各政府部门所制定的各种预算、各种规章等，也可以统称为部门政策。各政府部门要对部门政策执行主体的执行情况进行监督，这种监督是经营管理者作为决策主体为确保自身的决策执行所进行的监督，由于决策主体与执行主体之间存在关联关系，这种监督并不具有独立性，尤其是当决策主体自身的行为存在问题以及决策本身存在缺陷时，这种监督的效率就会大大降低。由于经营管理者作为决策者要保证决策的最终实现就不能仅进行结果监督，结果监督有可能造成亡羊补牢、为时已晚的结局，所以经营管理权监督更强调过程监督。

事实上，由于经营管理者拥有决策控制权，又身处政策制定和实施的整个过程之中，为其进行过程监督提供了最有利的前提(谢志华，2016)。如财政部所进行的财政监督，一方面通过预算支出为各公共受托责任的履行主体提供资金；另一方面要监督所提供的资金的使用是否合理、合法、有效。伴随着资金提供过程进行全过程监督，就必然成为财政监督的本质特征之一，在过程监督中，公共受托责任的履行主体如果不能按照预算要求使用资金，就可以终止资金的提供，这里决策权、监督权与执行过程有机地融合在一起。所有权监督主要专注于结果监督，只有当公共受托责任履行后，才能检查评价公共受托责任是否履行以及履行的效果如何。政策跟踪审计在形式上看表现为过程监督，但实质上是一种结果监督。政策落地的关键在执行。在政策执行阶段主要审查政策是否被不折不扣地执行，执行过程中是否存在调整的必要，政策执行过程中的这种是否被执行以及是否被调整本身就是一种行为结果，而对其的监督就是结果监督；在政策执行的效果评价阶段，由于政策已经执行形成了结果，对其所进行的监督就是传统意义上的结果监督。任何一个行为都会形成相应的结果，也就是说行为结果会贯穿于整个过程，如合同执行审计、合同执行完工审计就是一种按照事中和事后审计所进行的分类。但是，这种合同事中和事后审计都具有结果审计的特征，原因很简单，合同执行审计作为事中审计监督的是，所签订的合同是否在执行过程中被遵循这一结果；合同执行完工审计作为事后审计监督的是整个合同最终是否被履行以及履行的效果，这当然是结果审计。政策跟踪审计也具有类似的特征，所谓审计全覆盖不仅包括被审主体全覆盖和被审内容全覆盖，也包括被审主体的行为过程全覆盖，政策跟踪审计正是这种行为过程全覆盖的体现之一。国家政策制定与执行的结果会直接对国家财产所有权权益产生影响，国家所有者为了保护自身的权益，必然会直接委派独立的监督主体检查、评价各级政府的政策制定、政策执行及其执行结果的经济性、效果性与效率性。国家审计所进行的政策跟踪审计，作为审计的主体并不直接参与政策的执行、管理和控制，是一种独立于这些职责之外的监督行为，这就是国家审计作为所有权监督的体现之一。国家审计所进行的政策跟踪审计还具有再监督的特征，各政府部门对政策执行所进行的过程监督作为经营管理权监督，其目的是监督下属各执行主体执行其所制定的各相关政策，也就是各政府部门所做出的各项政策决策是否被有效执行。但这一监督的根本缺陷在于各政府部门作为管理者本身的政策制定、政策执行及其政策执行效果是无法受到监督的，它们不能自己监督自己；同时，各政府部门作为决策者对政策执行者的监督是否合理合法和有效也不能由自己进行监督评价，这样就产生了对监督者进行再监督的必要。由于国家审计是代表国家所有权所进行的监督，不仅具有独立性，而且所有权高于经营管理权，从而使国家审计能够对政府部门所进行的监督进行再监督。国家审计的再监督能够防范政府部门上层管理者玩忽职守，滥用决策权、控制权和监督权，减少上层管理者与下层管理者串通舞弊的可能性，最终能够更好地防范经济社会各领域重大风险发生的概率，并保障国家所有者的利益最大化。可见，国家审计所进行的政策跟踪审计属于所有权监督的范畴，具有独立性、结果性和再监督性的特征，而其他政府部门所进行的政策执行监督属于管理权监督的范畴，具有关联性、过程性和被再监督的特征。

尽管在理论上，国家审计所进行的政策跟踪审计与各政府部门所进行的政策执行监督存在这样的本质区别，但是在监督实践中两者之间仍然存在重复监督、职责不清的情况。党的十九届三中全会之前，国家审计与其他政府部门的监督职责重复较多，被监管主体存在疲于应付、经营管理活动难以正常展开且浪费监管资源的情况。《深化党和国家机构改革方案》将国家发展和改革委员会的重大项目稽察、财政部的中央预算执行情况和其他财政收支情况的监督检查、国务院国有资产监督管理委员会的国有企业领导干部经济责任审计和国有重点大型企业监事会的职责划入审计署，使监管体系得以优化、监管职责的界定更加合理清晰。上述对项目建设效果、财政收支效益及领导干部履责情况进行的监督，一方面，属于所有权监督的范畴，国家将资金或者财产投人重大建设项目，用于预算支出或者其他财政支出项目，这都属于相关主体履行公共受托责任的范畴，国家审计必须要代表国家所有者对其进行监督，尤其是这些监督主要属于结果监督，国家作为所有者必须要委派国家审计，对其所投人的资金和财产的安全和运用状况进行监督，以维护国家所有者的基本权益；另一方面，相关的政府部门也可以对这些方面进行管理权监督，但是作为结果监督，如果国家审计和其他政府部门都来进行，必然存在重复监督，为了提高整个国家监督体系的效率，必须避免这种状况。选择的路径有两条，要么由国家审计进行这种监督，要么由各政府部门进行这种监督。由于政府部门所进行的管理权监督存在非独立性以及不能自我监督的缺陷，由国家审计进行这种结果监督更具有比较优势。也就是，国家审计进行的这种结果监督不仅同时实现了政府部门进行这种结果监督的内在需要，而且避免了再监督而导致的资源占有和耗费。所有权监督必须要对经营管理权主体及其监督行为进行再监督，也就是国家审计必须要对其他政府部门的决策行为和监督行为进行再监督。在政策跟踪审计中，这方面的监督仍然存在空白领域。如发改委具有审批、核准、审核重大外资项目、境外资源开发类重大投资项目和大额外汇投资项目的职责；财政部具有管理行政事业单位国有资产、金融类企业国有资产的责任；国资委具有管理国有资产及资产保值增值的责任，国家审计并没有开展与此相关的监督活动，作为国家所有者的代表的最高国家机构并不掌握这些政府部门政策制定决策和政策执行监督的情况，尤其是这些政府部门自身的管理绩效（包括战略管理、发展创新、经营决策、风险控制、人力资源等）。国家审计应该通过政策跟踪审计、经济责任审计等常规审计项目，消除审计盲区、填补审计空白。

（2）政策跟踪审计中国家审计与其他监督主体的协同

在政策跟踪审计中，虽然国家审计与其他监督主体的职责存在较大差别，但监督对象都是国家政策的执行和结果。因此，如何实现各监督主体间的良性互动是加强“监督合力”的关键。各政府部门作为监督主体要制定相关的政策并对政策执行过程实施经常性的、全过程的监督，他们既是政策的制定者，也是政策执行的监管者，对政策执行的效果负有决策是否正确以及监管是否到位的责任，也就是对决策的最终效果承担责任。正因为要承担这种受托责任，各政府部门不仅要尽可能使自身的政策决策正确，而且要通过监督保证政策充分有效贯彻，各政府部门进行的这种监督是一种经营管理权监督，监督的权力来源就是国家赋予的公共管理权力。国家审计所进行的政策跟踪审计的目标也是检查政策的、执行过程和执行效果，并对各政府部门监管政策落实的履职情况进行再监督。国家审计与其他政府部门所进行的经营管理权监督的互动关系也应该紧紧围绕实现这一目标来展开，审计开始前，国家审计应先与其他政府部门进行沟通，了解各政府部门在政策执行的监督过程中所发现的各类问题，并以发现的问题为导向进行有针对性的审计，或以发现的问题为基础，通过寻找发现问题的原因以及可能造成的影响进行延伸性审计；在审计过程中，国家审计对其他各政府部门的监督所发现的问题可以免于审计，或者进行抽样证实，以减少重复监督的工作量。也可以通过审计调查发现政策执行过程中没有被各政府部门的监督所揭示的问题，在此基础上再进行详细审计；在审计终结阶段，国家审计也要深入了解各政府部门在政策制定、政策执行和监督过程中所面临的困难和存在的问题，并及时反馈，协助其破解困境，解决难题。国家审计还要针对各政府部门在政策执行和监督过程中存在的问题提出建议，以促进政策的完善，推动相关政府部门改进工作。各政府部门需要为国家审计的监督和再监督工作提供各种便利和必要的条件，要把国家审计的监督活动融入政策执行和监督的全过程中，实现两者的无缝对接。在政策跟踪审计过程中，国家审计还需要与其他的监督形式进行协同。其他监督形式包括党内监督、民主监督、司法监督、群众监督、舆论监督。在政策实施的监督过程中，每一种监督形式都能够发挥其自身的作用其中，国家监察委员会监督的主要目的是防止、发现政策制定和执行过程中的各种腐败行为。政策跟踪审计必须将所发现的腐败行为移交给监察委员会，或者在进行政策跟踪审计时，配合监察委员会寻找贪污腐败的案件证据，以更好地发挥监察委员会履行公权力监督的作用；人民法院、人民检察院监督属于司法权监督，能依法对公务人员、普通公民、组织发生的违法犯罪行为进行处罚。审计机关也应将发现的各种违法犯罪案件证据移交给司法机关，同时，可以受托为司法机关进行取证；民主监督主体是人大与人民政协，群众监督、舆论监督的主体是人民群众，三者均是非政府机关开展的监督，不具备政府行政权力。国家审计通过公开或直接提供审计信息，为这些监督提供相应的审计服务，或者通过提供审计信息引导其开展监督活动。国家审计应以结果公告形式对外报告审计发现和审计成果，从而使人大、政协、公众、媒体能够利用该成果，通过媒体、人大或政协会议等形式督促政策执行部门与各政府行政管理部门进行整改，同时也能提出进一步完善政策，确保政策有效实施的建议。对国家审计的职责分工与协同进行研究发现，审计职责的广度与深度在不断拓展。特别是，面对审计全覆盖的要求，审计人员编制有限、人力资源严重不足，需要通过提高审计效率和提升审计效果，才能真正实现全覆盖的目标。同时，党的十九大也要求建立高效的审计监督体系。就这一点，学者们从审计主体职业化

（仲杨梅、张龙平，2017）、审计客体选择、政策、审计技术方法创新（审计署武汉特派办课题组等，2018）等角度，分别研究了提升审计效率与效果的路径。与之前的研究不同，本书从绩效评估的角度来研究倒逼审计效率和效果提高的措施。

3. 政策跟踪审计绩效评估的构想

（1）政策跟踪审计绩效评估实施的必要性

在审计实践中，许多国家的国家审计均采取了绩效评估的方式来倒逼提高审计项目效率和效果。如英国审计署自 1997 年起使用传统的绩效评估指标，主要包括审计促进公共资金节省额、审计建议被采纳数量、国会对审计署工作的信任、审计客户对工作的认同、审计署内部管理等来引导国家审计工作的方向（Pollitt，2003）。随后，为了凸显政策评价在审计工作中的重要性，美国审计署开始在传统的绩效评估指标中加入审计完善法律制度、改进政府运作和改善政府项目执行等与国家审计提升政策实施效果有关的指标（朱小平等，2004）。我国的国家审计绩效评估指标与英国类似，主要包括国家审计人力财力投入，发现违规单位数、问题金额，审计建议数、信息报告数，审计处罚金额、移送处理案件及人数等。这种传统的评估指标更适用于财政资金审计及一般绩效审计，这些审计更看重被审计单位的资金规范、项目运营及违法违纪行为。但却相对忽视了政策跟踪审计在保障政策运行和完善体制机制等方面的作用，不利于倒逼提高政策跟踪审计的效率和效果。此外，我国国家审计绩效评估也不是针对某一个项目实施，而是对国家审计一段时间内的所有审计工作进行评价，这不利于发挥绩效评估通过倒逼机制提升某一审计项目的效率和效果，只有每一个审计项目的效率和效果不断提高，国家审计的整体效率和效果的才能提高。因此，有必要对单个审计项目进行绩效评估。政策跟踪审计项目结束后就应该实施绩效评估，以此总结审计经验，寻找不足，并激发审计人员的积极性，从而提高审计的效率和效果。

（2）政策跟踪审计绩效评估指标体系构建

实施政策审计绩效评估的关键是将政策跟踪审计项目评价指标与审计机关绩效评估指标有效地连接起来，形成一个彼此相互补充、相互促进的审计绩效评估指标体系。为此，先要探讨如何构建政策跟踪审计项目的评价指标，以此为基础构建审计机关绩效评估指标体系。具体而言，国内外政策跟踪审计评价指标基本上是从政策落实、资金使用、项目建设和运营、体制机制运行、重大违纪违法等几个方面展开。例如，加拿大生物多样性审计项目（1992—2009）是从政府部门履职责任、政策落实情况、保护多样性资金使用绩效等几类指标进行评价（Dolman and Mossmam，2012）；美国紧急经济稳定法审计项目（2008—2011）是从经济稳定资金使用情况、地区经济增长政策执行效果、产业工人生活保障等几类指标进行评价（GAO，2011）；审计署2016年出台了《关于进一步加强扶贫审计促进精准扶贫精准脱贫政策落实的意见》，建议将政策落实、重大违纪违法、资金绩效、项目建设运营、体制机制等作为工作重点。因此，本书将从政策、资金、项目、体制机制、履责等五个方面出发设计绩效评估指标，如表2－1所示。在政策落实方面，政策跟踪审计项目实施时，审计人员需检查政策执行是否存在偏差、是否存在应执行未执行政策及被审计单位制定的措施是否能完成政策目标等，以保障审计对象在受托责任期限内实现政策目标。在审计结束后，审计机关可对应采取政策执行偏差纠正率、未执行政策纠正率、措施制定修正率等指标对政策落实审计的纠正绩效进行评估；在资金使用方面，审计机关为了检查资金沉淀率过高的问题，设置了资金使用率这个指标。同时，为了确保资金用途的适当性，审计机关重点审查了财政资金虚报和违规使用情况。在审计结束后不久，审计机关可对应采取提高资金使用率、财政资金虚报整改率、违规资金使用整改率等指标对资金使用审计的规范绩效进行评估；在项目建设和运营方面，审计机关既要审查项目是否真正完成，还要审查项目周边的自然环境和社会环境建设是否同步推进。与此相应，审计机关应就推动项目完成率、推动自然环境建设率、推动社会环境建设率等指标对项目建设和运营审计的推动绩效进行评估；在体制机制运行方面，审计机关一方面需要检查领导机构的设置或运行情况、负责人责任实施情况；另一方面需要着重检查各种执行机制的运转情况，如上下级信息传递机制、战略决策机制、财力保障机制等能加速政策执行的机制的运转情况。相应地，审计机关应就完善领导机构设置或运行、推动负责人责任实施、促进执行机制运转等指标对体制机制审计的完善绩效进行评估；在重大违纪违法方面，审计机关应着重检查重大涉案人数、数量、金额，以对政策实施人员产生震慑作用。与此相应，审计机关应就移送处理人数、移送处理案件数、审计处罚金额等指标对重大违纪违法审计的查处绩效进行评估。其中移送处理人数由移送司法、监察委员会、其他部门处理人数组成，移送处理案件数由移送司法、监察委员会、其他部门处理案件数组成，审计处罚金额由应上缴财政金额、应减少财政拨款或补贴等组成。

表 2-1　政策跟踪审计项目评价指标体系与绩效评估指标体系

政策实施效果评价指标体系		审计机关绩效评估指标体系	
准则层	指标层	准则层	指标层
政策落实	政策执行偏差率	政策落实审计纠正	政策执行偏差纠正率
	未执行政策率		未执行政策纠正率
	措施制定不恰当率		措施制定修正率
资金使用	资金使用率	资金使用审计规范	提高资金使用率
	财政资金虚报率		财政资金虚报整改率
	违规资金使用率		违规资金使用整改率
项目建设和运营	项目完成率	项目建设和运营审计推动	推动项目完成率
	自然环境建设完成率		推动自然环境建设率
	社会环境建设完成率		推动社会环境建设率

续表

政策实施效果评价指标体系		审计机关绩效评估指标体系	
准则层	指标层	准则层	指标层
体制机制运行	领导机构设置或运行情况	体制机制审计完善	完善领导机构设置或运行情况
	负责人责任实施情况		推动负责人责任实施情况
	执行机制运行情况		促进执行机制运行情况
重大违纪违法	涉案人数	重大违纪违法审计查处	移送处理人数
	涉案件数		移送处理案件数
	涉案金额		审计处罚金额

2.2.2 审计推动制度体制机制完善的路径①

(1) 国家治理现代化视角下公共政策审计实施的现状分析

表2-2可见，由于重大政策执行的复杂性和特殊性，使审计署每季度审计涉及的单位、项目、资金数量较大，证明了公共政策审计在国家治理体系中的重要作用。从趋势来看，2015年第三季度审计署开始实施重大公共政策审计，涉及的国家重大政策数较多，相应地单位、项目、资金数量也是历年之最。随后审计对象数开始回落，并到2017年每季度审计的国家重大政策数量基本稳定。这是因为，2014年国务院印发《稳增长促改革调结构惠民生政策措施落实情况跟踪审计工作方案的通知》要求开展专项审计，并将这种模式定位为“十三五”期间审计机关工作的重要内容。因此，2015年审计署开始对稳增长促改革调结构惠民生防风险、财政存量资金及闲置土地盘活、重大工程项目推进、中小企业融资等12个政策进行审计。然而，随着国家重大政策调整，以及各单位

① 审计推动制度体制机制完善的路径（包括国家治理现代化视角下公共政策审计实施的现状分析、政策跟踪审计推动制度体制机制完善的路径），转引自文章：Wang F and Qiongna Z. Current Situation and Path of Public Policy Audit of the Chinese Government—From the Perspective of Modernization of State Governance [J]. Argos, 2018: 131-140.

对以前政策执行中出现的体制机制制度问题整改，使每年审计的重大政策数量基本稳定且呈现政策种类既有连续性、又有一定差异的特征，如2016年与2017年均审计了“放管服”“三去一降一补”、扶贫任务落实、供给侧结构性改革等政策，同时2016年还审计了“营改增”试点推进、涉企收费清理等当年发生的特定政策。

表2－2　　国家重大公共政策审计的对象

年度	季度	国家重大政策数量（个）	单位数量（个）	项目数量（个）	资金数量（亿元）
2015	第三季	12	1707	1639	9073.67
	第四季①	6	615	1008	1684.85
2016	第一季②	1	829	1796	未报告
	第二季	6	1077	1633	2036.5
	第三季	6	886	1142	3423.58
	第四季	3	1071	未报告	未报告
2017	第一季	4	1172	2322	2378.12
	第二季	4	953	1203	2890.63
	第三季	4	1343	1914	4421.59

表2－3可见，审计查出的机制问题数量最多，其次为制度问题数量、体制问题数量。这是因为，机制是各部门把工作系统联系起来且广泛使用的政策实现工具，如管理部门使用监督机制与协调机制来推动重大政策执行，执行机构使用执行机制与协调机制来实现政策目标。但由于人为、部门内部机制设置、部门间协调等原因导致机制存在较多问题，特别是执行机制涉及资金筹措、项目推进、政策目标实现等多维度问题。相反，体制是机构组织结构及职

① 2015年12月主要是反映了审计发现问题整改情况，因此没有报告单位数量、项目数量、资金数量，此处数据只涉及了10月和11月的审计对象。

② 2016年第一季度审计署只对财政资金统筹使用情况进行了审计。

责设置，通常在制度没有改变的情况下不会有较大调整，因而出现问题的概率较低。而制度问题主要与具体行动措施有关，各部门制定的政策实施措施均经过调研、分析且符合实际状况，出现问题的概率也相对较低。

在机制方面，执行机制问题数量是协调机制的 15 倍多，是监督机制问题数的 22 倍多。这表明，审计发现各部门实现政策目标时执行机制较容易出现问题，主要集中在：政策落实不到位，即重大政策落实不到位从而引起政策目标难以实现；资金问题，包括资金闲置、存量资金盘活不到位、违规使用或套取资金、项目资金拨付慢等问题；项目执行问题，体现在项目闲置、项目进展缓慢或开工率低等问题；违规审批问题，如财政资金审批时间过长、审批事项下放不到位等。同时，协调机制存在的问题主要体现在未实现信息共享、方案意见不一致、统筹协调不畅等方面，其中未实现信息共享会影响政策实施效果、方案意见不一致会影响项目进度、统筹协调不畅会导致政府与群众出现矛盾。此外，监督机制存在的问题主要体现在审核把关不严、监督不力两方面，其中审核把关不严会导致国家资产流失、监督不力会导致政策执行难以到位。

在制度方面，主要包括制度缺失或多余、制定不合理两方面。其中，制度缺失或多余表现在相关部门未按规定出台措施、违规制定措施，这将使制度规范存在弊端且不利于重大政策目标的实现；制度制定不合理表现在制度设置障碍过多、未修订与目标不符制度，如设置审批前置条件导致企业负担过重、未修订相关措施导致政策执行存在障碍。

在体制方面，主要包括机构设置与职责设置不合理两方面。其中，机构设置表现在没有组建专门完成政策目标的机构、违规设置机构，这将导致政策执行时缺乏权威机构指导及违规设置机构增加企业费用负担；职责设置表现在机构职能重复、未牵头分配履职机构、无专职人员执行职责，分别表示两个及以上机构同时执行一个职责、某一职责没有机构执行及机构内容没有专职人员执行该项职责，这些均会因推诿扯皮而引起政策执行不力。

表2-3 国家重大公共政策审计发现体制机制制度问题的情况

年度	季度	体制问题数量		制度问题数量		机制问题数量		
		机构设置	职责设置	制度缺失或多余	制度制定不合理	执行机制	监督机制	协调机制
2015	第三季	1	2	6	6	106	4	10
	第四季	0	1	0	0	81	5	4
2016	第一季	0	0	0	1	15	1	1
	第二季	0	3	2	4	45	2	1
	第三季	0	3	1	0	48	1	5
	第四季	0	0	1	1	48	1	4
2017	第一季	0	3	0	0	68	1	4
	第二季	0	1	0	0	51	4	2
	第三季	1	2	0	1	74	5	4
总数		2	15	10	13	536	24	35

表2-4可见，审计促进体制机制制度完善的方法包括整改与移交。在样本期间，审计署共移交24个处理处罚事项。其中，除了2016年前三季度审计着重关注整改外，其他季度均存在将发现的违反法律、党纪的责任人移交给司法部门与相关权力部门的事项，并最终使责任人受到法律、党纪、政纪、撤职处分等处罚。这样做即能追究相关责任人责任，也能起到强威慑作用以加快整改。同时，整改方面与发现问题结果类似，机制整改数量最多，其次为制度、体制整改数量。这表明，审计针对问题数量最多的机制给予了实用的整改方案并获得管理部门与执行机构的响应。此外，虽然体制与制度问题数量相对较少，但经审计提出建议后相关部门也积极整改，从而对推动政策目标实现起到重要作用。具体而言：

首先，机制整改中执行机制整改数量最大，而监督机制与协调机制整改数量相对较少，这与审计发现执行机制问题数量最多有关。其中，执行机制整改与表2-3机制问题基本对应，加快政策落实是为了解决政策落实不到位问题以尽快实现重大政策目标；解决资金问题主要采取了下拨资金到项、闲置资金收回、盘活存量资金、严肃处理违规使用或套取资金、加快资金拨付等措施以增加资金使用效率；推进项目进度采取了加快工程建设、健全闲置土地处置机制、全面清理在建项目等措施以使项目按计划完工；杜绝违规审批，主要采取杜绝变相审批、下放审批权限等措施以解决审批速度慢与下放问题。此外，监督机制整改主要集中在委派专人督查、加大监督力度两方面，从而将监督责任落实到责任人并增加监督强度。协调机制整改主要集中在建立矛盾调解机制、协调会商机制，目的是解决部门间信息不共享、方案意见不一致、统筹协调不畅等问题。

表2-4　国家重大公共政策审计整改与移交的情况

年度	季度	体制整改数量		制度整改数量		机制整改数量			处理处罚数量
		机构设置整改数量	职责设置整改数量	制度优化数量	制度增减数量	执行机制整改数量	监督机制整改数量	协调机制整改数量	
2015	第四季	4	2	1	13	18	3	2	14
2016	第一季	0	0	0	0	5	0	0	0
	第二季	0	0	1	0	5	2	0	0
	第三季	0	0	1	3	3	0	0	0
	第四季	2	1	0	3	10	1	1	2
2017	第一季	0	1	2	10	9	0	1	2
	第二季	2	0	3	3	9	2	1	3
	第三季	1	0	3	2	14	0	1	3
总数		9	4	11	34	73	8	6	24

其次，制度整改的措施包括制度增减与制度优化。其中，制度增减表示，为了解决未按规定出台措施、违规制定措施等问题，采取制订解决方案、取消违规制度用以解决当前面对的新问题或无法解决的痼疾。制度优化表示，为了解决制度设置障碍过多、未修订与目标不符制度等问题，采取减少制度设置障碍、修订制度用以扫除政策实现障碍。

最后，体制整改的措施包括机构、职责设置整改。其中，机构设置整改表示，为了解决缺少专门完成政策目标的机构、违规设置机构等问题，采取建立专门组织、注销多余组织用以消除机构设置导致的政策执行不力。职责设置整改表示，为了解决机构职能重复、未牵头分配履职机构①、无专职人员执行职责等问题，采取减少机构不合理职责、充实专业执业人员用以界定机构职责及增加相关专业能力。

（2）政策跟踪审计推动制度体制机制完善的路径

政策跟踪审计推动制度体制机制完善的路径分为检查过程、发现问题与整改措施等方面（如图2-4所示）。首先，在检查过程方面，审计机关需先列出计划再实施审计，即以计划中的疑点引导具体实施从而找到制度体制机制问题。具体制订审计计划时需在分解重大政策目标基础上开展座谈会，重点挖掘制度方面存在的不合理制度未改善、制度缺失或多余等问题；体制方面存在的组织结构不当、职责设置不当等问题；机制方面存在的落实机制、监督机制、协调机制等问题，并以问题为导向制订审计计划。随后，实施审计工作时要严格按照计划对政策执行情况进行监督，步骤包括：①审计检查执行部门的政策执行情况。审计机关在检查时既需根据计划调查执行部门组织结构与职责设置问题、落实机制与协调机制

① 在研究中，我们没有采取相关部门牵头分配职责的方式解决未牵头分配履职机构问题，这可能是因为此问题整改时采用了建立专门组织的方式解决。

问题，也需根据计划与监督部门、制度制定部门座谈沟通并鼓励他们反馈执行部门的运行问题，从而提出整改建议或移交司法部门、相关部门处理处罚。②审计需关注制度制订与监督是否合理。审计机关在检查制度制订时需根据计划与执行部门、监督部门座谈沟通，关注制度制定的缺失、多余或不合理问题、及制定部门组织结构与职责设置问题；或根据计划与执行部门、制度制定部门座谈沟通，关注监督部门是否存在监督机制与协调机制问题、及监督部门组织结构与职责设置问题。随后以问题为导向进行深入调查从而有针对性地提出整改建议，或移交司法部门、相关部门处理处罚。

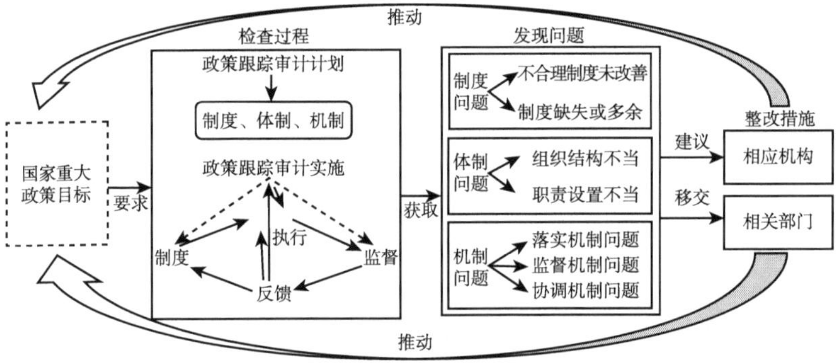

图 2－4　政策跟踪审计推动制度体制机制完善的路径

其次，在发现问题方面，政策跟踪审计能查出国家重大政策目标实现过程出现的制度体制机制问题。具体包括：①审计查出的制度方面问题涉及制度缺失或多余、制度不合理。其中，制度缺失或多余表现在相关部门未按规定出台或违规制订制度，这将使行动规范存在弊端且不利于重大政策目标实现。制度不合理表现在设置障碍过多、未修订与目标不符制度，如设置审批前置条件导致企业负担过重、未修订不适当制度等。②审计查出的体制方面问题涉及组织结构与职责设置不合理，其中组织结构问题表现在没有组建专门完成政策目标的机构、违规设置机构，这将导致政策执行时缺乏权威机构指导或违规设置机构从而增加企业负担。而职责设置问题表现在职能重复、无专职人员执行职责等方面，即存在两个及以上机构同时执行一个职责、某一职责没有机构执行及机构内没有专职人员执行该项职责现象，这些均会因权责范围不明而引起政策执行不力。③审计查出的机制方面问题涉及落实机制、监督机制、协调机制问题。其中，落实机制问题体现在政策落实不到位、项目落实不到位、资金使用不到位、审批不到位。政策落实不到位是指重大政策执行后效果没达到预期，项目落实不到位体现在项目闲置、项目进展缓慢或开工率低等问题，资金使用不到位是指资金闲置、存量资金盘活不到位、违规使用或套取资金、项目资金拨付慢等现象，审批不到位涉及财政资金审批时间过长、审批事项下放不到位等；监督机制存在的问题体现在审核把关不严、监督不力，其中审核把关不严会导致国家资产流失，监督不力会减弱政策执行能力。协调机制存在的问题主要体现在未实现信息共享、方案意见不一致、统筹协调不畅等，其中未实现信息共享会影响政策实施效果、方案意见不一致会影响项目进度、统筹协调不畅会导致政府与群众矛盾激化。

最后，在整改措施方面，各部门根据审计查出的制度体制机制问题进行整改及处理处罚责任人，从而推动重大政策目标实现。具体而言：①审计机关根据发现的问题实施对应性质方案或采取更适当的非对应性质方案①。在对应性质方案中，如可针对组织结构问题采取建立专门组织、注销多余组织用以消除组织结构导致的政策执行不力；针对职责设置问题采取减少机构不合理职责、充实专业执业人员用以界定机构职责及增加相关专业能力；针对制度缺失或

①　对应性质方案是指针对发现的是制度体制机制问题采取对应的制度体制机制整改方案，非对应性质方案是指针对发现的是制度体制机制问题选择更加适当的整改方案。

多余采取相关部门按规定出台制度、取消违规制度用以解决当前面对的新问题或无法解决的痼疾；针对制度不合理采取减少制度设置障碍、修订相关制度用以扫除政策实现障碍；针对落实机制问题采取加快政策落实，推进项目进度，解决资金问题，杜绝违规审批用以加速政策实施；针对监督机制问题采取委派专人督查、加大监督力度用以强化监督；针对协调机制问题采取建立协调会商机制、矛盾调解机制用以通畅执行。在非对应性质方案中，如针对落实机制的问题可采取建立专门完成政策目标的组织、相关部门出台措施、修订相关制度等体制和制度方案解决这些问题；针对协调机制问题可采取加快政策落实的方案改变协调不畅现状。②审计机关还可根据发现问题采取移交方案。即将发现的违反法律、党纪的责任人移交给司法部门与相关权力部门，并最终使责任人得到法律、党纪、政纪、撤职处分等处罚。这样做既能追究相关责任人责任，也能起到强威慑作用以加快整改。

2.3 精准扶贫审计的基础理论

2.3.1 国家治理理论与精准扶贫政策跟踪审计

党的十八大以来，习近平总书记提出了“国家治理能力现代化”理论，并通过组建中央审计委员会将审计定位为国家治理体系的重要组成部分。党的十九届四中全会更强调要坚持和完善党和国家监督体系，强化对权力运行的制约和监督，发挥审计监督的职能作用，赋予审计在国家治理系统更加重要的地位。在这些理论与实践的指导下，审计机关开展了包括政策跟踪审计、自然资源资产离任审计等在内的多个创新审计项目。其中，审计署自 2014 年 8 月起开展了重大政策措施落实情况跟踪审计，该项目实践了习近平新时代中国特色社会主义思想。

习近平总书记在2014年提出："国家治理体系与治理能力现代化集中体现于一个国家的制度和制度执行能力。"① 这意味着，国家治理体系要保障国家制度制定的合理性与制度执行的准确性。同时，习近平总书记在中央审计委员会首次会议中强调："各地区各部门特别是各级领导干部要积极主动支持配合审计工作，依法自觉接受审计监督，认真整改审计查出的问题，深入研究和采纳审计提出的建议，完善各领域政策措施和制度规则。"可见，国家审计所进行的政策跟踪审计能够更加有效地促使各级政府、各个部门完善政策制度、实现政策目标，从而促使国家治理科学合理、治理能力不断提高；更为重要的是国家审计作为国家治理体系的重要组成部分，通过构建政策跟踪审计制度，不仅使国家审计体系更加完善，也使国家治理体系更加系统协调，治理能力不断强化。正因为政策跟踪审计直接关系国家制度的完善和执行的有效，它必然是国家审计机关实现国家治理能力现代化的创新方法。事实上，政策跟踪审计不仅能发现政策制定、执行中的问题，还能发现与政策执行相关的体制、机制问题（蔡春等，2016）。国家审计在进行政策跟踪审计时，能够发现制度制定者由于追求自身既得利益而造成的制度主观故意缺陷以及由于环境的复杂和变化所导致的制度客观无意缺陷，能够发现在政策执行过程中，执行主体或机构设置不合理、相互职责边界不清晰而导致政策执行过程中的相互推诿、互相扯皮甚至无人执行的情况；还能够发现政策执行的效果及其形成的原因，对政策执行过程中相关责任人的责任落实提出建议，也对政策的调整和修正提出审计建议，从而形成对政策执行和再决策的反馈机制，以及政策落实的倒逼机制。如审计署2015年11月发布的重大

① 习近平．在省部级主要领导干部学习贯彻十八届三中全会精神全面深化改革专题研讨班上的讲话［N］．人民日报，2014－2－18（01）．

政策审计报告披露，吉林省未制定保障性住房分配制度，并建议制定相关制度并追究责任人责任。随后吉林省政府及时完善公共租赁住房政策，并对2人进行党纪、政纪处分。这表明，审计机关的建议完善了相关制度并处罚了责任人，保障了重大政策目标的实现。

精准扶贫政策跟踪审计属于政策跟踪审计的一种，是国家审计机关实现国家治理能力现代化的创新手段。首先，精准扶贫政策跟踪审计能够发现政策制定者制定扶贫政策与目标间的偏差，包括由于追求自身利益而导致扶贫政策制定的主观故意偏差以及由于经济社会环境变化而导致扶贫政策未及时修正的客观无意偏差；其次，能够发现在扶贫政策执行过程中，各扶贫部门的机构设置不合理、扶贫部门间组织权责边界模糊，进而导致扶贫部门执行政策时发生推诿扯皮且难以落实扶贫政策的情况；再次，能够发现扶贫政策执行不佳的原因，并对执行扶贫政策的部门或政府提出行动调整建议，或处罚、追究责任人责任的建议，也对如何进行政策调整和修正提出建议，从而对扶贫政策执行的效果、效率、效益形成反馈机制，以倒逼扶贫政策落实。同时，精准扶贫政策跟踪审计是国家治理体系的重要部分，与其他扶贫监督部门共同组成了国家治理体系，也同时促进了国家治理体系的协同。其中，其他扶贫监督部门要对各级政府、部门等扶贫执行政策主体的执行效果进行监督，这种监督是扶贫管理者为确保自身决策得到正确执行而进行的监督。由于监督者与执行者存在天然联系，这种监督缺乏独立性。此时，需要一种独立于扶贫管理者与执行者的监督形式，国家审计就是这么一种独立监督。审计主体不会参加扶贫政策制定与执行，它代表国家所有者进行所有权监督，与管理权监督互相呼应、互相补充（王帆和谢志华，2019）。另外，国家审计所进行的精准扶贫政策跟踪审计的评价对象主要针对扶贫执行政策与制定措施的所有政府部门展开，在绩效评价时将参与项目建设、政策执行、资源使用、绩效管理的所有部门作为一个整体来考虑，即包括执行部门、管理部门与监督部门在内的整体执行政策的部门绩效，能够全面监督政策制定的合理性与政策执行的效果，这将有助于全面实现国家治理能力现代化。正因为政策跟踪审计的上述特性，它必然成为全面实现国家治理体系和治理能力现代化的创新手段。

2.3.2 新公共管理理论与精准扶贫政策跟踪审计

（1）新公共管理理论与绩效审计

20 世纪 70 年代，石油危机使西方各国陷入经济危机。以英国为代表的西方政府进行了新公共管理改革，即强调政府管理的经济性、效益性与效果性（简称“3E”），并注重绩效评估（唐兴霖、尹文嘉，2011）。因而英国在 1983 年通过了《国家审计法》，授权审计署开展绩效审计工作。该法明确规定，审计长有权力对政府及相关组织为履行公共责任而使用资源的 3E 进行检查。这表明，受新公共管理改革的影响，英国将绩效审计目标定义为审查被审计单位的 3E 或 5E[①] 实现情况。随后英国审计署在 2003 颁布了《绩效审计手册》，提出审计对象是政府部门和机构，审计报告能反映政府部门和机构的工作对病人、学生、救济对象及其他公共服务对象的作用。但当时的审计对象是“碎片化”的政府部门或相关机构（王会金，2014），并未从所有参与公共服务部门的整体出发进行评价。如 2002 年英国审计署对政府公共服务热线服务部门这一主体进行了审计，目标是审查该部门 66% 开支用于人员工资的经济性；2003 年英国审计署对环境局这一主体进行了检查，目标是发现废弃物处理场地免检的控制效果、处理者的财政资金使用效益等；2006 年英国审计署对伦敦奥运会组委会这一主体进行审计，目标是发现其筹备设备、项目建设、资金使用等经济性、效益性与效果性。同时，《绩效审计手册》也提出了绩效审计循环方法，即

① 在 3E 的基础上增加公平性和环境性，形成 5E。

从确定项目、制订计划、审计实施、起草报告、交换意见、发布审计报告、公共账目委员会、政府答复、跟踪检查等几个方面着手开展工作。该方法也被诸多国家借鉴，如 2009 年、2011 年、2013 年美国审计署开展了三次“系列制造业重振政策审计”，就是按照制订计划、专项审计调查、起草报告、审计署在国会听证会发布证词、回答国会提问、持续跟踪的绩效审计循环方法展开审计工作；2009 年加拿大“生物多样性政策审计项目”，也是根据绩效审计循环方法，按照制订计划、专项调查、起草报告、国会回复、发布报告、跟踪审计等步骤执行审计工作。

随着新公共管理改革的不断深入，理论界与实务界开始思考该理论的缺陷。首先，新公共管理理论过分强调“碎片化”政府部门的绩效，这使单一职能部门缺乏合作与协调，只考虑自己的绩效（Pollitt，2003）。其次，以英国、澳大利亚等为代表的盎格鲁—撒克逊国家在新公共管理的早期，中央将权力下放给管制机构、公共服务机构或国有企业，致使政府丧失了宏观调控的途径，也使政府官员丧失了影响力与信息来源（Christensen and Laegreid，2006）。最后，恐怖主义、流行病、自然灾害等全球化事件的发生使各国越来越注重各部门之间的信息共享，以应对可能发生的紧急事件与避免各部门制定相互矛盾的政策。为了摆脱这些困境，各国进入了后新公共管理时代，改革的重点从单一的职能部门或组织转向整体政府，如 2007 年英国首相布朗将新工党的“协同政府”理念推广到英国全国，主要目标是使中央政府有更多的信息来源，消除政府部门间的“碎片化”，以及为公众提供不分离的服务，这改善了当时中央政府“空心化”的状况（Pollitt，2003）。

随着政治实践的发展，整体政府理论（Pollitt，2003；Christensen and Laegreid，2001）、数字时代治理理论（Dunleavy et al.，2005）、公共价值管理理论（Stoker，2006）等多种跨部门协同治理理论应运而生。这些理论强调各政府部门在国家治理过程中的整体性和高效性，即打破原有部门边界而建立的国家整体治理体系（王会金，2014）。随着整体政府理论的深入变革，绩效审计也发生了较大改变，主要体现在绩效审计的内涵、目标、对象、方法等方面（见表2-5）。第一，受“协同政府”理念的影响，美国《政府审计准则》（2011）提出绩效审计应为管理层、责任人或监管层改善项目绩效与经营提供充分信息，为负责监督或采取纠正措施的有关各方制定决策提供便利。与受新公共管理理论影响的英国《国家审计法》相比，该准则不再强调检查政府及相关组织使用资源是否达到3E的重要性，而是提出绩效审计应依据客观标准为管理层、责任人、监管层或有关各方等提供治理国家的决策信息与建议。这意味着，绩效审计根据整体政府的需要扩大了目标，其范围已经超越了原有的3E；审计对象也在不断扩大，不再局限于原有使用资源的政府及相关组织，而是包括管理层、监管层及所有参与使用资源组织在内的整体政府。第二，美国《政府审计准则》提出绩效审计的目标非常广泛，包括3E、内部控制、合规性、一致性、预测等，这改善了原有的3E或5E目标。事实上从我国政府审计实践来看也是如此，现有的绩效审计类型包括跟踪审计、领导干部经济责任审计、各类专项审计调查等，他们均体现了促进国家治理绩效改善的特征（王会金，2014）。

表2-5　　不同时期绩效审计的对比分析表

绩效审计	新公共管理运动	后公共管理运动
内涵	审计长有权力对政府及相关组织为履行公共责任而使用资源的经济性、效率性和效果性进行检查	绩效审计为管理层、责任人或监管层改善项目绩效与经营提供充分信息，为负责监督或采取纠正措施的有关各方制定决策提供便利
目标	3E或5E	目标更广泛，包括3E、内部控制、合规性、一致性、预测等
对象	“碎片化”政府部门	整体政府
方式	绩效审计循环	协同治理

（2）新公共管理理论对精准扶贫政策跟踪审计的影响

《最高审计机关国际组织绩效审计实施指南》（2018）将绩效审计定义为审计机关对国家政策是否达到政策绩效目标，及对实施的效果进行审计并发表审计意见。可见，绩效审计的作用就是检查政策实施的效果与效益。诸多学者也认为政策跟踪审计本质上来说属于绩效审计的一种。例如，蔡春（2016）提出，政策落实跟踪审计是国家审计服务国家治理、提高国家治理能力现代化水平的重要途径，是政府绩效审计的新形式，其目的是检查国家重大政策目标是否实现。那么，政策跟踪审计自然也具有了绩效审计的特征，特别随着后公共管理运动的兴起，政策跟踪审计的目标不再局限于3E，而是包括政策执行情况、体制机制运行情况、资金使用情况、项目执行情况的内部控制、合规性、一致性等方面；审计对象也不再是“碎片化”政府部门，而是政策制定、执行、改进所涉及的所有部门；监督方式也不只是审计机关自己进行的监督，而是由扶贫办、财政部门、纪检监察等多部门协同治理的方式，这样做的目标是为纠正有关各方的不当决策、执行政策不到位等提供便利。

从公共管理理论的角度来看，精准扶贫政策跟踪审计具有一个广泛的目标，审计对象不局限于扶贫部门，还与其他机关协同治理以提升政策执行绩效。具体而言：

首先，基于公共管理理论的精准扶贫政策跟踪审计内涵。精准扶贫政策跟踪审计是审计机关为了保障投入扶贫领域的公共资金得到有效利用，而对政策制定、执行等方面进行的监督。基于后新公共管理理论，精准扶贫政策跟踪审计可定义为审计机关通过检查政策实施全过程的经济性、效率性、效果性。一方面能够为政策制定者、执行者或监管者改善政策绩效与经营提供充分信息；另一方面能够为负责监督或采取纠正措施的有关各方提供制定政策、执行政策的建议。该定义体现了绩效审计的特性，即审计机关首先要检查3E或更广泛的绩效目标，才能为监督主体与执行主体等各方提供建议。

其次，基于公共管理理论的精准扶贫政策跟踪审计目标。传统的绩效审计目标是3E或5E，但精准扶贫政策跟踪审计主要突出政策绩效，其在实施过程中不仅要涉及政策执行的3E，还涉及维护政策实施的内部控制，政策执行的合规性、一致性等方面。以扶贫资金监督为例，审计监督注重资金的分配以及成本控制，将资金利用经济性、效率与效果作为评价的主要内容。同时，审计机关也会对政府扶贫部门进行的扶贫资金使用情况的内部监督进行再监督，即对扶贫部门内部控制资金的使用情况进行监督。此外，审计机关还会对政策执行是否合规、是否与政策目标一致进行监督，即监督政策执行过程中使用的资金是否与政策目标相符合。

再次，基于公共管理理论的精准扶贫政策跟踪审计对象。根据后公共管理理论，国家审计的监督对象不仅应包括扶贫执行主体，还应包括扶贫管理主体。这是因为，扶贫管理主体实施的扶贫执行情况监督属于政府内部的管理权监督。这种管理权监督是以国家所有者所赋予的管理权和执行权为基础，在扶贫管理和执行分层以及两者内部由于科层结构而分层的条件下，上一层管理者或执行者需要对下一层管理者或执行者履行绩效责任的情况进行监督。在履行扶贫绩效管理受托责任过程中，扶贫管理主体需要制订各种与扶贫绩效管理有关的制度、流程、规则以及其他各种决策，这些决策是否被扶贫执行主体切实落实，就需要扶贫管理主体对下一层级或各执行主体扶贫绩效的实施和实现情况进行监督。但这种监督的独立性不强，因为扶贫管理主体与执行主体在经济上存在关联关系；在组织上存在上下级关系，使两者间的利益关系或者人际关系交织在一起，进而导致扶贫管理这一政府内部监督缺乏独立性，无法起到应有的作用。又因为，在立场上扶贫绩效管理的主体既是决策主体又是监督主体。在缺乏外部独立监督的情况下，作为双重角色的管理者即使在最勤谨敬业的状态下也很难纠正自身决策导致的错误。

因而，引入外部的独立审计监督就显得非常必要且重要。精准扶贫政策跟踪审计对扶贫管理主体的再监督既能够减少扶贫管理主体滥用决策权、控制权和监督权的情况，也能更好地防范执行主体与管理主体串通舞弊的风险，解决了扶贫管理主体无法自监督的问题，进而更好地促进扶贫政策执行绩效提升。因此，精准扶贫政策跟踪审计的评价对象应将参与项目建设、政策执行、资源使用、绩效管理的所有部门作为一个整体来考虑，即包括执行部门、管理部门与监督部门在内的整体执行扶贫政策的部门绩效。

最后，基于公共管理理论的精准扶贫政策跟踪审计方式。党的十八届四中全会提出了八种监督方式，即党内监督、民主监督、人大监督、行政监督、审计监督、社会监督、司法监督、舆论监督，并要求完善权力监督与制约。可见，审计监督只是众多监督方式之一。根据后公共管理理论，如果审计监督不与其他部门协同治理，就会出现监督重复与空白的情况。但事实上，审计机关是这些监督形式链接的枢纽，例如，审计机关的独立性较强，其能够发现扶贫部门的缺陷并进一步报告给其他行政部门，以使行政部门能够联合起来及时改善扶贫质量；审计机关还能将发现的违法违规责任人报告给中纪委和监察委员会，以使它们继续利用审计提供的线索查找腐败问题与相关人员。这表明，审计能够为其他监督提供线索，并促进其他监督继续查找问题，进而推动扶贫绩效整体提升。

2.3.3 公共受托责任理论与精准扶贫政策跟踪审计

最高审计机关亚洲组织（ASOSAI）在1985年5月的第三次代表大会上发表的《〈关于公共受托经济责任指导方针〉东京宣言》将受托经济责任定义为：受托经营公共财产的机构或者人员负有对这些财产经营管理情况进行报告的责任。公共受托责任源于国家所有者社会公众对公共资源的所有权以及政府对公共资源受托经营管理权的分离，具体的责任包括内部受托责任与外部受托责任。内部受托责任是指政府内部参与公共资源配置，各个部门使用分配的资源并对政府负责；外部受托责任则是政府就公共资源的经营管理结果对国家所有者负有的责任。经营管理权监督属于政府内部的受托责任，产生于决策权与执行权相分离所形成的受托责任监督的需要，即财产的经营管理主体为了履行责任必然制定决策，为了保证这些决策的执行主体能够实现决策目标，就需要对决策的执行者进行监督。管理权监督不具有独立性，因为扶贫管理主体属于决策者，而扶贫执行主体实施扶贫管理主体的决策，他们之间存在天然联系，特别是当管理主体的决策失误而导致执行主体的行为失误时，管理主体的决策就与执行主体的行为产生了关联性，这种关联性导致了其监督的非独立性。

与此不同，国家审计属于外部受托责任，是代表国家所有者对政策管理和执行情况进行的监督，是一种所有权监督，产生于国家所有权与管理权的分离。在不同的时期，审计受托责任的内涵不同。在奴隶社会和封建社会，奴隶主或皇帝拥有国家一切的资源和权力，这时的奴隶主或皇帝拥有的资源就是公共资源，公共受托责任主要体现在官吏对奴隶主或皇帝的受托责任，国家审计通过对国家财政财务收支情况的审查，对官吏治理国家的功过得失进行评价；北洋政府时期，国家的权力与资源主要集中在政府首脑手中，社会公众缺乏足够的民主意识，此时的公共受托责任本质上是下级官员对政府首脑的受托责任，政府对社会公众的公共受托责任名存实亡，国家审计审查下级官员的公共受托责任履行状况以评价下级官员的政绩；中华人民共和国成立后，我国建立了人民民主专政制度，人民通过人民代表大会制度行使权力，国家的一切权力属于人民，政府受托管理公共资源并向社会公众负责。即在两权分离状态下，国家财产、资金的所有者为了确保管理者或执行者履行受托责任，就会委托具有独立性和专业性的国家审计，对管理者或执行者的扶贫管理和执行的履责情况进行监督。国家审计实施的所有权监督具有三个基本特征：

一是独立性。在两权分离后，国家作为财产、资金的所有者并不直接参与扶贫的管理和执行活动，而是将资金管理权委托给扶贫管理主体。这使所有者与管理者保持相对独立，独立于管理活动之外。相应地，代表国家所有者的审计监督也就具有了独立性，也就是独立于扶贫管理主体的管理活动之外进行监督，能够解决管理权监督独立性不强所带来的国家治理目标难以实现的问题。

二是再监督性。国家审计代表所有权，不仅其监督具有独立性，而且由于所有权高于管理权而使其监督更具高层权威性，也就是国家审计能够对扶贫管理主体所进行的监督进行再监督。国家审计的再监督既能够减少扶贫管理主体滥用决策权、控制权和监督权的情况，也能更好地防范扶贫执行主体与管理主体串通舞弊的风险，解决了扶贫管理主体无法自监督的问题，进而更好地促进扶贫绩效管理实现国家治理要求。可见，国家审计进行的扶贫绩效审计是具有独立性和再监督性的所有权监督。

三是结果监督与过程监督并重。精准扶贫审计注重结果监督与过程监督并重。实际上政府扶贫决策主体的管理行为和扶贫执行主体的执行行为是一个动态的过程，而在过程中的每一节点上都会受到国家审计的监督，实质上这是对这一过程中的每一节点上的行为所进行的审计，如合同审计、合同执行审计、合同完工审计就是一种按照事前、事中和事后审计所进行的分类，即合同的事前监督是对合同是否合规进行的监督；事中监督是对合同执行过程与执行结果进行的监督；事后监督是对合同执行效果进行的评价。精准扶贫政策跟踪审计也具有类似的特征，既要覆盖所有被审主体的全部行为结果，也需要覆盖所有被审主体的全部行为过程。即对各地方政府制定的精准扶贫政策、措施的合规性进行结果监督；对精准扶贫执行过程与执行结果进行过程监督与结果监督；对精准扶贫执行绩效进行结果监督。可见，国家审计进行的精准扶贫政策审计既是过程监督，也是结果监督。

2.4　精准扶贫审计耦合机制的内涵与运行机理

2.4.1　耦合的内涵

耦合这一定义，出现在物理、计算机、数学等领域。在物理学中，如果两个系统之间存在耦合性，表明两者之间能够互相作用。最为典型的例子是两个系统的磁场可以相互吸引；在计算机领域中，耦合性是一种软件度量，指的是计算机中的一个模块与其他模块之间的联系程度、依赖程度等；在数学领域中，耦合主要存在于概率统计学科，主要是指两个随机变量间的关系，即一组随机变量的边缘分布最终决定了两组变量的联合分布①。从这些概念可以看出，两个及以上的系统、模块、概率分布等，他们之间如何转换就是耦合的过程。根据 Stevens and Myers（1976）的研究，耦合包括内容耦合、公共耦合、外部耦合、控制耦合等。其中，内容耦合是耦合的最高形态，即当一个系统、模块或概率分布使用其他系统、模块、概率分布的内部资源，或者通过其他入口变为其他系统、模块、概率分布等，均可称为内容耦合。在内容耦合中，系统、模块或概率分布等可以统称为机制，因为它们内部均存在自身的逻辑运行体系，可以通过机制运行来实现各自的目标。可见，内容耦合也可被定义为：耦合系统中存在诸多相互协调的机制，当一个机制直接修改、操作另一个机制或直接与另一个机制链接时，两个机制间就存在了相互依赖关系，就会在内容上存在耦合关系。

① 资料来源：维基百科．https：//baike. hk. xileso. top/wiki/耦合。

内容耦合主要包括发展程度与协调程度两个维度（Stevens and Myers，1976）。这两个维度是互相协调、互相促进的关系，如图 2－5 所示。其中，发展程度维度是指系统内不同机制有序发展的阶段，即初级向高级演进的过程控制。其目的是使两个不同目标的机制相互扶持，向最优目标点前进与发展。由图 2－5 可见，a 机制与 b 机制在开始时演进过程波动较大，能否达到最优目标点是一个未知数。为了促进两个机制的发展，a 机制与 b 机制在发展程度的作用下相互协调、相互促进，经过 m 点到 n 点的短暂调整后，两个机制在 m 点达成了共同目标共识，并向共同目标演进。在发展程度作用下，两个机制虽然向共同目标发展，但不一定向最优目标发展，因此就需要协调程度维度加以规范。协调程度维度是指保障系统内部不同机制和谐一致、促进整体的维度，体现了系统中两个机制如何由协调程度维度导向唯一最优结果。从图 2－5 可知，a 机制与 b 机制的运动方向在 o 到 m 阶段均处于相反的过程，即当 a 向下发展时，b 会向上发展；反之亦然。但在此过程中协调程度一直在起作用，特别到 m 点为止，a 机制与 b 机制达成共识，经过 m 到 n 的短暂调整后，两条线均向最优目标点发展，使无序要素向有序目标不断发展。由此可见，发展程度与协调程度是内容耦合的核心，只有两者均起作用时，两个或多个机制才能向最优目标发展。

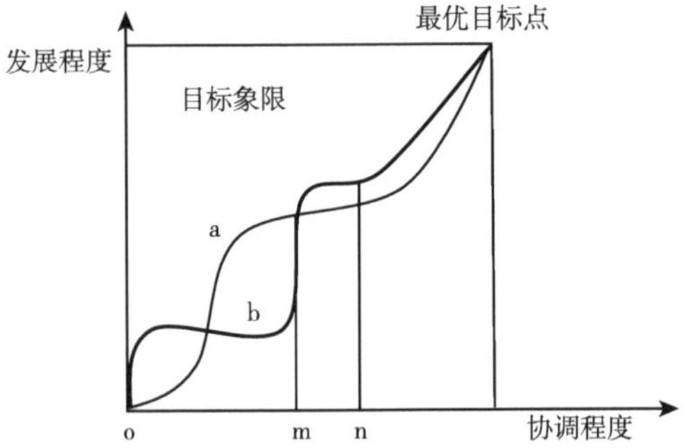

图 2－5　内容耦合的两个维度图

2.4.2　耦合在审计学中的适用性分析

“耦合”表示一个物理系统中各系统之间的关联、合作及共同发展的关系，各方将通过相互的作用机制，使各方的物理属性发生改变（Weick，1976）。这一概念已被引入金融、产业经济、旅游管理、城镇化管理等多个经济管理领域，且这些研究基本上都采用耦合协调度模型进行分析。例如，在金融领域，徐玉莲等（2011）通过研究区域科技创新和金融发展的互动关系，构建了他们之间的耦合协调模型。类似地，童藤（2013）理论分析了金融创新和科技创新的耦合关系，并实证检验了两者之间的耦合度。与他们的研究视角不同，刘东、贺舒显（2019）利用云南省数据检验了科技投入与经济发展之间的耦合关系。在产业经济领域，吴勤堂（2004）提出，产业集群与区域经济发展存在较强的耦合关系，产业是推动区域经济增长的重要途径。在此结论基础上，生延超、钟志平（2009）利用耦合函数建立旅游产业与湖南省经济间的耦合协调度模型，结果发现除了长沙外，其他城市旅游产业对区域经济发展的贡献度不够。金钰莹、叶广宇（2019）也采用耦合协调度模型验证了教育产业公平性与东中西部地区经济增长的耦合度，结果表明这两者之间的耦合度趋势基本相同。伍宁杰等（2019）运用系统耦合理论检验了物流产业对长江中游城市经济发展的影响，结果发现中心城市的耦合度较高，但其他城市的耦合度相对较低。在旅游管理领域，王昌森等（2019）研究了青岛市乡村旅游发展与美丽乡村之间的耦合关系，发现两者之间的耦合度不高，还处于中度耦合阶段。程慧等（2019）构建了旅游资源开发与生态环境之间的耦合协调模型，发现东中西部的耦合度呈递减趋势。在城镇化管理领域，刘玲、智慧（2019）从城镇化与生态环境耦合视角，证明了长江经济带城镇化管理的适当性。周亮等（2019）从城镇化与经济增长耦合视角，证明了城镇化与经济发展间耦合程度呈现空间集聚效应，即京津冀、长三角和珠三角等经济发达地区的城镇化水平较好。

在与本书相关的审计耦合机制研究方面，学者们运用耦合理论推导出一些审计学中存在的耦合机制。这些研究主要包括两类：

第一，审计与其他社会经济等方面的耦合关系。张阳（2010）探讨了披露绩效审计报告与文化之间的耦合路径，即绩效审计报告的完整、可获得与可理解性，推动了社会信任发展，进而与社会文化相耦合。郑伟等（2014）利用内部控制原理分析了内部审计与内部控制之间的耦合关系，随后实证检验了内部审计客观性与专业胜任能力等因素显著影响了控制活动。后小仙、赵中伟（2016）认为经济责任审计与干部任用之间具有内部一致性，因此两者可以形成较强的耦合关系。

第二，不同种类审计间的耦合关系。刘飞（2015）认为，经济责任审计与绩效审计的内涵、实施、结果具有很强的一致性，并基于此构建了这两种审计的耦合审计模式。与他的研究视角不同，时现（2019）从审计的本质出发解释了国家审计与内部审计耦合的必要性与条件，以及从管理体系、审计计划、审计模式等方面建立联动耦合机制。上述两类研究所用的方法为归纳法与推演法，与前文金融、产业经济、旅游管理等经济管理方面的研究方法不同，尚未检验审计机制的耦合度。然而，李曼、陆贵龙（2013）与韩峰、吴雨桐（2018）尝试利用模型计算了审计学领域中存在的耦合度，如李曼、陆贵龙使用平衡计分卡从客户、流程、财务、学习成长方面解释了国家审计与内部审计之间的耦合关系，并建立了企业内部审计绩效评估耦合指标，随后以某公司为例测算了该指标体系的耦合度。韩峰、吴雨桐利用耦合协调模型，从时间与空间维度探讨了国家审计与公共服务之间的耦合协调度，研究发现东中部审计与公共服务间的耦合协调度较好，而西部的耦合协调度较差；且城市越大，两者之间的耦合协调度越高。

上述分析可知，耦合理论与耦合协调度模型研究在经济管理领域已得到较多应用。一些学者利用耦合理论挖掘了系统内各个要素间相互协调、发展、制约的过程，另一些学者利用耦合协调度模型度量了各个要素间的耦合程度，并据此提出改善各要素间关系的建议。与其他经济管理领域的研究类似，审计领域也采用耦合理论对审计机制与其他社会经济等方面的耦合关系进行研究，以及不同种类审计间的耦合关系进行分析。这体现了耦合理论可以应用于审计学中，因为审计本身就是一个系统，既需要研究系统内部两个或两个以上的元素之间的密切联系与互相影响的联动关系，也需要研究系统内部不同元素之间的能量传递过程，进而解决审计过程中可能存在的问题。然而，当前的研究多从金融、产业经济、旅游管理、审计等领域角度出发，分析这些领域与经济、社会等间的耦合关系，而很少研究某一领域内部系统中各元素间的耦合关系。就审计领域而言，张阳（2010）、郑伟等（2014）、后小仙和赵中伟（2016）、韩峰和吴雨桐（2018）研究了审计与其他社会经济等方面的耦合关系，刘飞（2015）与时现（2019）研究了不同种类审计间的耦合关系，而目前仅有李曼、陆贵龙（2013）研究了内部审计系统中各元素间的耦合关系，并利用某公司数据评估了内部审计的整体绩效。这使得学界对审计内部各元素间耦合关系的研究不够清晰，不利于审计理论的完善。此外，与其他领域的研究不同，除了李曼、陆贵龙（2013）与韩峰、吴雨桐（2018）外，审计领域的研究很少采用耦合度模型进行分析，这使多数研究很难说明审计内部各元素，或审计与其他社会经济等方面的耦合关系。

2.4.3　精准扶贫审计耦合机制的内涵

根据上述研究，“耦合”就是一个系统中各机制之间的关联、合作及共同发展的关系，当一个机制直接修改、操作另一个机制时或直接与另一个机制链接时，他们之间就存在耦合关系（Krugman，1981）。事实上，精准扶贫政策跟踪审计也具有耦合的特点，该监督活动的本质是监管要素、评价体系、双向制度三种机制相互协调与相互发展，即监管要素是建立并执行审计评价的主体与客体，审计评价执行后发现的问题是双向制度建设需要关注的重点，而制定的双向制度又约束了监督主体的不当行为、指导了监督主体对客体的评价过程。这三种机制的耦合主要体现在过程控制与结果导向两个维度，过程控制维度是指三个机制共同控制系统由初级向高级演进的过程；结果导向维度是指系统导向不同机制和谐一致发展的结果。具体而言：

（1）三种机制

在精准扶贫政策跟踪审计前，审计机关需建立监管要素互动耦合机制。该机制是指：在界定审计主体、客体与其他监督主体各自责任的基础上，各种监管要素进行信息交换、相互关联的过程。之所以将其用于政策跟踪审计领域，是因为具体执行国家政策的部门通常较多、范围较广，因此审计机关需界定各客体责任并与其他政府部门形成监督合力，进而发现审计客体受托责任的履行情况。监管要素互动耦合机制包括，监督主体明确审计客体责任与范围、客体与监督主体的互动（客体向监督主体报告政策执行中的困难、意见与整改效果；监督主体对客体下达推进政策的对策、方案与处理结果）、监督主体间的职责整合、监督主体间的互动（审计主体向其他监督主体反馈客体履责的问题、建议与移送路径；政府监管部门向审计主体提交掌握的客体履责情况证据；权力部门对相关责任人进行处理处罚），从而实现政策实施情况与合力监督体系间的信息传动。其中，主体明确客体责任与范围，以及客体与监督主体的互动是过程控制维度；各监督主体间的职责整合及互动是结果导向维度。

精准扶贫政策跟踪审计中，审计机关需建立评价体系协同耦合机制。该机制是指：政策跟踪审计项目实施效果评价体系与审计机关绩效评价体系的耦合过程。之所以将其运用于审计评价中，是因为审计机关绩效评价多集中于发现违规问题、审计建议信息数、审计处罚移送等易量化的指标（余海宗等，2017），这使审计机关在监督扶贫项目时只注重资金规范、项目运营及违法违纪等行为，而忽视了审计对保障政策运行、完善体制机制的作用。评价体系协同耦合机制包括指标体系的耦合、评价方案的耦合。指标体系的耦合是在项目执行中设计与过程控制维度相关的资金使用、政策落实、项目建设和运营、重大违纪违法、体制机制运行等指标，在绩效评价中设计与结果导向维度相关的资金使用审计规范、政策落实审计纠正、项目建设和运营审计优化、重大违纪违法审计查处、体制机制审计完善等指标；评价方案的耦合是指将政策审计项目评估与审计机关绩效评价作为一个系统考虑，即在项目评估结束后不久就实施与项目关联的审计机关绩效评价。

精准扶贫政策跟踪审计后，审计机关需要建立双向制度保障耦合机制。该机制是指建立扶贫政策跟踪审计制度时需要将项目评估与审计机关绩效考评两个方面相关联。之所以将该机制运用于审计制度建设中，是因为政策审计开展的连续性致使项目结束后需要建立制度，解决“屡审屡犯”的问题，以防止已脱贫群众返贫；根据项目评价设计审计机关评价规范，有利于真正倒逼国家政策运行、体制机制完善。双向制度保障耦合机制包括项目反馈制度与审计机关评价规范。扶贫项目反馈制度主要包括进一步防返贫监督所需关注的重大风险、防返贫风险的容错纠错方案及监督问责机制，属于过程控制维度；审计机关评价规范主要包括防返贫审计评价组织、方案与体系的建设，以及防返贫监督中可能的风险与应对措施，属于结果导向维度。

（2）两个维度

耦合机制中的发展程度维度是指某个项目的政策实施过程控制情况，即审计机关通过明确客体责任、建立合理评价指标、制订督查反馈制度来对政策实施过程可能发生的重大问题进行风险控制、已经造成的重大危害进行范围控制，并保障政策目标按照既定的轨迹运动；协调程度维度是指如何结果导向政府执行政策的有序发展，即审计机关通过审查主体职责、协同监管指标、设置考评制度来进行事后绩效考评，从而导向政策实施结果。

由图2－6可见，a代表监管要素互动耦合机制，b代表评价体系协同耦合机制，c代表双向制度保障耦合机制，纵轴代表过程控制，横轴代表结果导向。在开始演进时，a、b、c波动较大，运动趋势不同，三者能否同时达到最优目标点还是未知数。为了促进三个机制的协调发展，a、b、c机制在过程控制的作用下相互协调，不断向相同方向发展，即审计机关通过监督与评价扶贫管理部门的绩效、扶贫执行部门的绩效，提出相应的建议措施并督促相关部门整改，以使三个机制共同推进扶贫各部门向共同目标发展。如图所示，经过过程控制的调整，三个机制经过e点到f点的短暂调整后，在f点达成了共同目标共识，并向共同目标点发展；结果导向维度是指保障系统内部不同机制和谐一致向最优目标发展的维度，体现了结果导向促进三个机制由无序发展向有序发展的过程。如图2－6所示，在o到e阶段，a、b、c机制运动方向杂乱无章。为了使三个机制共同向最优目标点发展，只有过程控制还不够，还必须有结果导向。因为，过程控制只是对三个机制的发展过程进行控

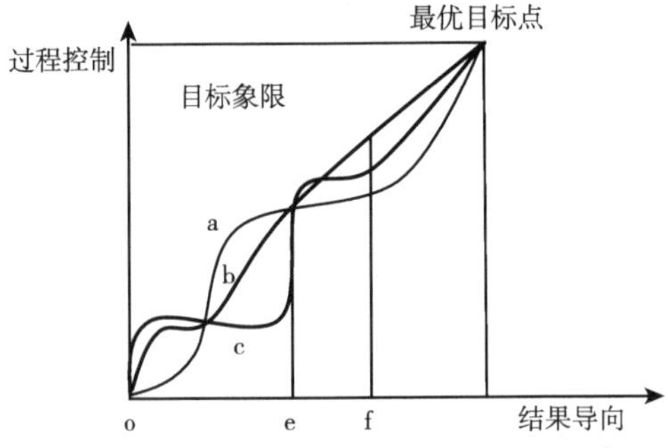

图2－6　耦合机制的两个维度图

制，但不能保障它们就一定能到达最优目标点。而结果导向就是使三个机制共同向最优目标点发展的维度，在 a、b、c 机制达到最优目标过程中结果导向一直在起作用。特别到 e 点为止，三个机制达成同一最优目标共识，经过 e 到 f 的短暂调整后，三个机制均向最优目标点发展，使无序要素向有序最优目标不断发展。由此可见，过程控制维度与结果导向维度是耦合机制的核心，只有两者均起作用时，三个机制才能向最优目标发展。

（3）两维度下三种耦合机制的运行效用

如图 2－7 所示，横轴表示精准扶贫政策跟踪审计绩效评价的结果导向，即协调程度维度；纵轴表示某个项目政策实施的过程控制，即发展程度维度；曲线表示政策跟踪审计耦合机制运行所取得的效用，即监管要素互动耦合机制、评价体系协同耦合机制、双向制度保障耦合机制交互运动所取得的效果与效益。曲线 U_1 和 U_2 是结果导向与过程控制的精准扶贫政策跟踪审计耦合机制的具体效用体现，根据“无差异曲线”的含义，$U_2 > U_1$，B 点审计耦合机制发挥的效应大于 A 点，且 A、C、D 点绩效相同。此外，假设导向效应程度与控制效应程度对于整个政策跟踪审计耦合机制同等重要。OAB 线为斜率为 1 的直线，C 点的结果导向效应程度要大于过程控制效应程度，D 点的过程控制效应程度则要大于结果导向效应程度，而在 A 点和 B 点两者各自的过程控制效应程度与结果导向

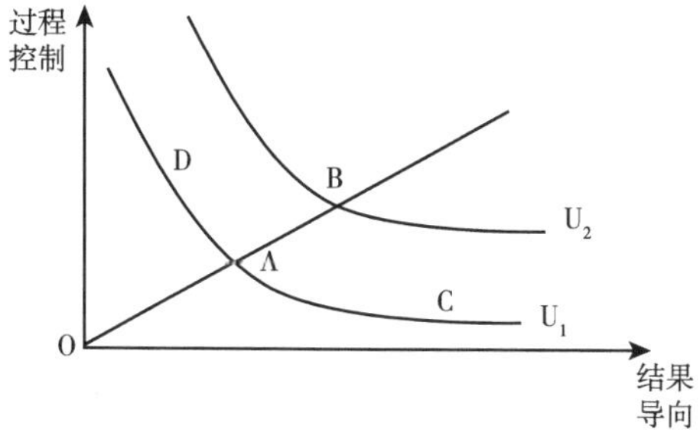

图 2－7　两维度下三种耦合机制的运行效用图

效应程度相同，同时这两个点的控制效应与导向效应也优于同条曲线上的其他点。又由于无差异曲线的特征，B点是整个耦合机制中的最优点，因为该点同时兼顾了整个系统的最高发展程度和最优协调程度。

2.4.4 精准扶贫审计耦合机制的运行机理

本书按照审计过程将精准扶贫政策跟踪审计耦合机制分为监管要素互动耦合、评价体系协同耦合、双向制度保障耦合（详见图2-8）。具体而言，扶贫审计开始前，审计机关需要建立监管要素互动耦合机制，该机制的核心是党和国家领导下的审计机关服务、扶贫监管部门联合执法的互动，包括基于过程控制的审计客体责任与范围、基于结果导向的监督主体职责分配以及两者间的互动规则。其中，各监督主体需要对审计客体责任与范围进行监督；审计客体责任与范围也影响了审计主体与客体的互动关系。在过程控制维度，需界定审计客体责任与范围，即被审计单位的负责人应对资金、政策、项目、责任、机制等哪些事项负责，目标是为审计过程准确寻找腐败、违法责任人等奠定基础；在结果导向维度，需确定扶贫监督主体及其互动规则，即扶贫政策跟踪监督主体包括审计机关、项目涉及的各级政府及相关部门、纪检监察执法、各级巡视组等。监督时审计机关应发挥评价主导作用，通过组织召开所有监督部门的座谈会获取、了解某个项目政策实施的现状以及其他监督部门的工作情况，从而设置整个项目政策实施效果评价方案。而各级政府部门、纪检监察执法、各级巡视组等应发挥协同作用，通过提供相关监管资料、反馈当前政策实施中的困难以及配合审计机关实施政策评价，从而完善政策制度及处理发现的责任人；在两个维度互动中，还要注重各扶贫监督主体与审计客体间的良性互动关系，如审计机关将发现的问题及整改建议及时传递给被审计单位并在后续审计时监督该问题的改正情况，且对整改不利或引起重大损失的责任人应

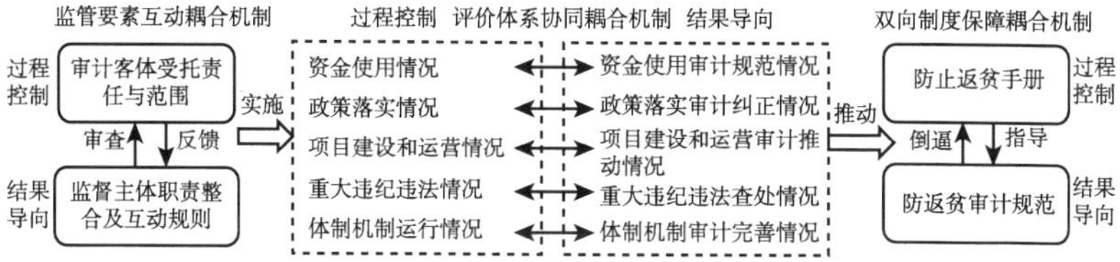

图2-8　精准扶贫政策跟踪审计耦合机制的运行机理

移交权力部门，以帮助重大政策的顺利完成；而被审计单位及时反馈政策执行过程中存在的困难与完善政策、机制的建议，以促进重大政策的积极改善。

在扶贫审计实施过程中，审计机关需要建立评价体系协同耦合机制，该机制包括基于过程控制的政策实施效果评价指标体系、基于结果导向的政策审计绩效评价指标体系以及耦合评价方案。其中，政策实施效果评价指标与政策审计绩效评价指标存在对应关系，是耦合的一种体现。耦合评价方案包括监督活动及所需基本元素。首先，监督活动中建立项目组，利用大数据设定扶贫客体与范围、政策实施效果评价、提供整改建议及报告、推动容错纠错机制执行，是审计机关执行的扶贫审计过程；实施结果导向的审计机关监督绩效评价是对审计机关绩效的结果评价。扶贫审计过程与审计结果评价存在共同推动监督活动开展的耦合关系。其次，基本元素由收集相关扶贫数据、扶贫政策实施效果评价指标、审计机关扶贫监督绩效评价指标、变权层次分析法等组成。这些元素间也存在耦合关系，即审计机关需要先收集扶贫数据，再利用扶贫政策实施效果评价指标、变权层次分析法进行项目评价，项目完成后再利用审计机关扶贫监督绩效评价指标、变权层次分析法进行审计机关绩效评价。

在扶贫审计完成后，审计机关需要建立双向制度保障耦合机制，该机制包括防止返贫手册、防返贫审计规范。两者之间存在耦合关系，即防返贫审计规范是对审计机关执行审计的过程控制，以防止审计过程中可能出现的风险。如果没有建立防返贫审计规范，审计机关的执业质量就难以保障，继而导致审计监督失效、不能阻止返贫发生；防止返贫手册是政府防返贫部门对审计的结果应用，用以阻止返贫现象发生。如果没有建立防止返贫手册，审计机关的监督结果就很难应用于防返贫，就会发生审计监督有效但审计结果无用的情况，这种情形会产生“屡审屡犯”现象。可见，从审计的角度来说，两个规范缺一不可，共同推动防返贫工作实现。

第 3 章 精准扶贫审计监管要素互动耦合机制研究

3.1 精准扶贫监督主体职责及互动

国务院扶贫开发领导小组办公室副主任陈志刚在 2018 中国扶贫国际论坛上提出："中国特色脱贫攻坚的制度体系也已形成，建成了各负其责、各司其职的责任体系"，"多渠道、全方位的监督体系和最严格的考核评估体系。"① 其中，"多渠道全方位"是对扶贫监管机制现状的高度概括，全方位指我国精准扶贫监管主体的全面性，扶贫监管主体包括国务院扶贫开发领导小组、各级财政部门和政府部门、各级监察机关以及银、保监会、审计署等；多渠道是指我国扶贫监管方式的多样化，除了政府机关监管，还存在党内监督、司法监督、人大监督、民主监督、群众监督、舆论监督等多种监管方式。

3.1.1 政府机关监督

政府机关对脱贫攻坚进行的监督是精准脱贫的内在要求，也是

① 人民网，中国五年累计减贫 6853 万人 贫困发生率累计降低 7.1 个百分点 [EB/OL]. http://finance.people.com.cn/n1/2018/0523/c1004-30008023.html。

国家各个职能机关的责任（蒋悟真，2017）。政府机关监管的职责部门包括国务院扶贫开发领导小组、各级财政部门、国家发展和改革委员会、国有资产监督管理委员会、银保监会以及地方各级政府等。国家为了实现扶贫责任，委托相关部门对扶贫活动进行管理，形成受托责任关系。这些政府机关的监督属于经营管理权监督，既参与了扶贫资产的管理与政策的制定，又对扶贫运行情况与扶贫政策落实情况进行监督，并没有完全独立。例如，财政部门为了规范扶贫资金的有效使用，必然制订各种资金预、决算方案，各种资金使用管理方法和方案，还要根据这些措施来监督各个地方政府是否有效落实和使用扶贫资金政策。除此之外，还有独立的审计机关监督。与其他机关的经营管理权监督不同，国家审计是所有权监督（王帆、谢志华，2019）。所有权监督的目的是确保资产的安全性与有效性，完成资产所有者的委托，不参与资产的管理与运作。各政府机关的具体职责如表 3－1 所示。

第一，国务院扶贫开发领导小组的职责是对全国的扶贫工作进行综合协调，对扶贫开发重大战略政策措施进行顶层设计，建立大数据平台实现各省市数据共享，完善监管系统。同时，也具有对扶贫项目进行监督和审查的责任，即对省级政府和党委政策执行和落实情况进行巡查和督查。国务院扶贫开发领导小组是专门为脱贫攻坚而设立的政府部门，负责协调全国扶贫开发工作，相关省、自治区、直辖市和地（市）、县级政府的扶贫领导开发小组和扶贫办都受其领导。

第二，财政部门主要负责扶贫资金的预算、拨付，并拟定相关的分配方案。也同时负责对扶贫资金进行日常监督检查，以及对各部门落实财政资金政策情况进行监督。财政部门是脱贫攻坚战中的“后勤保障”，是农村最低生活保障制度兜底脱贫方式以及医疗保险和医疗救助脱贫方式的重要资金来源，也是建设农村基础设施的资金来源。

表3-1　政府机关监督职责表

监督形式	监督部门	主要监督职责	主要管理职责	文献参考
审计监督	各级审计机关	《中华人民共和国审计法》中列示的监督职责；跟踪检查扶贫相关政策落实情况；揭露和查处重大违纪违法问题；监督检查扶贫资金使用情况；监督检查扶贫项目建设运营情况；揭示和反映体制机制制度性问题		《中华人民共和国审计法》(2016年修订)；《审计署办公厅关于进一步加强扶贫审计促进精准扶贫精准脱贫政策落实的意见》(2016)
其他政府机关监督	扶贫开发领导小组	相关财政扶贫项目管理与审查；建设精准扶贫、精准脱贫大数据平台，完善农村贫困监测体系，组织开展脱贫攻坚督查巡查	负责全国脱贫攻坚综合协调；拟定扶贫开发法律法规、方针政策和规划；审定中央扶贫资金分配计划	《脱贫攻坚责任制实施办法》(2016)
	各级财政部门	财政专项扶贫资金的日常管理和监督检查；对各级各类扶贫资金的实时日常监管；监督检查财税法规、政策的执行情况等	财政专项扶贫资金的预算安排、拨付、管理和监督检查，会同相关部门拟定补助地方财政专项扶贫资金的分配方案	《财政专项扶贫资金管理办法》(2011)；《国务院机构改革方案》(2008)
	国家发展和改革委员会	监督相关扶贫政策的执行情况；定期调度全委定点扶贫工作情况，督促政策落实	拟定起草脱贫攻坚指导意见；制定相关扶贫工作政策；负责统筹推进全市城乡区域协调发展；统筹负责扶贫项目资金绩效管理工作	《扶贫项目资金绩效管理办法》(2018)；《国务院关于机构设置的通知》(2008)
	国有资产监督管理委员会	监督所监管企业国有资产保值增值的责任；检查所监管企业贯彻落实国家扶贫方针政策及有关法律、法规、标准等	开展定点扶贫工作；推进定点帮扶活动；设立中央企业贫困地区产业投资基金	《国务院关于机构设置的通知》(2008)

续表

监督形式	监督部门	主要监督职责	主要管理职责	文献参考
其他政府机关监督	银监会、保监会	对扶贫小额信贷政策执行情况的监督检查，及时发现和整改出现的问题	统筹安排财政扶贫资金；进行再贷款、在贴息业务；金融扶贫开发工作	《关于创新发展扶贫小额信贷的指导意见》（2014）
	各级政府	承担财政专项扶贫资金监管责任；完善业务流程设计，实行全程监管；健全公告公示制度	确定扶持项目；优化配置各类资源要素，组织落实各项政策措施	《国务院扶贫开发领导小组关于改革财政专项扶贫资金管理机制的意见》（2014）

第三，国家发展和改革委员会负责拟定各项扶贫发展和改革的政策，负责项目资金绩效管理工作。同样也负责调度与协调定点扶贫工作情况，监督下级机关是否落实扶贫发展和改革政策以及落实的绩效。

第四，国有资产监督管理委员会主要以指导国有企业为主，开展国有企业定点扶贫工作、推进定点帮扶活动、设立中央企业贫困地区产业投资基金，进而督促国有企业加强贫困地区农村电网、通信基础设施的建设；加强产业扶贫，对贫困地区人口提供工作岗位，引导劳务输出脱贫等。

第五，银保监会负责金融扶贫开发工作，引领金融扶贫工作，对扶贫小额信贷政策执行情况进行监督检查。银保监会与上述机关的扶贫方案具有差异，其主要从金融贷款领域予以扶持，将扶贫贷款与扶贫项目有机结合起来。

第六，地方政府对本地区的脱贫攻坚工作负总责，负责协调落实本地区的扶贫工作。一般而言，地方政府在中央的政策指导下，根据自身地方经济程度、基础设施、教育文化水平等不同特色，制定区域性扶贫策略。如果说党中央、国务院是“顶层设计者”，那么地方政府则是精准扶贫工作的“一线工作者”，主要负责优化配置各类中央拨付的扶贫资源，同时承担财政专项扶贫资金监管责任，是具体实施策略的制定者也是具体项目执行的监督者。

第七，审计机关的监督具有独立性，其不受雇于任何国家机关，也没有相应的经济活动往来，在实质上保持了独立；在扶贫监督的过程中也不参与扶贫资金的安排与使用、政策制定与落实，在形式上保持了独立。审计机关的监督权源于受托责任，审计机关接受所有者委托，监督帮扶主体披露扶贫资源的使用情况、扶贫政策的执行情况、扶贫项目的建设情况等内容。

3.1.2　其他监督形式

其他监督形式包括党内监督、司法监督、人大监督、民主监督、社会监督、舆论监督（见表 3 - 2），这些监督形式不参与精准扶贫的日常管理工作，只在发现线索时才继续追踪检查，因而独立性较强。其中，党内监督、司法监督、人大监督具有强制约束力。党内监督主要由中国共产党中央纪律检查委员会和中华人民共和国国家监察委员会组成，主要对行使公权力的党员进行监督。精准扶贫工作的开展与扶贫资源的分配密不可分，各个机关“不论权力大小，一旦失去监督与制约，就可能被滥用”（中共中央文献研究室，2016）。主要职责是检查党的路线、方针、政策和决议的执行情况；对党员监督、执纪、问责；检查和处理党的组织和党员违反章程和其他党内法规的比较重要或复杂的案件。司法监督在扶贫监督体系中不可或缺。扶贫领域的司法监督是指司法机关对行政机关及其工作人员活动行为的合法性监督。与审计机关监督不同，司法监督对法律适用性以及行为活动的合法性监督更具专业性，属于法律监督范畴。即并不是所有违反精准扶贫政策的行为都是违法行为，司法监督只对违法的扶贫行为进行监督。司法监督也是一种事后监督方式，可以有效维护人民利益。例如，2016 年人民检察院与国务院扶贫办联合印发《全国检察机关、扶贫部门集中整治和加强预防扶贫领域职务犯罪专项工作方案》，目的就是推动扶贫领域职务犯罪的定罪。精准扶贫领域的人大监督是指人大及其常务委员会代表人民，采取调查、处理等一些强制手段，对国家、司法以及行政机关扶贫活动进行的监督。同时，人大代表对扶贫工作的监督是一种联合性监督，即联合纪委、监委以及其他执法部门进行的监督，其不仅对帮扶政府部门进行监督，也会对其他监督部门进行检查，是监督范围最广、权威最高的监督方式。各级人大进行监督的主要途径之一是听取审计工作报告，留意是否存在扶贫资金、项目、体制机制等问题；二是专门询问政府及有关部门事实上的脱贫情况，以及询问纪检监察职务犯罪情况（简小文，2020）。

表 3－2　　　　其他监督形式职责表

监督形式	监督主体	主要监督职责	文献参考
党内监督	各级纪律监察委员会	检查党的路线、方针、政策和决议的执行情况；对党员监督、执纪、问责；检查和处理党的组织和党员违反章程和其他党内法规的比较重要或复杂的案件	《中国共产党章程》（2017）
司法监督	人民法院、人民检察院	扶贫领域职务犯罪集中整治；预防扶贫领域职务犯罪专项工作	《全国检察机关、扶贫部门集中整治和加强预防扶贫领域职务犯罪专项工作方案》（2016）
人大监督	全国人民代表大会	对国家宪法、法律和法规的实施，重大方针政策的贯彻执行、国家机关及其工作人员的工作，通过建议和批评等方式进行监督	《中华人民共和国各级人民代表大会常务委员会监督法》（2006）
民主监督	人民政治协商会议各级委员会	通过批评和建议对国家宪法、法律、法律和法规的实施，重大方针政策的贯彻执行、国家机关及其工作人员的工作进行监督	《中国人民政治协商会议章程（修正案）》（2018）

续表

监督形式	监督主体	主要监督职责	文献参考
社会监督		公民、法人或其他组织对于行政机关及其工作人员的监督	《科学发展观百科辞典》(2007)
舆论监督		人民群众通过各种舆论媒介对党和政府的工作及其工作人员进行监督	《科学发展观百科辞典》(2007)

民主监督、舆论监督与社会监督不具有强制约束力。其中，民主监督多通过中国共产党领导的多党合作和政治协商制度实现。习近平总书记在党的十九大报告中强调“民主监督要着重于党和国家重大方针政策和重大决策部署的落实情况”。全国政协对各省市的扶贫工作监督的途径主要通过调研来实现，即政协委员组成专项调研组，坚持问题导向，对建档立卡贫困户的真实情况进行了解，同时对扶贫政策落实过程中存在的问题进行询问，并据此给出对应的意见、批评与建议。例如，2017 年，全国政协副主席杜青林率全国政协调研组到四川开展精准扶贫专项调研，重点询问了非贫困村贫困群众的脱贫问题①。

社会监督与舆论监督作为社会主义民主政治的重要内容，也是公民参与政治的重要手段。两者作为外部监督，主要依赖的是政府的公开信息，新闻媒体对政府公开信息进行的再加工。扶贫领域的监督也是如此，社会公众了解政府扶贫情况信息的渠道包括：一是各政府部门的网站。例如，扶贫工作涉及的政策、资金安排计划表、各个部门决算报告都会在政府网站上进行公开；政府部门还会接受审计机关审计，审计结果及整改建议也会在审计机关网站公布；纪检监察对违法犯罪人员的处理结果也会在各级纪检监察委网站上公开披露。二是新闻媒体除了会通过上述渠道获取扶贫情况信

① 人民网．全国政协调研组来川开展扶贫监督性调研和座谈 杜青林出席座谈会并讲话［EB/OL］．http：//cpc.people.com.cn/GB/n1/2017/0512/c64094－29271139.html.

息，还会对扶贫工作的成果和贫困人口的切身感受进行调查与报道，社会公众也可从新闻媒体处获得政府扶贫情况信息。社会公众在获得这些信息后，可以向司法或人大等权力机关反馈，这些机关需要继续监督公众的行为并给出结论。舆论监督相比公民监督更具有社会影响力与震慑力，其报道能对政府部门的工作形成外部压力，倒逼相关部门快速解决问题。即新闻工作者往往对贫困人口进行调研，直接感受扶贫政策的力度、扶贫工作的效果，再通过报道的形式警示政府部门，并与贫困人口产生共鸣。

3.1.3 审计机关的角色特征

精准扶贫审计具有独立性、再监督性、注重结果监督与过程监督并重、具有责任监督的角色特征，主要体现在以下方面。

（1）具有独立性特征

精准扶贫审计是代表国家所有者对政府扶贫管理和执行情况进行的监督，属于所有权监督，产生于国家所有权与管理权相分离的需要。在两权分离状态下，国家财产、资金的所有者为了确保管理者或执行者履行受派责任，就会委派具有独立性和专业性的国家审计，对管理者或执行者的扶贫管理和执行的履责情况进行监督。国家审计实施的所有权监督具有两个特征：一是独立性。在两权分离后，国家作为财产、资金的所有者并不直接参与扶贫的管理和执行活动，而是将资金管理权委派给政府扶贫管理主体，这使所有者独立于管理活动之外，即自己与管理者保持相对独立。相应地，代表国家所有者的审计监督也就具有了独立性，也就是独立于扶贫管理主体的管理活动之外进行监督。与此不同，管理权监督不具有独立性，因为政府扶贫管理主体属于决策者，而扶贫执行主体实施扶贫管理主体的决策，他们之间存在必然联系，特别是当政府扶贫管理主体的决策失误而导致执行主体的行为失误时，政府扶贫管理主体具有关联性，这种关联性导致了其监督独立性不强。因而，国家审计所执行的所有权监督具有很强的独立性，能够解决管理权监督独立性不强所带来的国家治理目标难以实现的问题。

（2）具有再监督性特征

国家审计代表所有权，不仅其监督具有独立性，而且由于所有权高于管理权而使其监督更具高层权威性，也就是国家审计能够对政府扶贫管理主体所进行的监督进行再监督。国家审计的再监督既能够减少政府扶贫管理主体滥用决策权、控制权和监督权的情况，也能更好地防范扶贫执行主体与管理主体串通舞弊的风险，解决了扶贫管理主体无法自监督的问题，进而更好地促进政府扶贫管理实现国家治理要求。可见，国家审计进行的扶贫政策审计是具有独立性和再监督性的所有权监督。

（3）具有注重结果监督与过程监督并重的特征

扶贫政策跟踪审计在每一个阶段所进行的审计都是对这一阶段扶贫管理和执行的过程与结果的检查，从该层面上来看，扶贫政策跟踪审计属于结果监督与过程监督并重。在扶贫政策制定阶段，国家审计审查评价的是已制定的扶贫政策绩效状况，国家审计并不直接参与扶贫政策的制定以及与此有关的各项决策，而只是对扶贫政策编制的结果或状态进行审查评价。通常会对扶贫政策编制是否符合法定程序，制定的扶贫政策是否合法合规，扶贫政策的目标是否科学合理进行评价。这些扶贫政策编制阶段的行为，其编制的扶贫政策都已成为结果，对其的监督就是结果监督。在扶贫政策执行阶段，主要审查评价扶贫政策执行进度与扶贫政策绩效目标的完成程度的匹配度，同时也要检查决策主体对扶贫政策执行主体绩效目标的完成过程是否进行了有效的监控，对绩效目标完成过程较差的扶贫政策执行主体或项目是否暂缓或调整拨款资金。而这些被监督的内容实际上是一种执行过程，对其的监督就是过程监督。在扶贫绩效考核评价阶段，国家审计对扶贫政策决策主体和执行主体，或扶贫项目绩效目标的实现结果进行监督，即一方面是对决策和执行主体一定时期扶贫目标的实现结果进行审查评价，属于结果监督；另一方面，国家审计通过经济责任审计对这一实现结果进行问责，更强化了最终结果审计的必要性和不可替代性。

（4）具有责任监督的特征

进行精准扶贫必须要强化绩效问责，党和政府是实施问责的主体，国家审计是实现党和政府实施问责的基础，也就是为党和政府问责提供依据。国家审计监督是一种独立的审计监督，其不参加扶贫管理和执行，可以审查评价精准扶贫管理主体与执行主体的管理和执行情况。国家审计在接受人民、党和国家的委派对扶贫管理和执行结果进行审查评价后，查找问题、分析原因、厘清责任，并将线索移交给问责主体。

国家审计所执行的精准扶贫审计对扶贫项目的评价的目标之一是指发现扶贫目标未实现的原因，这往往可以追索到相关责任人的行为缺陷。国家审计应将涉及违法犯罪的案件线索移交给问责主体。问责主体会依据这些线索进一步分析原因，追究存在问题的扶贫管理主体与执行主体责任，从而起到问责的作用。此外，精准扶贫审计对相关责任人履责的绩效进行评价，还可以与经济责任审计一并进行，通过审计既能够查明责任人信息作假、违法违规的舞弊事项，还更能够通过分析评价，找出责任人履行扶贫责任过程中存在的问题和原因。

3.1.4 各监督主体间的良性互动

在精准扶贫政策跟踪审计中，如何实现各监督主体间的良性互动是加强“监督合力”的关键之一。精准扶贫政策跟踪审计具有独立性、再监督性、结果监督与过程监督并重、责任监督的特性，能为其他监督主体提供证据，使他们利用审计结果展开进一步调查。具体而言：

首先，国家审计与其他政府机关的良性互动。由图 3－1 可知，国家审计所进行的扶贫政策跟踪审计的目标是检查政策的制定、执行过程和执行效果，并对各扶贫部门监管政策落实的履职情况进行再监督。国家审计与各扶贫部门所进行的互动也应围绕上述目标展开。在审计开始前，国家审计应先与各扶贫部门进行沟通，了解各扶贫部门在执行扶贫政策过程中发现的问题，并以这些问题为导向进行进一步调查，或查找原因以进行延伸性审计；在审计过程中，国家审计一方面应该通过抽样核实已经发现问题的真实性，并对这些问题进行深入的原因分析。另外，通过审计调查发现扶贫政策执行过程中没有被各部门揭示的问题，并作为后续跟踪检查的重点；在审计终结阶段，审计应该撰写报告、专报等报告，并及时反馈给社会公众、政府部门，协助他们了解扶贫审计存在的问题。同时，还要针对各扶贫部门在政策制定、政策执行和政策监管过程中存在的问题提出改善建议，以推动相关政府部门整改。随后，还要在下一次审计时，跟踪检查已发现的问题，并向相关部门反馈未整改的问题。

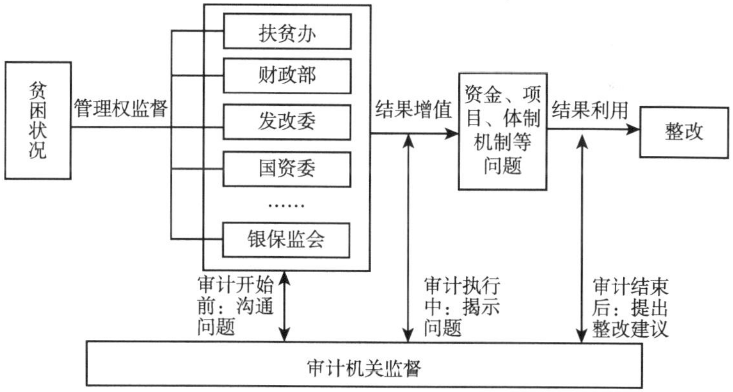

图3－1　国家审计与其他政府机关的良性互动图

其次，与其他监督形式的良性互动。在精准扶贫政策跟踪审计后，审计结果还可以被党内监督、司法监督、人大监督、民主监督、社会监督、舆论监督等运用（如图3－2所示）。具体而言：①国家审计必须将精准扶贫政策跟踪审计中所发现的腐败行为移交给监察委员会，或配合监察委员会寻找贪污腐败的案件证据，以更好地发挥监察委员会履行公权力作用。②审计机关也应将发现的各种扶贫领域违法犯罪案件证据移交给司法机关，或受托为司法机关调查取证。③人大还可以指导审计机关，对扶贫中存在的重大问题进一步调查，以发现精准扶贫过程中存在难以解决的体制、机制、制度等问题的原因。④国家审计以结果公告形式对外报告审计发现、审计整改信息，从而使政协、公众、媒体能够了解审计情况、应用审计成果。同时，公众、媒体、政协等也会督促扶贫政策执行部门与管理部门整改，确保扶贫政策有效实施。

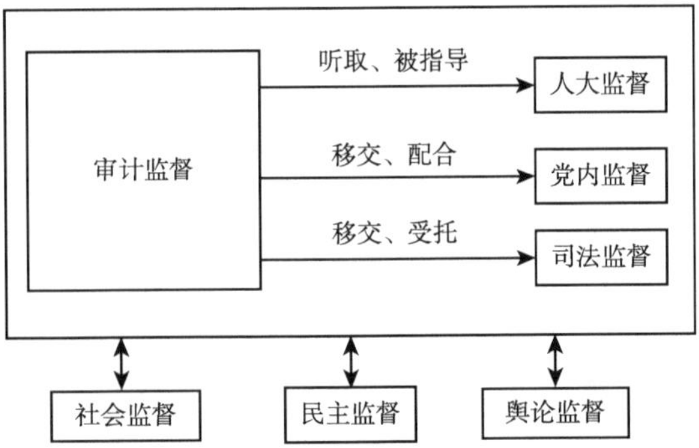

图3－2　国家就与其他监督形式的良性互动图

3.2　精准扶贫审计的范围及客体履责风险

我国审计署（2016）制定了《进一步加强扶贫审计促进精准扶贫精准脱贫政策落实的意见》，建议从扶贫政策落实、重大违纪违法、扶贫资金使用、扶贫项目建设运营、扶贫体制机制等方面进行审计。实践中，审计机关也是从这五方面进行检查。本书结合审计署审计报告，分析得到实践中审计机关监督扶贫的范围。且为了进一步探讨现行实践所涉及的范围是否合理，本书利用访谈与问卷调查法，理论探讨审计对象的履责风险，将重大风险与重要风险因素作为审计的重点与范围。并且在后文研究精准扶贫政策跟踪审计耦合评价指标时，利用因子分析法验证了被试者提出的审计范围。

3.2.1 精准扶贫审计的实践范围

为了研究精准扶贫政策跟踪审计的作用效果，本书先对审计署颁布的精准扶贫审计结果公告进行归纳。如表3-3所示，2013—2019年，涉及扶贫的审计报告一共40份，且呈逐年增加趋势。其中，扶贫专项报告4份，其他专项或综合报告36份。报告的内容也存在一定差异，扶贫专项审计多侧重于检查扶贫资金分配管理和使用情况；违法违纪案件和事项处理情况审计多侧重于审计移交，以及政府部门处理处罚的人员、单位、案件、涉案资金；重大政策措施跟踪审计则多侧重于检查扶贫政策的执行情况、扶贫项目的实施情况、扶贫资金的使用情况等方面；年度预算执行等情况审计多侧重于检查扶贫资金的使用情况。

表3-3　　审计署精准扶贫审计报告汇总表①

年份	报告类型	报告与编号
2013	扶贫专项报告	审计署关于19个县2010—2012年财政扶贫资金分配管理和使用情况的审计结果〔2013年第31号公告〕
	其他专项或综合报告	—

① 资料来源：根据2013—2019年《中国审计年鉴》与审计署网站整理得到。

续表

年份	报告类型	报告与编号
2014	扶贫专项报告	—
	其他专项或综合报告	审计署移送至2013年底已办结19起违法违纪案件和事项处理情况〔2014年第2号公告〕；审计署移送至2014年5月已办结35起经济案件和事项处理情况〔2014年第8号公告〕；审计署移送至2014年11月已办结40起经济案件和事项处理情况〔2014年第23号公告〕
2015	扶贫专项报告	—
	其他专项或综合报告	关于2013年度中央预算执行和其他财政收支审计查出问题整改情况〔2015年第1号公告〕；2015年8月稳增长促改革调结构惠民生防风险政策措施贯彻落实跟踪审计结果〔2015年第30号公告〕；2015年9月稳增长促改革调结构惠民生防风险政策措施贯彻落实跟踪审计结果〔2015年第31号公告〕
2016	扶贫专项报告	审计署关于40个县财政扶贫资金的审计结果〔2016年第7号〕
	其他专项或综合报告	2015年11月稳增长促改革调结构惠民生防风险政策措施贯彻落实跟踪审计结果〔2016年第1号〕；2015年12月稳增长促改革调结构惠民生防风险政策措施贯彻落实跟踪审计结果〔2016年第3号〕；2016年第一季度829个单位1796个项目贯彻落实国家重大政策措施跟踪审计结果〔2016年第4号〕；中央部门单位2015年度预算执行等情况审计结果〔2016年第5号〕；审计署移送至2016年6月已处理的39起违纪违法问题情况〔2016年第27号〕；2016年第二季度国家重大政策措施贯彻落实跟踪审计结果〔2016年第28号〕；2016年第三季度国家重大政策措施贯彻落实跟踪审计结果〔2016年第29号〕；关于2015年度中央预算执行和其他财政收支审计查出问题整改情况〔2016年第30号〕；审计署移送至2016年底已处理的违纪违法问题情况〔2016年第31号〕

续表

年份	报告类型	报告与编号
2017	扶贫专项报告	158 个贫困县扶贫审计结果〔2017 年第 6 号〕
	其他专项或综合报告	2016 年第四季度国家重大政策措施贯彻落实情况跟踪审计结果〔2017 年第 2 号〕；2017 年第一季度国家重大政策措施贯彻落实情况跟踪审计结果〔2017 年第 3 号〕；中央预算单位 2016 年度预算执行等情况审计结果〔2017 年第 4 号〕；审计署移送违纪违法问题线索的查处情况〔2017 年第 30 号〕；2017 年第二季度国家重大政策措施贯彻落实情况跟踪审计结果〔2017 年第 31 号〕；2017 年第三季度国家重大政策措施贯彻落实情况跟踪审计结果〔2017 年第 32 号〕
2018	扶贫专项报告	145 个贫困县扶贫审计结果〔2018 年第 46 号〕
	其他专项或综合报告	审计署移送违纪违法问题线索的查处情况〔2018 年第 1 号〕；2017 年第四季度国家重大政策措施落实情况跟踪审计结果〔2018 年第 2 号〕；审计署移送违纪违法问题线索查处情况〔2018 年第 42 号〕；中央预算单位 2017 年度预算执行等情况审计结果〔2018 年第 43 号〕；2018 年第一季度国家重大政策措施落实情况跟踪审计结果〔2018 年第 45 号〕；2018 年第二季度国家重大政策措施落实情况跟踪审计结果〔2018 年第 48 号〕；2018 年第三季度国家重大政策措施落实情况跟踪审计结果〔2018 年第 49 号〕
2019	扶贫专项报告	—
	其他专项或综合报告	2018 年第四季度国家重大政策措施落实情况跟踪审计结果〔2019 年第 1 号〕；179 个县惠农补贴资金审计结果〔2019 年第 3 号〕；审计署移送违纪违法问题线索查处情况〔2019 年第 5 号〕；乡村振兴相关政策和资金审计结果〔2019 年第 6 号〕；2019 年第一季度国家重大政策措施落实情况跟踪审计结果〔2019 年第 7 号〕；2019 年第二季度国家重大政策措施落实情况跟踪审计结果〔2019 年第 8 号〕；2019 年第三季度国家重大政策措施落实情况跟踪审计结果〔2019 年第 10 号公告〕；2019 年第四季度国家重大政策措施落实情况跟踪审计结果〔2020 年第 1 号公告〕

本书对国家重大政策措施落实情况跟踪审计结果公告（2015—2019）以及审计署移送违纪违法问题线索查处公告（2015—2019）进行统计分析，结果如表3-4所示。从表中可以看出，精准扶贫政策跟踪审计的作用效果非常显著。审计署通过国家重大政策措施落实情况跟踪审计查出的问题包括扶贫资金、项目建设运营、扶贫政策、体制机制等，涉及单位数达到1319个，涉及资金金额达到745749.2万元。其中，扶贫资金问题涉及的单位数与资金数均最多，且从统计情况来看许多单位存在扶贫资金闲置、未统筹使用资金、骗取或虚列扶贫资金、违规使用扶贫资金、超标或重复发放扶贫资金等情况；体制机制问题数与资金数量也较多，这是因为重大政策审计一般着重关注体制机制问题，审计结果发现存在机构设置不合理、决策机制存在问题、执行机制存在问题、监督机制存在问题、协调机制存在问题等；随后是扶贫政策相关问题，为319个，涉及资金119963.24万元。包括的主要问题是政策落实不到位、政策制定不合理、政策缺失或多余等。另外，审计署移送违纪违法问题线索到政府机关，总数达到141个，涉及资金40168.08万元，涉及人数达到281人。这表明审计为问责提供了证据，起到了较强的威慑作用，使责任人受到了应有的处罚，同时也推动了部门的整改。

表3-4　　审计查出的扶贫相关问题表

问题	国家重大政策措施落实情况跟踪审计结果公告		审计署移送违纪违法问题线索查处公告	
	单位数（个）	涉及资金（万元）	单位数（个）	涉及资金（万元）
扶贫资金问题	417	474562.88	—	—
项目建设运营问题	195	110355.21	—	—
扶贫政策相关问题	319	119963.24	—	—
体制机制问题	388	40867.87	—	—
重大违法违纪问题	—	—	141	40168.08

我们对审计署2015年5—12月“稳增长等政策措施贯彻落实跟踪审计结果”公告（共8份）[①]、2016—2019年“国家重大政策措施落实情况跟踪审计结果”公告（共16份）、及2015—2019年“审计署移送违纪违法问题线索查处”公告（共5份）等报告进行分析，发现审计查出的扶贫资金问题数量最多（共459个），其次是体制机制问题数量（共398个）、政策问题数量（共323个）、项目问题数量（共259个），最后是重大违法违纪相关问题，其中审计移交案件数达到28件；政府部门处理处罚审计发现的人员达到288人，涉案金额20819.14万元（见表3－5至表3－9）。可见，扶贫资金仍然是目前问题最多的事项，这与扶贫资金容易闲置、未统筹使用、骗取或虚列、违规使用等情况有关。同时政府审计非常注重检查体制机制运行及政策执行，被发现的体制机制及政策问题仅次于扶贫资金问题。这是因为，机制是各部门把工作系统联系起来且广泛使用的政策实现工具，如管理部门使用监督机制与协调机制来推动重大政策执行，执行机构使用执行机制与决策机制来实现政策目标。但由于人为、部门内部机制设置、部门间协调等原因，机制存在较多问题，特别是执行机制涉及资金筹措、项目推进、政策目标实现等多维度问题。相反，体制是机构组织部门设置，通常在制度没有改变的情况下不会有较大调整，因而出现问题的概率较低。而政策问题主要与具体行动措施有关，各部门制定的政策实施措施均经过调研、分析且符合实际状况，出现问题的概率低于体制机制问题。具体而言：

第一，扶贫资金方面包括的问题是扶贫资金闲置、未统筹使用资金、骗取或虚列扶贫资金、违规使用扶贫资金、超标或重复发放

① “稳增长等政策措施贯彻落实跟踪审计结果公告”从2015年5月开始报告，是国家重大政策审计的一种审计，从2016年起稳增长等审计就变为国家重大政策审计。因而，本书将稳增长等审计结果公告与国家重大政策统称为“国家重大政策措施落实情况跟踪审计结果”公告。

扶贫资金等。其中，扶贫资金闲置是指地方政府或组织从财政获得的扶贫资金因未统筹使用而导致的闲置，闲置时间至少在 1 年以上。例如，2018 年第一季度“国家重大政策措施落实情况跟踪审计结果”公告披露，山东省夏津县教育局尚未完成第二实验小学未成年人教育综合实验基地项目前期工作，这导致省级公益事业扶贫资金 461.36 万元闲置 1 年以上；未统筹使用资金是指各单位资金统筹整合推进不力，导致扶贫资金没有用于具体的项目或贫困人口上。例如，2016 年第四季度“国家重大政策措施落实情况跟踪审计结果”公告披露，河北省丰宁县从财政收到的农机深松整地项目等资金 693 万元，没有按规定纳入统筹整合范围，进而导致对应项目无法开展。骗取或虚列扶贫资金是指为了获得更多财政支持，通过虚报培训课时、提供虚假材料、虚报工程造价等方式，骗取或虚列扶贫资金。例如，2016 年第二季度“国家重大政策措施落实情况跟踪审计结果”公告披露，辽宁省建昌县养马甸子乡通过编造虚假培训人员名单、开具虚假发票、编造虚假支出事项等方式，套取财政扶贫培训资金 3.92 万元在乡政府挂账。违规使用扶贫资金是指单位将扶贫资金用于城市开发、拆迁补偿、服务等非扶贫领域，导致贫困人口脱贫慢，无法实现国家扶贫目的。例如，2019 年第一季度“国家重大政策措施落实情况跟踪审计结果”公告披露，2 个县违规将扶贫资金用于兴建报告厅、体育馆和国道省道建设等非扶贫领域，涉及资金 4293.86 万元。超标或重复发放扶贫资金是指医疗保险、农村危房改造等扶贫资金发放过程中重复或超标准发放各类补贴资金。例如，2019 年第三季度“国家重大政策措施落实情况跟踪审计结果”公告披露，6 个县超标发放农村危房改造和低保等补助资金 439.59 万元。

从表 3 -5 可见，扶贫资金发生最多的问题是未统筹使用资金、违规使用扶贫资金的单位，分别是 114 个与 180 个；其次是扶贫资金闲置的单位，为 81 个；再次是骗取或虚列扶贫资金与超标或重复发放扶贫资金的单位，分别为37个与33个。这表明诸多被审计单位存在违规使用资金或未统筹使用资金的情况，这将影响扶贫资金的去向，并对扶贫项目的建设会产生一定影响。同时，扶贫资金闲置问题覆盖的年份较广，从2015—2019年均存在此类情况，这表明一些单位没有较好地利用财政拨款的扶贫资金，该问题在整个样本覆盖的时间段中均存在。而违规使用扶贫资金覆盖的范围从2015—2019年，也比较广，说明很多单位存在将扶贫资金用于其他项目等情况，并有可能存在屡审屡犯的现象。

表3－5　　　　扶贫资金相关问题表

问题	问题表现形式	单位数（国家重大政策措施落实情况跟踪审计结果公告）				
		2015年	2016年	2017年	2018年	2019年
扶贫资金闲置	扶贫资金未统筹使用导致资金闲置	3	14	39	7	18
未统筹使用资金	扶贫资金统筹整合不到位		145	20	14	1
骗取或虚列扶贫资金	通过虚报培训课时、提供虚假材料、虚报工程造价等方式，骗取或虚列扶贫资金			13	15	9
违规使用扶贫资金	将扶贫款用于城市开发、拆迁补偿、服务等非扶贫领域支出	1	4	25	26	58
超标或重复发放扶贫资金	基本医疗保险、农村危房改造等扶贫资金发放过程中重复或超标准发放各类补贴				16	17

第二，项目建设运营相关问题是配套设备未到位、项目无法或没有投入使用、项目未按规定招标、项目建造中存在问题、项目未开工或进展缓慢等。其中，配套设备未到位是指各单位配套设备闲

置、未到位，导致农机具、扶贫项目等配套设施无法使用。例如，2019 年第二季度“国家重大政策措施落实情况跟踪审计结果”公告披露，3 个县的 37 个义务教育薄弱学校建设存在消防安全隐患、未配置取暖设施等问题，涉及资金 2184.63 万元。项目无法或没有投入使用是指投入扶贫资金建成的项目无法投入使用，使项目闲置且资金浪费。例如，2019 年第三季度“国家重大政策措施落实情况跟踪审计结果”公告披露，4 个县的农村一二三产业融合试点、美丽乡村建设等 16 个乡村振兴项目存在建成后闲置、资金拨付浪费等问题，涉及财政资金 2178.2 万元。项目未按规定招标是指扶贫项目存在招标人资质不够、违规转包等现象。例如，2019 年第一季度“国家重大政策措施落实情况跟踪审计结果”公告披露，3 个县 72 个项目存在违规向无资质个人发包工程或降低验收标准，项目质量不达标通过验收等问题，涉及投资 93080.03 万元。项目建造中存在问题是指项目建造中存在未按设计施工、偷工减料、多支付工程款等问题，使项目建造缓慢，造成资金浪费。例如，2019 年第一季度“国家重大政策措施落实情况跟踪审计结果”公告披露，2 个县农村危房改造项目未按规定设计或施工，涉及 3430 户贫困户，6165.9 万元投资。项目未开工或进展缓慢是指扶贫项目未开工或进展缓慢，导致浪费扶贫资金或资金闲置等。例如，2019 年第三季度“国家重大政策措施落实情况跟踪审计结果”公告披露，重庆市云阳县 7 个村级集体经济发展项目进展缓慢或建成后效益不佳，财政补贴资金 100 万元结存 2 年以上。

从表 3－6 可见，项目建设运营发生最多的问题是项目未开工或进展缓慢，为 99 个；其次是项目未按规定招标、项目无法或没有投入使用，分别为 53 个与 47 个；最后的是项目建造中存在问题、配套设备未到位，分别为 33 个与 27 个。同时，项目未开工或进展缓慢问题覆盖的年份也最广，表明诸多被审计单位没有较好地推动项目建设，很难使扶贫项目快速发挥作用。

表 3－6　　　　项目建设运营相关问题表

问题	问题表现形式	单位数（国家重大政策措施落实情况跟踪审计结果公告）				
		2015 年	2016 年	2017 年	2018 年	2019 年
配套设备未到位	配套设备未到位，导致农机具、项目等闲置无法使用		1	2	2	22
项目无法或没有投入使用	投入扶贫资金建成项目无法投入使用		1	7	5	34
项目未按规定招标	扶贫项目存在未按规定招标、违规转包等问题		3	32	15	3
项目建造中存在问题	项目未按设计施工、偷工减料、多支付工程款等			16	6	11
项目未开工或进展缓慢	扶贫项目未开工或进展缓慢，浪费扶贫资金	1	5	38	23	32

第三，扶贫政策方面包括的问题是政策落实不到位、政策制定不合理、政策缺失或多余等。其中，政策落实不到位是指存在某种政策，但被审计单位还未将政策执行到位。例如，2019 年第一季度“国家重大政策措施落实情况跟踪审计结果”公告披露，4 个县的 79059 名建档立卡贫困人口应享受，但未享受城乡居民基本医疗保险补贴、医疗救助和大病保险补贴政策，少获得财政补贴 209.66 万元。政策制定不合理是指制度设置障碍过多、未修订与目标不符制度，使已制定的政策制度无法展开或展开后难以执行。例如，2018 年第四季度“国家重大政策措施落实情况跟踪审计结果”公告披露，由于政策制度漏洞，使河北省沽源县 38 户建档立卡贫困户应享受未享受易地扶贫搬迁政策。政策缺失或多余是指相关部门应出台措施但未按规定出台措施，或相关部门违反相关法规制定措施，这将使制度规范存在弊端且不利于扶贫政策目标的实

现。例如，2019 年第三季度“国家重大政策措施落实情况跟踪审计结果”公告披露，由于资金发放方案出台较晚，4763 万元病死猪无害化处理中央财政补助经费未及时拨付到位。

从表 3 - 7 可见，扶贫政策发生最多的问题是政策落实不到位，总数为 277 个；其次是政策制定不合理，总数为 31 个；最少的是政策缺失或多余，总数为 15 个。这表明诸多被审计单位存在政策落实不到位的情况，这将影响扶贫资金用于贫困人口，导致扶贫项目难以落实等问题，并对扶贫效果、效率、效益产生影响。同时，政策落实不到位覆盖的年份较广，从 2015—2019 年均存在此类情况，这表明一些单位没有较好地落实扶贫政策，进而导致一些被审计单位没有将扶贫政策落实到位，使扶贫效果无法真正实现。

表 3 - 7　扶贫政策相关问题表

问题	问题表现形式	单位数（国家重大政策措施落实情况跟踪审计结果公告）				
		2015 年	2016 年	2017 年	2018 年	2019 年
政策落实不到位	存在政策，但没有将政策落实到位	1	34	70	46	126
政策制定不合理	政策制定不精准，使政策无法实施	1		24	2	4
政策缺失或多余	相关部门未按规定出台措施、违规制定措施		11		3	1

第四，扶贫中的体制机制包括的问题是机构设置不合理、决策机制存在问题、执行机制存在问题、监督机制存在问题、协调机制存在问题等。其中，机构设置不合理表现在没有组建专门完成政策目标的机构、违规设置机构，这将导致政策执行时缺乏权威机构指导及违规设置机构，进而增加扶贫费用负担。例如，2017 年第三季度“国家重大政策措施落实情况跟踪审计结果”公告披露，由

于未按项目实施方案组建专业合作社，巴东县官渡口镇巫峡口村黄金梨产业扶持项目缺乏技术指导，导致建成后落果严重、经济效益差。决策机制存在问题是指政府的决策过程、决策规划等方面问题。例如，2019 年第一季度“国家重大政策措施落实情况跟踪审计结果”公告披露，7 个县 42 个扶贫项目因措施规划不科学、监管不衔接等，建成项目闲置 1 年以上未使用，涉及资金 524.32 万元。执行机制存在问题是指政策执行的过程存在问题，即政策执行后效果没达到预期，进而导致出现项目闲置、项目进展缓慢或开工率低等情况，资金闲置、存量资金盘活不到位、违规使用或套取资金、项目资金拨付慢等情况，审批不到位涉及财政资金审批时间过长、审批事项下放不到位等情况。例如，2018 年第三季度“国家重大政策措施落实情况跟踪审计结果”公告披露，4 个市县 34 个产业扶贫项目未与贫困户建立利益联结机制或未将产权明确给贫困户，涉及金额 3430.7 万元。监督机制存在的问题主要体现在审核把关不严、监督不力两方面，其中审核把关不严会导致国家资产流失、监督不力会导致政策执行难以到位。例如，2019 年第一季度“国家重大政策措施落实情况跟踪审计结果”公告披露，8 个县审核把关不严，选聘财政供养人员、重度残疾、长期外出务工等不符合条件的人员担任生态护林员，涉及 757 人；协调机制存在的问题主要体现在未实现信息共享、方案意见不一致、统筹协调不畅等方面，其中未实现信息共享会影响政策实施效果、方案意见不一致会影响项目进度、统筹协调不畅会导致政府与群众出现矛盾。例如，2018 年第三季度“国家重大政策措施落实情况跟踪审计结果”公告披露，由于相关部门信息沟通不充分等，4 个市县 231402 名参加新型农村合作医疗保险、城乡居民基本医疗保险的建档立卡贫困人口未按规定享受个人缴费部分的财政补贴。

从表 3-8 可见，扶贫中的体制机制发生最多的问题是执行机制存在问题，为 160 个；其次是决策机制存在问题、监督机制存在问题，分别为103个、77个；再次是协调机制存在问题，为56个；最少的是机构设置不合理，为2个。可见诸多被审计单位存在执行机制问题，同时执行机制存在问题覆盖的年份较广，这表明政策执行后效果没达到预期，这直接影响了扶贫项目执行效果、资金使用效率等。而决策机制存在问题次之，这表明一些被审计单位在决策过程、决策规划等方面存在问题。相反，机构设置不合理发生的数量最少，表明多数被审计单位均能合理设置机构，很少存在违规设置的情况。

表3－8　　扶贫中的体制机制问题表

问题	问题表现形式	单位数（国家重大政策措施落实情况跟踪审计结果公告）				
		2015年	2016年	2017年	2018年	2019年
机构设置不合理	没有组建专门完成政策目标的机构、违规设置机构			2		
决策机制存在问题	政府的决策过程、决策规划等方面问题	1	6	20	10	66
执行机制存在问题	政策执行过程不到位	3	11	15	20	111
监督机制存在问题	在审核把关不严、监督不力两方面问题		16	25	4	32
协调机制存在问题	未实现信息共享、方案意见不一致、统筹协调不畅等问题		6	26	10	14

第五，重大违法违纪包括的问题是审计移交、政府部门处理处罚等。其中，审计移交是指审计机关将在审计中发现的违法违纪人员、单位、案件、涉案资金移交给纪检、检查、监察等机关。例如，至2016年6月，审计署移送的39起违纪违法问题情况公告披露，竹塘乡农业服务中心时任主任黄晓诗、大塘子村时任支部书记

向小超，通过签订虚假合同、虚开发票等方式贪污扶贫资金，审计署将此线索移送云南省政府调查处理。政府部门处理处罚是指政府部门根据审计移交的线索，对相关人员、单位进行处理处罚。例如，上述竹塘乡农业服务中心案件中，云南省澜沧拉祜族自治县人民法院以贪污罪，判处黄晓诗有期徒刑3年、缓刑4年，判处向小超有期徒刑2年、缓刑3年，分别没收财产1万元和4万元，追回全部赃款18.78万元。

从表3-9可见，在2015年、2017年、2018年与2019年，审计移交与政府部门处理处罚的人员、单位、案件、涉案资金均一致，表明审计机关移交的问题均被政府部门重视，并对涉案人员或单位进行了处罚。而在2016年，政府部门处理处罚的人数、单位、案件与金额数均大于审计移交的相关数据，说明政府部门在审计移交线索基础上，进行了深入检查并发现了更多问题。

表3-9　　重大违法违纪相关问题表

问题	问题表现形式	人数/单位/金额/案件（审计署移送违纪违法问题线索查处公告）				
		2015年	2016年	2017年	2018年	2019年
审计移交	审计机关移交的人员/单位/案件/涉案资金	73人/22单位/5件/14900.64万元	14人/6单位/2件/88.32万元	73人/13单位/7件/3070万元	103人/12单位/9件/1274.98万元	18人/6单位/5件/15万元
政府部门处理处罚	政府部门处理处罚的人员/单位/案件/涉案资金	73人/22单位/5件/14900.64万元	21人/29单位/5件/1558.52万元	73人/13单位/7件/3070万元	103人/12单位/9件/1274.98万元	18人/6单位/5件/15万元

3.2.2 精准扶贫审计客体履责的风险评估标准

精准扶贫审计客体是指被审计对象，即扶贫政策决策主体、执行主体等多个政府部门，这些部门是扶贫管理、扶贫执行的相关部门。精准扶贫审计对这些客体履责情况进行监督，并发现其尚未履责到位的问题。根据上述分析可知，审计机关发现了审计客体存在扶贫资金、项目建设运营、扶贫政策、体制机制、重大违法违纪等问题。表明审计客体诸多责任未履行到位，那么哪类问题需要优先解决，尚未有文献进行分析。因而，本书借鉴风险矩阵法来研究哪些问题是重大风险、重要风险。参考朱启超等（2005）风险矩阵，该矩阵由项目实践人员和相关领域的技术专家，通过评估风险因素对项目的影响后果、计算各个风险发生的概率，来确定风险等级等。这一方法被广泛应用于项目风险评估领域。例如，应用专家估计的方法，梁涛（2011）在其博士论文中设计了基础设施项目融资风险矩阵；赵金元（2015）在其博士论文中设计了生产制造类软件项目风险矩阵。本书研究的对象是精准扶贫项目，因而本书参考上述项目风险评估的做法，对表3－10所涉及的浙江审计厅审计人员、余姚市扶贫办工作人员等实践专家以及学者专家进行访谈（共24人），依据他们的知识和经验，估计精准扶贫项目风险发生的概率并评估风险后果。

（1）调研样本来源

采用问卷调查、走访座谈等方法邀请曾经参与过扶贫审计项目的浙江省审计厅审计人员10人，浙江宁波梁弄革命老区管理人员5人、宁夏贫困乡村6人、专家学者11人、脱贫群众57人（如表3－10所示）参与调研，其中有效调研样本45人。其中调研经历如下：本书研究团队一直在为浙江省审计厅提供社会服务，因而与该部门建立了良好地关系，并获得了大量扶贫审计相关资料，进行了调研；2018年4月，浙江宁波梁弄革命老区邀请本书研究团队提供“革命老区全面奔小康的战略”建议，并到革命老区学习红色旅游扶贫的经验，在此期间团队进行了调研；主持人带领本科生进行暑期夏令营活动，走访了宁夏贫困乡村3个，调研了当地脱贫群众、村支书及会计；通过问卷或电话访谈的方式，调研了 4 个学校的专家学者；通过面对面访谈、调查问卷等方式，调研了来自河南、宁夏、甘肃、四川、浙江等省份的脱贫群众（调查问卷如附录 1 所示）。

表 3 – 10　　调研样本来源表

调研单位	人数	样本来源	调研时间	有效调研人数
浙江审计厅	10	一线审计人员 5 人、项目组组长 1 人、计算机审计处处长与副处长 2 人、农业审计处副处长 2 人等	2019 年 11 月至 2020 年 7 月	10
浙江宁波梁弄革命老区	5	余姚市扶贫办工作人员 3 人、横坎头村村长 1 人、横坎头村会计 1 人等	2018 年 4 月至 2018 年 5 月	5
宁夏贫困乡村（3 个乡村）	6	兴仁镇高庄村村长、会计 2 人；兴仁镇泰和村村长、会计 2 人；东园镇金沙村村长、会计 2 人等	2018 年 7 月至 2018 年 8 月	6
专家学者（4 个学校）	11	从事习近平精准扶贫思想研究的专家 3 人、审计研究专家 3 人、扶贫政策研究专家 3 人、扶贫理论与历史研究专家 2 人	2020 年 4 月至 2020 年 7 月	11
脱贫群众（来自 15 个贫困村）	57	经过精准扶贫后，已脱贫群众（分别来自河南 13 人、宁夏 17 人、甘肃 9 人、四川 8 人、浙江 10 人）	2018 年 11 月至 2019 年 10 月	13

（2）履责风险发生的概率

风险评估标准由风险发生的可能性和风险导致的后果两个方面组成。其中，风险发生的可能性一般是指风险发生的概率，本书通过专家讨论扶贫中常规问题发生的可能性与突发风险发生的可能性进行判断（表 3 – 11 所示）。具体而言，扶贫中常规问题发生的可能性是指扶贫过程中发生风险的概率，如扶贫过程中可能会产生扶贫资金闲置、未统筹使用资金、骗取或虚列扶贫资金等问题。突发风险可能性是指非正常扶贫过程中风险发生的概率，如一些重大违法违纪问题，需要移交给政府部门进一步调查并采取处理处罚措施，这些情况属于突发事件，发生的概率不高。在专家对扶贫中常规问题发生的可能性、突发风险可能性进行综合评估后最终确定风险发生概率。一般而言，发生概率小于5%的分级标准为低，此时的扶贫中常规问题发生的可能性与突发风险可能性均为较少发生；发生概率在5%～20%，分级标准为中，此时扶贫中常规问题发生的可能性与突发风险可能性均为有时发生；发生概率在大于20%的分级标准为高，此时扶贫中常规问题发生的可能性与突发风险可能性均为经常发生。

表3－11　　风险发生的概率分级标准表

概率分级标准	发生概率	日常经营风险可能性	突发风险可能性
低	<5%	较少发生	一年内基本不发生
中	5%～20%	有时发生	一年内发生一次以上
高	>20%	经常发生	一年内发生次数较多

（3）履责风险导致的后果

本书从资金风险、项目建设运营风险、政策风险、体制机制风险、重大违法违纪风险等五个方面出发来研究扶贫客体履责风险产生的后果。在描述时，本书一般使用“大、中、小”来表达风险发生后可能引发的后果。如表3－12所示，资金风险一般通过风险导致扶贫资金损失来确定。当风险导致扶贫资金损失小于5%时，风险为低。当风险导致扶贫资金损失在5%～20%时，风险为中。当风险导致扶贫资金损失大于20%时，风险为高；项目建设运营风险一般通过项目对被扶贫人口的影响来评估。当有很少负面影响时，风险为低。当不能扶持所有被扶贫人口时，风险为中。当完全不能扶持被扶贫人口时，风险为高；政策风险一般通过扶贫政策制定的正确性及可以实施性来确定。当扶贫政策基本正确且基本可以实施时，风险为低。当部分制定的扶贫政策无法有效实施或实施有一定难度时，风险为中。当制定的扶贫政策完全无法有效实施或实施有很大难度时，风险为高；体制机制风险一般通过体制机制问题导致的扶贫运营成本占运营计划总成本的百分比来确定。当该百分比小于5%时，风险为低。当该比例在5%～20%时，风险为中。当该比率大于20%时，风险为高；重大违法违纪风险一般通过扶贫中的违法违规行为影响及监管机构的处罚确定。当影响很小且监管机构没有处罚时，风险为低。当有一定影响且监管机构有一定量处罚时，风险为中。当有较大影响且监管机构处罚责任人时，风险为高。

表3－12　　风险产生后果分级标准表

分级标准	资金风险	项目建设运营风险	政策风险	体制机制风险	重大违法违纪风险
小	风险导致扶贫资金损失小于5%	项目建设成功，且对被扶贫人口很少负面影响	扶贫政策基本正确，且基本可以实施	体制机制问题导致增加的扶贫运营成本占运营计划总成本的百分比小于5%	扶贫中的违法违规行为影响很小，监管机构没有对政府部门进行处罚
中	风险导致扶贫资金损失在5%～20%	项目建设成功，但不能扶持所有被扶贫人口	部分制定的扶贫政策无法有效实施，或实施有一定难度	体制机制问题导致扶贫运营成本增加，增加的运营成本占运营计划总成本的百分比在5%～20%	扶贫中的违法违规行为有一定的影响，有一定量的处罚和诉讼损失
大	风险导致扶贫资金损失大于20%	项目没有建设成功，或项目建设成功但完全不能扶持被扶贫人口	制定的扶贫政策完全无法有效实施，或实施有很大难度	风险导致政府扶贫运营成本增加，但增加的比率较高，增加的运营成本占运营计划总成本的百分比大于20%	扶贫中的违法违规行为有较大影响，相关责任人、相关单位受到了法律处罚和诉讼损失

(4) 履责风险分级标准

本书利用九宫格对扶贫履责风险进行分级。如图3-3所示，风险产生的后果分为小、中、大三个层次，风险发生概率分为低、中、高三个层次。风险等级是风险产生的后果与风险发生概率的乘积。根据风险等级公式，本书设定：①Ⅰ等级属于微小风险。Ⅰ等级（后果小，概率低）对扶贫目标的实现几乎没有影响。②Ⅱ等级、Ⅲ等级与Ⅴ等级属于一般风险。Ⅱ等级（后果中，概率低）的发生概率较低；Ⅲ等级（后果小，概率中）的后果严重程度小；Ⅴ等级（后果小，概率高）的后果严重程度小，均属于扶贫常规风险，是一般风险。由于这些等级的风险对目标影响不大，相关政府部门可以在控制风险不扩大的基础上采取相关行动。③Ⅳ等级、Ⅵ等级、Ⅶ等级、Ⅷ等级属于重要风险。Ⅳ等级（后果大，概率低）的后果非常严重，但发生的概率较低，属于突发性事件引起的风险；Ⅵ等级（后果中，概率中）的发生频率不低且发生后果也不小；Ⅶ等级（后果大，概率中）的发生频率不低且发生后果较大；Ⅷ等级（后果中，概率高）的发生频率较高且发生后果不小。④Ⅸ等级属于重大风险。Ⅸ等级（后果大，概率高）风险问题会严重影响扶贫目标实现。但如果重大风险发生，政府应立刻给出解决方案予以及时解决。

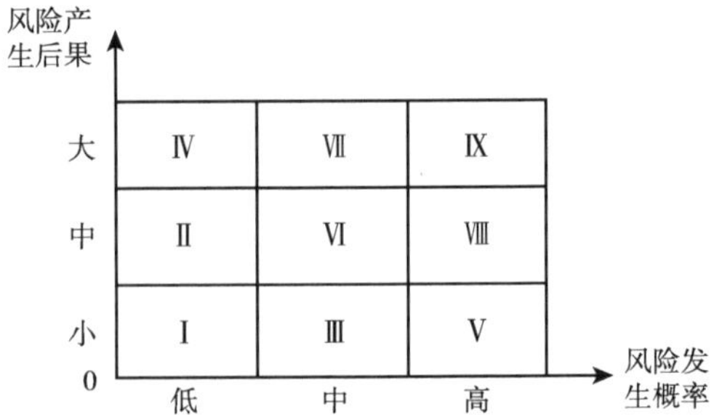

图3-3　风险分级图

3.2.3　精准扶贫审计客体履责的风险评估结果

（1）履责风险发生的概率

在扶贫资金风险方面。首先，分别有31名和33名被调研者认为，违规使用扶贫资金、扶贫资金闲置的概率均为高。可能的原因是，一方面扶贫资金到账后未用在扶贫项目上，而是用于城市开发、拆迁补偿、服务等非扶贫领域支出；另一方面，扶贫资金闲置可能导致未统筹使用扶贫资金和违规使用扶贫资金，现实中扶贫资金闲置发生的概率也较高。其次，分别有32名和31名被调研者认为，未统筹使用资金、骗取或虚列扶贫资金的概率为中。可能是因为，扶贫资金到贫困地区账户后会发生不敢用、项目未建设不能用等情况，或通过伪造贫困人口、贫困项目等骗取扶贫资金等。最后，有33名被调研者认为，超标或重复发放扶贫资金的概率较低，这与表3-5的统计分析结果一致。这可能是因为，近年来扫黑除恶，打击扶贫资金犯罪的力度越来越大，骗取或虚列扶贫资金、超标或重复发放扶贫资金等发生的概率也在逐渐减小。

在项目建设运营风险方面。首先，有36名和37名被调研者认为，项目无法或没有投入使用、项目未开工或进展缓慢的概率均为高。因为，投入扶贫资金建成项目无法投入使用或进展缓慢均会导致大量投资浪费。事实也是如此，以2019年第二季度“国家重大政策措施落实情况跟踪审计结果”为例，12个县的31个项目因规划不科学、监管不衔接等，造成项目建成后闲置或未发挥预期效益，涉及预算资金3.38亿元。可见，项目无法或没有投入使用、项目未开工或进展缓慢是导致大型项目建设风险的主要原因；其次，有33名和35名被调研者认为，项目未按规定招标、项目建造中存在问题的概率均为中。随着扶贫项目监管的越来越严格，部分项目存在未按规定招标、违规转包、项目未按设计施工、偷工减料、多支付工程款等问题；最后，35名被调研者认为，配套设备未到位的概率为低。可能的原因是，随着监管的严格，配套设备未到位等情况将越来越少。

在扶贫政策风险方面。首先，有 30 名被调研者认为，政策落实不到位的概率最高。因为很多单位均存在无法完全落实扶贫政策的现象。从表 3－7 可见，数量达到 277 个，是政策制定不合理单位数的近 9 倍，是政策缺失或多余单位数的近 19 倍；其次，有 36 名被调研者认为，政策制定不合理的概率为中。因政策制定问题而导致政策无法实施的现象存在，但并不多；最后，有 33 名被调研者认为，政策缺失或多余的概率为低。制定政策或措施的部门一般都在省级或市级单位，这些单位较为规范，未按规定出台措施、违规制定措施等情况很少。根据表 3－5，仅有 15 个单位存在此种情况。

在体制机制风险方面。首先，有 33 名被调研者认为，执行机制存在问题的概率均为高。因为多数单位均存在一个或多个政策执行过程不到位的现象。这与表 3－8 的统计结果类似，累计数为 160 个，远远超过了其他体制机制问题的单位数量；其次，分别有 32 名和 34 名被调研者认为，决策机制存在问题、监督机制存在问题的风险均为中。即由于存在无法自监督的特性，政府决策主体在决策过程、决策规划等方面可能会存在一些决策或制度制定问题；也可能存在自我审核把关不严，对扶贫执行主体监督不力等问题。事实上根据表 3－6，分别有 103 个和 77 个单位存在此种情况。最后，分别有 31 名和 30 名被调研者认为，机构设置不合理、协调机制存在问题的概率最低，这是因为，精准扶贫是国家最重视的重大政策之一，是各政府的重点工作内容，大多数政府扶贫部门均组建了专门的机构，且各部门在处于努力统筹协调过程，以实现 2020 年全面建成小康社会，因而发生的概率较低（见表 3－13）。

在重大违法违纪方面。分别有 36 名和 32 名被调研者认为，审计移交、处理处罚均属于突发性风险，并不是每个单位每年都会发生该类案件，因而发生的概率均为中。同时，大多数审计移交的案件均被政府部门拓展检查，并处理了相关责任人、处罚了涉案资金。根据表3－9，多数情况下政府各部门依据审计移交的线索进行了处理处罚。只有2016年，审计移交的重大违法违纪人数/单位/金额/案件分别为14人/6单位/2件/88.32万元，低于政府部门处理处罚的21人/29单位/5件/1558.52万元，表明政府部门在审计线索基础上发现了更多问题。

表3－13　　扶贫履责风险发生的概率分级统计表①

风险	具体问题	概率分级	<5%（人数）	5%～20%（人数）	>20%（人数）
扶贫资金	未统筹使用资金	中	2	32	11
	违规使用扶贫资金	高	3	11	31
	扶贫资金闲置	高	2	10	33
	骗取或虚列扶贫资金	中	11	31	3
	超标或重复发放扶贫资金	低	33	9	3
项目建设运营	项目无法或没有投入使用	高	0	9	36
	项目未按规定招标	中	4	33	8
	配套设备未到位	低	35	7	3
	项目建造中存在问题	中	6	35	4
	项目未开工或进展缓慢	高	2	6	37
扶贫政策	政策制定不合理	中	7	36	2
	政策落实不到位	高	4	11	30
	政策缺失或多余	低	33	9	3

①　当有效调研人数45人的2/3以上达成一致意见时，我们就提出对应的概率或结果。

续表

风险	具体问题	概率分级	<5%（人数）	5%～20%（人数）	>20%（人数）
体制机制	执行机制存在问题	高	2	10	33
	决策机制存在问题	中	4	32	9
	监督机制存在问题	中	3	34	8
	机构设置不合理	低	31	8	6
	协调机制存在问题	低	30	11	4
重大违法违纪	审计移交	中	0	36	9
	处理处罚	中	0	32	13

（2）履责风险产生的后果

在扶贫资金风险方面。首先，分别有37名、36名、35名被调研者认为，扶贫资金闲置、未统筹使用资金、骗取或虚列扶贫资金的后果最大，一旦发生风险导致扶贫资金的损失将大于20%。因为，扶贫资金闲置会导致资金被滥用或挪为他用，造成的后果较大，资金到位但不统筹使用、窃取资金等行为，均会导致扶贫项目无法及早投入使用，扶贫人口无法受到普惠；其次，分别有35名和33名被调研者认为，违规使用扶贫资金、超标或重复发放扶贫资金等风险产生的后果为中，即风险导致扶贫资金损失在5%～20%。因为，在当前严格监督的情况下，扶贫单位将资金不用于扶贫而挪为他用的情况不多。同时，超标或重复发放扶贫资金的情况很少，且超标或重复发放的金额并不高，因而也不会造成太大的后果。

在项目建设运营风险方面。首先，分别有33名、35名、34名被调研者认为，项目无法或没有投入使用、项目未按规定招标、项目未开工或进展缓慢的后果均属于较大风险，意味着扶贫项目完全不能扶持被扶贫人口，使扶贫资金浪费、扶贫目标不能实现。其中，项目建造完毕，无法或没有投入使用，会浪费大量扶贫资金；

项目未按规定招标，可能会招到一些不具有资质的建造企业，使项目不能为贫困人口服务，或服务期限很短，导致巨大浪费；项目未开工或进展缓慢，也会导致项目未在规定时间内完成，至使项目不能发挥扶贫作用。其次，有32名被调研者认为，项目建造中存在问题等风险后果为中，即该风险会导致项目惠利不能覆盖所有被扶贫人口。最后，有31名被调研者认为，配套设备未到位风险后果为小，即配套设备未到位对被扶贫人口的负面影响较少，配套设备一般不会对项目建设产生较大影响，也很少影响扶贫进度。

在扶贫政策风险方面。首先，分别有36名和35名被调研者认为，政策制定不合理、政策缺失或多余的不利影响后果较大，即扶贫政策完全无法有效实施或难以实施。政策制定不合理会导致后面的执行出现较大问题，使国家的扶贫目标基本不会实现；政策缺失或多余会引发一些人钻空子，利用政策漏洞侵占扶贫资金，或为自己牟利。其次，有37名被调研者认为，政策落实不到位的不利影响后果为中，即会使部分扶贫政策无法有效实施，或实施起来有一定难度，这必然导致部门贫困群众无法获得资助，以致全面小康社会的目标难以实现（见表3－14）。

在体制机制风险方面。首先，有33名被调研者认为，决策机制存在问题的不利影响后果较大，即发生该种情况会增加运营成本，且运营成本占运营计划总成本百分比大于20%。因为，决策过程、决策制度及决策结论存在的问题，均会导致决策结果出现差错，并很难指导政府扶贫部门执行扶贫行动；其次，分别有36名、34名、32名、33名被调研者认为，执行机制存在问题、监督机制存在问题、机构设置不合理、协调机制存在问题的不利影响后果为中，即发生这些情况会增加运营成本，且运营成本占运营计划总成本百分比为5%～20%。决策机制对扶贫执行的影响大于这些体制机制问题，因为这些体制机制问题仅是某些政府部门做出的不当扶贫行为，而决策机制出现问题会影响许多政府部门做出错误的扶贫行为。

表 3-14　　扶贫履责风险产生的后果分级标准表

类型	具体风险	后果分级	小（人数）	中（人数）	大（人数）
扶贫资金	扶贫资金闲置	大	0	8	37
	违规使用扶贫资金	中	1	35	9
	未统筹使用资金	大	1	8	36
	骗取或虚列扶贫资金	大	2	8	35
	超标或重复发放扶贫资金	中	5	33	7
项目建设运营	项目无法或没有投入使用	大	4	8	33
	项目未按规定招标	大	4	6	35
	配套设备未到位	小	31	9	5
	项目建造中存在问题	中	8	32	5
	项目未开工或进展缓慢	大	3	8	34
扶贫政策	政策制定不合理	大	1	8	36
	政策落实不到位	中	2	37	6
	政策缺失或多余	大	4	6	35
体制机制	执行机制存在问题	中	3	36	6
	决策机制存在问题	大	4	8	33
	监督机制存在问题	中	2	34	9
	机构设置不合理	中	5	32	8
	协调机制存在问题	中	4	33	8
重大违法违纪	审计移交	大	0	5	40
	处理处罚	大	0	2	43

在重大违法违纪风险方面。分别有 40 名、43 名被调研者认为，一旦发生审计移交的人数、审计移交的涉案资金等情况，不利影响后果均较大。这意味着，相关责任人、相关单位受到了法律处罚，表明政府部门存在较大问题，对该单位不利影响较大。

（3）扶贫履责风险等级分类

根据表3－13的扶贫履责风险发生概率分级与表3－14的风险产生后果分级，本书对政府扶贫履责风险等级进行分类（见表3－15）。第一，政府扶贫的重大风险包括：违规使用扶贫资金（扶贫资金）、扶贫资金闲置（扶贫资金）、项目无法或没有投入使用（项目建设运营）、项目未开工或进展缓慢（项目建设运营），风险等级为Ⅸ。第二，重要风险包括：未统筹使用资金（扶贫资金）、项目建造中存在问题（项目建设运营）、监督机制存在问题（体制机制），风险等级为Ⅵ；骗取或虚列扶贫资金（扶贫资金）、项目未按规定招标（项目建设运营）、政策制定不合理（扶贫政策）、决策机制存在问题（体制机制）、审计移交（重大违法违纪）、处理处罚（重大违法违纪）等级为Ⅶ；政策落实不到位（扶贫政策）、执行机制存在问题（体制机制），风险等级为Ⅷ；政策缺失或多余（扶贫政策），风险等级为Ⅳ。第三，一般风险包括：超标或重复发放扶贫资金（扶贫资金）、机构设置不合理（体制机制）、协调机制存在问题（体制机制），风险等级为Ⅱ。第四，微小风险为，配套设备未到位（项目建设运营），风险等级为Ⅰ。

表3－15　　扶贫履责风险等级分类表

类型	具体风险	发生概率分级	产生后果分级	风险等级	风险分类
扶贫资金	违规使用扶贫资金	高	大	Ⅸ等级	重大风险
扶贫资金	扶贫资金闲置	高	大	Ⅸ等级	重大风险
项目建设运营	项目无法或没有投入使用	高	大	Ⅸ等级	重大风险
项目建设运营	项目未开工或进展缓慢	高	大	Ⅸ等级	重大风险
扶贫资金	未统筹使用资金	中	中	Ⅵ等级	重要风险
扶贫资金	骗取或虚列扶贫资金	中	大	Ⅶ等级	重要风险
项目建设运营	项目未按规定招标	中	大	Ⅶ等级	重要风险

续表

类型	具体风险	发生概率分级	产生后果分级	风险等级	风险分类
项目建设运营	项目建造中存在问题	中	中	Ⅵ等级	重要风险
扶贫政策	政策制定不合理	中	大	Ⅶ等级	重要风险
扶贫政策	政策落实不到位	高	中	Ⅷ等级	重要风险
扶贫政策	政策缺失或多余	低	大	Ⅳ等级	重要风险
体制机制	执行机制存在问题	高	中	Ⅷ等级	重要风险
体制机制	决策机制存在问题	中	大	Ⅶ等级	重要风险
体制机制	监督机制存在问题	中	中	Ⅵ等级	重要风险
重大违法违纪	审计移交	中	大	Ⅶ等级	重要风险
重大违法违纪	处理处罚	中	大	Ⅶ等级	重要风险
扶贫资金	超标或重复发放扶贫资金	低	中	Ⅱ等级	一般风险
体制机制	机构设置不合理	低	中	Ⅱ等级	一般风险
体制机制	协调机制存在问题	低	中	Ⅱ等级	一般风险
项目建设运营	配套设备未到位	低	小	Ⅰ等级	微小风险

3.2.4 精准扶贫审计的优化范围

根据风险管理理论，一般风险、微小风险对项目的危害不大，在管理中要特别注意重大风险、重要风险。因此，本书在精准扶贫审计客体履责风险评估结果基础上（见表3－15），删掉了对精准扶贫政策执行危害较小的一般风险、微小风险。将精准扶贫审计的范围界定为：①扶贫资金包括违规使用扶贫资金、扶贫资金闲置、未统筹使用资金、骗取或虚列扶贫资金；②项目建设运营包括项目无法或没有投入使用、项目未开工或进展缓慢、项目未按规定招标、项目建造中存在问题；③扶贫政策包括政策制定不合理、政策落实不到位、政策缺失或多余；④体制机制包括执行机制存在问题、决策机制存在问题、监督机制存在问题；⑤重大违法违纪包括审计移交、处理处罚。

3.3　精准扶贫监督主体与客体的良性互动

3.3.1　监督主体与客体的良性互动机理

相较于各级政府、扶贫办、各级财政部门、发改委、国资委、银保监会等政府部门，审计监督更具有独立性、再监督性、更具有结果监督与过程监督并重、更具有责任监督的特性，能够发现其他监督主体无法发现的问题，为其他监督主体提供线索与证据，进而为其他监督主体提出改善管理的建议。因此，国家审计可以成为监督主体之间连接的关键。同时，国家审计还能监督扶贫执行者的扶贫情况，以及贫困人口的脱贫状态，进而针对扶贫执行者的问题提出相应地建议，有利于推动全面小康社会的实现。因此，国家审计也是监督主体与客体链接的关键。具体互动机理如图 3－4 所示。

（1）审计调研中的良性互动

精准扶贫政策跟踪审计开展前，审计人员需要先确定该扶贫项

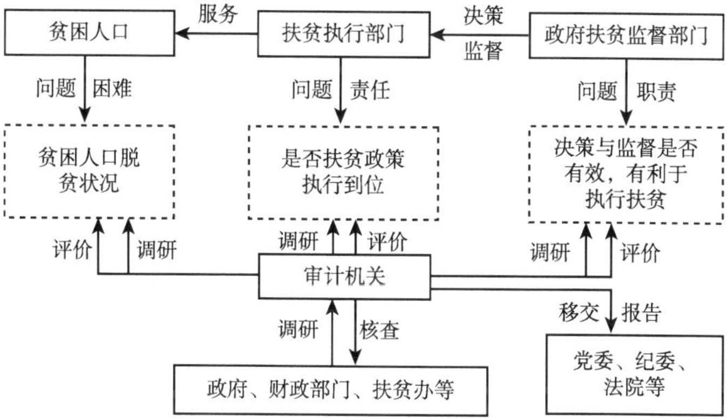

图 3－4　监督主体与客体的良性互动机理图

目的审计客体，即包括政府扶贫监督部门、扶贫执行部门、贫困人口等，然后再对这些部门进行调研，目的是获取精准扶贫政策实施现状、问题、困难等信息，为精准政策审计全覆盖奠定基础。其中：

首先，调研扶贫执行部门的目的是获取扶贫基本情况、扶贫资金与项目投资情况、体制机制情况、扶贫效果与整改效果等信息，进而分析贫困人口脱贫的困难及无法解决的原因。例如，本书研究团队在对宁夏兴仁镇高庄村、兴仁镇泰和村、东园镇金沙村等3个村的村干部与县扶贫办进行调研后发现，贫困人口无法脱贫的根本困难是因结婚彩礼过高而导致的无法脱贫，这是由当地的风俗习惯导致，即使3个村均采取了硼砂瓜等农产品产业项目发展经济，并获得了良好的增收效果（平均每户增加收入200元左右），但仍无法从本质上弥补彩礼过高导致的贫困现象。

其次，调研贫困人口的目的是了解其是否遭到不公平待遇或对扶贫干部是否存在不满，进而分析政府扶贫过程中存在的相关人员贪污、渎职等情况。例如，本书研究团队在对河南某地区调研时发现，一些村干部把扶贫资金分配给了不贫困人口，或存在贫困资金用于非扶贫目的基建的情况。可见，对贫困人口的调研能够为审计机关提供贪污腐败的怀疑证据，并能促使审计机关继续寻找确凿证据并移交给党委、纪委、法院等权力机关。

最后，调研政府、财政部门、扶贫办等政府扶贫监督部门，目的是获得扶贫政策、政策实施情况，扶贫中存在的屡审屡犯问题及无法解决的原因。本书研究团队在对宁波扶贫办工作人员进行调研时，发现梁弄采取了诸多措施帮助村民脱贫，如党委通过村级“小微权力”清单、健全村级决策责任和监督机制、修订《村规民约》等措施，使村民认识到任何人都不能违反规矩、必须依民约办事才能致富；各级政府在余梁公路基础上陆续投资近1亿元完成了梁朱线拓宽改造、浒溪线拓宽改造、集镇主要道路改造提升等路网工程，2015年又投资1500万元迁建了梁弄汽车站等（其他措施如附录3所示）。随后，审计机关需要依据调研结果进行梳理，总结应注意的关键风险点作为进一步审计的范围。

（2）审计评价中的良性互动

在调研基础上，从贫困人口处了解贫困人口脱贫状况，并对政府扶贫监督部门、扶贫执行部门进行评价，依据审计评价问题的结果来监督主体履职情况及课题履责情况。具体而言：

首先，审计机关对政府扶贫监督部门进行评价，将查实的决策与监督问题向政府、财政部门、扶贫办等决策层反映，并为政策制定者提供独立的意见，服务于国家治理。因为在脱贫攻坚战役中，这些部门既负责制定扶贫政策，又要监督扶贫政策的执行，如果扶贫政策存在问题，其就无法进行自监督。因而就需要审计机关作为独立的监督机构，为扶贫监督部门提供建议，这有助于扶贫政策的改善，进而解决政策或体制机制问题。在此过程中，整个审计监督过程应遵守“党委领导”下的审计机关服务、政府监管部门联合执法的互动规则。即需要政府、财政部门、扶贫办等决策与监督部门，主动将实施政策过程中出现的问题报告给审计机关，审计机关将查证后的问题与这些部门进行信息比对分析，随后以审计建议方式报告各级党委并要求联合监管部门改进措施、解决扶贫中存在的问题，对整改不利或引起重大损失的责任人应移交给党委、中纪委、法院等权力部门从而提升审计成果应用价值。同时，财政部门、扶贫办等其他监督主体也会向扶贫执行部门下达推进政策的整改对策、整改方案与处理结果，从而实现推动扶贫政策与合力监督体系间的传动。

其次，审计机关对扶贫执行部门进行评价，目的是检查扶贫执行部门执行扶贫政策是否到位。具体，审计机关将资金使用不到位、项目建设不到位、体制机制运行不到位、政策执行不到位以及违法违纪等问题，与相关部门进行交流并提出相应地建议。具体而言，一是与统计部门、财政部门监测的数据核实，检查统计局是否存在数据收集、数据分类管理、未及时反馈等问题，并提出统计分析上存在的问题及改善的建议；二是监督执行扶贫政策过程中是否存在违法违纪问题，即各个部门在实施执行政策时是否存在贪污扶贫资金、利用职权滥用扶贫资金、招标给资质不够的扶贫企业等问题，进而报告给监委等权力机关，以自身的权威性震慑政府执行部门，起到预防和治理的作用，促进扶贫政策和资金项目的有效运行；三是评价执行部门内部控制设计和运行是否存在缺陷，是否能够保障扶贫的资源安全、扶贫过程的顺利实施、部门内部扶贫绩效评价的可靠性等，目的是增强政府执行扶贫工作的可信度。

最后，审计机关评价贫困人口脱贫状况，并根据评价结果，对政府扶贫监督部门、扶贫执行部门提出改善建议。贫困人口是精准扶贫工作的具体受益者，是精准扶贫工作服务的对象。审计机关通过调查，确定好贫困人口的数量，梳理好贫困地区的具体问题并提出有价值的建议，对政府部门扶贫管理工作来说非常有用。因为，精准扶贫审计过程中，审计机关能够发现不同地区的贫困情况，并通过对比分析的方法，将有价值的扶贫方法、经验等传授给相关问题部门，以保证不同地区的扶贫政策措施被顺利执行。同时，一些扶贫项目也需要跨地区合作，由审计机关提出扶贫项目的合作建议，也更有利于不同地区的政府扶贫部门重视跨地区扶贫合作行动，进而促进具体扶贫政策与扶贫项目的融合。

（3）审计移交中的良性互动

审计监督具有责任监督的特征，能够通过监督将涉嫌犯罪的相关责任人与责任单位移送给法院、纪委等权力机关，以增加审计结果的运用。随后，这些权力机关在审计提供的线索基础上继续检查，以处理处罚扶贫领域的腐败责任人与责任单位。其中，党委、纪委主要对扶贫过程中违法犯罪的党员干部进行监督；司法机关主要对犯罪行为进行监督，起到威慑扶贫领域腐败的作用。同时，审计人员也受到党委、纪委、法院等权力机关的监督，如果审计人员在扶贫审计中存在串通舞弊的情况，也会受到这些权力机关的处理处罚，这在一定程度上保障了审计结果的公正性，提高了审计评价的可信度。

3.3.2 审计提供客体扶贫履责风险的改善建议

根据调查研究结果，如表3-15所示，重大风险包括违规使用扶贫资金、扶贫资金闲置、项目无法或没有投入使用、项目未开工或进展缓慢等；重要风险包括未统筹使用资金、骗取或虚列扶贫资金、项目未按规定招标、项目建造中存在问题、政策制定不合理、政策落实不到位、政策缺失或多余、执行机制存在问题、决策机制存在问题、监督机制存在问题、审计移交的人数、审计移交的涉案资金等；一般风险和微小风险包括超标或重复发放扶贫资金、机构设置不合理、协调机制存在问题、配套设备未到位等。审计机关一方面要对这些风险提出解决建议，另一方面也要根据风险的重要程度监督各部门降低风险的整改行动是否到位。特别，重大风险与重要风险，是审计机关持续监督的对象，审计机关需要在下次监督时持续关注此类问题的整改情况，并对未整改的部门提出持续整改建议。相反，对一般风险与微小风险也可以进行持续监督，但并不重点关注相关部门的整改，而是把审计监督重点放在重大风险与重要风险方面。

本书对审计署2015年5—12月“稳增长等政策措施贯彻落实跟踪审计结果公告”（共8份）、2016—2019年“国家重大政策措施落实情况跟踪审计结果”公告（共16份）报告进行归纳与分析，发现审计机关在以下方面提出了整改建议（如表3-16所示）：

（1）在重大风险方面

第一，审计机关对违规使用扶贫资金提出了归还与规范违规使用资金额，并追究责任人责任的整改建议，即一方面收回违规的扶贫资金，另一方面追究相关责任人责任。例如，2018 年第一季度“国家重大政策措施贯彻落实情况跟踪审计结果”发现，甘肃省华亭县在 2017 年将专项扶贫资金用于建设铺设花岗岩的休闲广场、生肖景观墙、喷泉等形象性景观。根据审计建议，甘肃省成立专案组，收回违规使用资金并追究了责任人责任。

表 3－16　扶贫履责风险的审计整改建议表

类型	具体风险	风险分类	整改建议
扶贫资金	违规使用扶贫资金	重大风险	归还违规使用资金、追究责任人责任
扶贫资金	扶贫资金闲置	重大风险	盘活扶贫资金
项目建设运营	项目无法或没有投入使用	重大风险	重新整治项目、加速项目使用效率
项目建设运营	项目未开工或进展缓慢	重大风险	优化资金配置、加快工期、落实责任等推动项目进展的相关整改建议
扶贫资金	未统筹使用资金	重要风险	加速资金周转、减少资金闲置
扶贫资金	骗取或虚列扶贫资金	重要风险	返还骗取或虚列扶贫资金，处理处罚相关单位或责任人
项目建设运营	项目未按规定招标	重要风险	清理不符合资质的施工单位
项目建设运营	项目建造中存在问题	重要风险	解决问题、追究责任人责任
扶贫政策	政策制定不合理	重要风险	修订完善相关制度
扶贫政策	政策落实不到位	重要风险	重新落实政策
扶贫政策	政策缺失或多余	重要风险	制定或减少相应政策
体制机制	执行机制存在问题	重要风险	重新执行扶贫工作
体制机制	决策机制存在问题	重要风险	改善决策过程、决策制度
体制机制	监督机制存在问题	重要风险	加强监督机制
重大违法违纪	审计移交	重要风险	审计移交的人员、金额等

续表

类型	具体风险	风险分类	整改建议
重大违法违纪	处理处罚	重要风险	政府部门处理处罚的人数、金额等
扶贫资金	超标或重复发放扶贫资金	一般风险	收回超标或重复发放的补贴
体制机制	机构设置不合理	一般风险	组建专业机构
体制机制	协调机制存在问题	一般风险	加强协调机制
项目建设运营	配套设备未到位	微小风险	增加配套设施

第二，审计机关对扶贫资金闲置提出了盘活扶贫资金的整改建议，即提出加快拨付或使用扶贫资金进度、统筹整合扶贫资金等建议激活闲置资金。例如，2016 年第二季度“国家重大政策措施贯彻落实情况跟踪审计结果”发现，38 个贫困县区或部门的 8.43 亿元扶贫资金存在闲置问题，审计要求相关部门和单位限期整改。随后，这些县利用加快拨付、统筹使用等方法盘活资金 6.07 亿元。

第三，审计机关对项目无法或没有投入使用提出了重新整治项目、加速项目使用的整改建议，即通过多种方法促进已建好项目的使用效率。例如，2016 年第二季度“国家重大政策措施贯彻落实情况跟踪审计结果”发现，黑龙江饶河县特色村寨项目、水稻基地项目等自 2014—2016 年建成后一直闲置，未能实现预期效益。根据审计意见，该县重新整治项目，将这些项目投入使用，提高了项目运营效率。

第四，审计机关对项目未开工或进展缓慢提出了优化资金配置、加快工期、落实责任等推动项目进展的相关整改建议，即通过多种方法促进项目建设进度提升。例如，2017 年第四季度“国家重大政策措施贯彻落实情况跟踪审计结果”发现，辽宁、吉林、四川等省 3 个县中的 4 个扶贫项目进展缓慢。为了加快进度，审计提出了分解落实整改责任、优化资金拨付、倒排工期加快进度的建议，极大地推动了这 4 个扶贫项目的建设进度。

（2）在重要风险方面

第一，审计机关对未统筹使用资金提出了统筹使用资金额的整改建议，即整合使用资金，加速资金周转、减少资金闲置。例如，2018 年第四季度“国家重大政策措施贯彻落实情况跟踪审计结果”发现，2018 年 6 个地区由于资金统筹整合推进不力等原因导致大量扶贫资金闲置。根据审计建议，这些地区采取了整合加速使用资金、统筹使用资金额等方法激活闲置资金。

第二，审计机关对骗取或虚列扶贫资金提出了返还骗取或虚列扶贫资金，处理处罚相关单位或责任人的整改建议，即相关单位归还资金，责任人受到相应处罚。例如，2018 年第二季度“国家重大政策措施贯彻落实情况跟踪审计结果”发现，2015—2018 年 1 月，14 个单位以虚报培训课时、提供虚假材料、虚报工程造价等方式，骗取套取扶贫资金 225.7 万元。审计将发现的线索移交给公安、法院等机关进一步审查，返还骗取或虚列的扶贫资金并对责任人定罪。

第三，审计机关对项目未按规定招标提出了追究相关责任人的整改建议，即处理相关责任人，并将不符合建筑资质的施工单位清理出场。例如，2017 年第四季度“国家重大政策措施贯彻落实情况跟踪审计结果”发现，四川甘洛县、广西靖西市扶贫项目招投标存在违规。根据审计建议，两市县一边清理不符合建筑资质的施工单位，一边对 3 名相关人员给予党内警告等处分。

第四，审计机关对项目建造中存在问题提出了解决项目建造中存在问题的整改建议，即一方面处理相关责任人，一方面避免问题再次发生。例如，2018 年第一季度“国家重大政策措施贯彻落实情况跟踪审计结果”发现，黑龙江两个县的 6 个产业扶贫项目存在未按设计施工、偷工减料、多支付工程款等问题。根据审计建议，黑龙江司法机关查处了相关责任人，且积极解决了上述项目建造中存在的问题。

第五，审计机关对政策制定不合理提出了修订完善相关制度的整改建议，即一些问题的发生与政策漏洞有关，修订完善相关制度能够从根本上解决这些问题。例如，针对上述 2016 年第二季度“国家重大政策措施贯彻落实情况跟踪审计结果”发现，存在 8.43 亿元扶贫资金闲置。审计机关认为出现该问题的原因是扶贫资金管理制度存在问题，没有限制资金闲置问题。随后，有关地方政府和单位修订完善了 23 项扶贫资金管理制度，这些制度的修订加速了资金的统筹使用。

第六，审计机关对政策落实不到位提出了重新落实政策的整改建议，即一些问题的发生是因为不能执行政策，重新落实政策能够从根本上解决这些问题。例如，2018 年第一季度“国家重大政策措施贯彻落实情况跟踪审计结果”发现，审计发现甘肃民政厅未根据政策对 49 个县未享受免电费政策的贫困户进行返还。民政厅根据审计建议，对这些低保户和特困户给予免电费优惠。

第七，审计机关对政策缺失或多余提出了制定或减少相应政策的整改建议，即补充缺失的政策或删除多余的政策，以防止责任人利用政策漏洞获利，并推动政府扶贫政策落实到位。例如，2017 年第一季度“国家重大政策措施贯彻落实情况跟踪审计结果”发现，由于缺少社会保障健康扶贫制度，内蒙古、乌拉特中旗和武川县的健康扶贫工程进展非常缓慢。因而审计机关提出了制定相应政策的建议。这促使内蒙古印发了《关于做好人力资源社会保障健康扶贫工作的通知》，对健康扶贫工作提出了明确要求。

第八，审计机关对执行机制存在问题提出了重新或加快执行扶贫工作的整改建议，即收回原来已执行的扶贫项目、资金等，重新执行正确的扶贫工作。例如，2017 年第四季度“国家重大政策措施贯彻落实情况跟踪审计结果”发现，宁夏原州区部分安置住房面积超标。审计建议收回超标住房，并重新安排选房。原州区不仅按照审计建议执行，还为购买安置房负担过重的贫困户安排就业，增加他们的住房购买力。

第九，审计机关对决策机制存在问题提出了改善决策过程、决策制度等整改建议，即改善决策机制，避免类似情况发生。例如，2018 年第一季度“国家重大政策措施贯彻落实情况跟踪审计结果”发现，由于黑龙江两个县前期调研不充分，相关部门一直未对建造旱田改水田项目进行决策，导致 350 万元扶贫资金闲置。根据审计建议，相关部门改善调研过程，并建立决策制度，使决策更加迅速准确。

第十，审计机关对监督机制存在问题提出了加强监督的整改建议，即利用监督减少收益少的项目。例如，2016 年第二季度“国家重大政策措施贯彻落实情况跟踪审计结果”发现，2013—2015 年，云南省麻栗坡县等 13 个县的 25 个扶贫项目审核把关不严，导致扶贫资金未达到预期效益。根据审计建议，县扶贫、财政等部门加强监督，淘汰不具备充分条件的项目。

第十一，审计机关对发现的责任人移交给其他权力机关，即审计机关移送线索给公安、纪委等权力机关。例如，2019 年第二季度“国家重大政策措施贯彻落实情况跟踪审计结果”发现，2017 年潘利明涉嫌挪用扶贫资金，2018 年审计署将此问题线索移送内蒙古自治区兴安盟纪委监委调查，2019 年纪委给予潘利明党内严重警告处分。

第十二，审计移交掌握的涉案资金线索交给法院、纪委等权力机关，这些机构根据审计机关移交的线索，进行深入审查并进行处理处罚。2019 年第二季度“国家重大政策措施贯彻落实情况跟踪审计结果”发现，2017 年徐长文等人涉嫌侵占 7 户“扶贫贷”分红款，2018 年审计署将此问题线索移送辽宁纪委，2018 年纪委要求相关责任人上交罚金并追究其责任。

（3）在一般风险与微小风险方面

第一，审计机关对超标或重复发放扶贫资金问题提出了收回超标或重复发放补贴的整改建议。例如，2018 年第二季度“国家重大政策措施贯彻落实情况跟踪审计结果”发现，2015—2018 年，8 个地区在补助资金发放过程中提高标准、扩大范围、政策重复。根据审计建议，这些地区收回超标或重复发放的补贴，并追究了相关责任人责任。

第二，审计机关对机构设置不合理问题提出了组建专业机构的整改建议。例如，2017 年第三季度“国家重大政策措施贯彻落实情况跟踪审计结果”发现，由于湖北巴东县未组建专业合作社，导致产业扶持项目缺乏技术指导，建成后经济效益差。根据审计建议，该县组建了专业合作社，减少了落果现象。

第三，审计机关对协调机制存在问题提出了加强协调机制的整改建议。例如，2018 年第二季度“国家重大政策措施贯彻落实情况跟踪审计结果”发现，因协作机制不到位，浙江省未对贵州省 31 个县进行帮扶，因此建议加强协作。浙江省政府根据审计建议，选派 202 名干部前往结对帮扶县，2018 年 4 月已达到 80 个县结对帮扶全覆盖。

第四，审计机关对配套设备未到位问题提出了增加配套设施的整改建议。例如，2016 年第四季度“国家重大政策措施贯彻落实情况跟踪审计结果”发现，陕西两个村移民搬迁安置项目，因供电等配套设施建设缓慢等原因，建成 1 年后搬迁对象仍未入住。根据审计建议，这两个村通过县政府帮助，增加了供电等配套设施。

第4章 精准扶贫审计耦合评价体系研究

4.1 精准扶贫审计耦合评价指标体系构建

4.1.1 精准扶贫审计耦合评价思路

（1）精准扶贫审计推动“六个精准”的过程

《建立精准扶贫工作机制实施方案》（国开办发〔2014〕30号）提出精准扶贫工作应从精准识别、精准扶持、精准管理、精准考核等四个方面展开。2015年习近平总书记又将精准扶贫提升到了新高度，提出了“六个精准”，即扶持对象精准、项目安排精准、资金使用精准、措施到户精准、因村派人精准、脱贫成效精准。事实上，“六个精准”是扶贫工作四方面的进一步延伸，亦是扶贫工作的具体目标。其中，精准识别的目标就是使扶持对象精准；精准扶持的目标是使项目安排、资金使用、措施到户、因村派人等都要到位；精准管理的目标是保障精准扶持的工作实现；精准考核的目标是倒逼精准识别、精准扶持、精准管理落实；精准识别、精准扶持、精准管理、精准考核四个方面共同推进脱贫成效精准。

精准考核的主体由管理部门与审计机关组成。管理部门实施的是管理权考核，这种监督的独立性不强，具体而言：一方面通过制定精准扶贫政策为扶贫部门提供实践指引；另一方面监督精准扶贫政策实施的合理性、合法性、有效性，当管理部门因自身行为存在问题以及扶贫政策本身存在缺陷时，管理部门的考核作用就会大大降低。审计机关接受人民委托，实施了独立的所有权监督，能对扶贫部门的运行进行检查，具有发现权力机构在责任履行、资源使用、运行机制等方面是否存在问题的作用（郑石桥，2014），也具有推动权力机构整改问题的能力（廖义刚等，2008）。可见，国家审计是国家精准扶贫考核体系中不可缺少的组成部分。2016 年审计署制定了《扶贫审计意见》，建议从扶贫政策落实、重大违纪违法、扶贫资金使用、扶贫项目建设运营、扶贫体制机制等准则层指标出发考核各部门精准扶贫效果。《脱贫政策落实意见》具有“审计揭示”“审计整改”两层含义。审计揭示是指审计机关通过实施必要的检查程序发现的扶贫执行与管理问题，包括扶贫政策落实问题、资金使用问题、项目建设运营问题、体制机制问题和重大违纪违法问题。审计整改是指审计机关跟踪检查扶贫问题的整改情况，即通过跟踪执行部门、管理部门规范资金使用、优化项目建设和运营、纠正政策落实、完善体制机制、查处重大违纪违法的情况，倒逼扶贫政策真正落地。

国家审计作为精准考核的重要部分，对脱贫成效精准与否具有双重监督功能，其路径如图 4－1 所示。首先，国家审计通过“审计揭示”披露精准扶贫中存在的政策、资金、项目、体制机制、违纪违法等问题，并反馈给扶贫执行部门与扶贫管理部门，以判断这些问题是否与精准识别不到位有关，是否与项目、资金、措施、派人等不准确有关，进而要求这些部门合力整改上述问题。其次，国家审计通过“审计整改”再次跟踪检查扶贫执行部门与管理部门对扶贫问题的整改情况。如果这些部门没有对已发现的问题进行整改，审计机关可要求其持续整改并再次跟踪；相反，如果这些部门对已发现的问题进行了整改，则表明审计机关的扶贫监督取得了效果，推动了扶贫政策落实。最后，国家审计对扶贫工作进行“审计揭示”与“审计整改”。具体而言：一方面发现扶贫工作问题；另一方面跟踪扶贫工作问题是否得到改善，以实现精准识别及项目、资金、措施、派人精准等扶贫目标，进而精准提升脱贫成效。

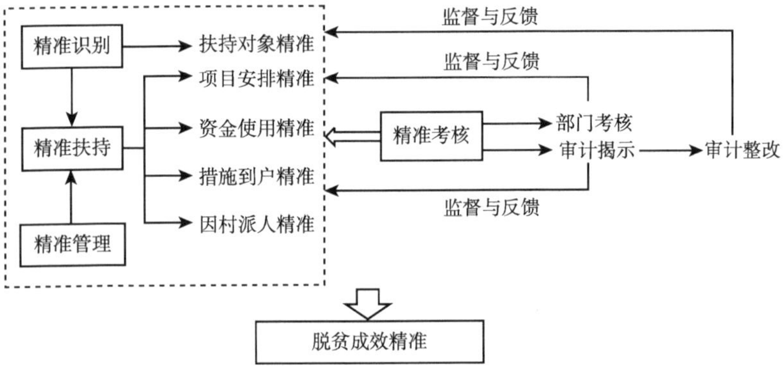

图 4－1　精准扶贫政策跟踪审计推动“六个精准”的路径图

（2）精准扶贫政策跟踪审计耦合指标构建思路

由上述分析可知，国家审计主要通过“审计揭示”“审计整改”来倒逼“六个精准”实现。其中，审计揭示是审计机关对精准扶贫政策实施效果进行的检查，主要通过对政策落实、资金使用、项目建设运营等方面的检查来揭示问题。同时，扶贫部门与管理部门在使用资金、实施项目、执行政策过程中会产生一些体制机制问题或违法违纪人员，审计机关还需进一步揭示这些深层次问题，只有解决这些深层次问题，资金、项目及政策问题才能得到根本改善；审计整改是审计机关对发现问题的跟踪检查，即跟踪资金、项目、政策、体制机制与重大违纪违法问题是否得到整改与处理。

两者之间的耦合关系如图 4－2 所示。审计揭示与审计整改是一个耦合网络中的两面，两者之间既存在一一对应关系，也存在互相影响的关系。首先，审计揭示的问题与审计整改的问题相对应，即审计揭示的问题是资金使用问题、项目建设和运营问题、政策落实问题、体制机制问题、重大违法违纪问题，相对应的整改问题是资金使用审计规范、项目建设和运营审计优化、政策落实审计纠正、体制机制审计完善、重大违纪违法审计查处。其次，审计揭示的问题如果发生的变化，相应地审计整改的问题也就会发生变化，即揭示什么问题，什么问题就会是审计整改重点检查的内容。例如，当审计发现资金使用问题的金额较大、问题单位较多时，审计整改检查的重点就会是各扶贫单位的资金使用情况，其目的是降低资金使用的风险，进而减少危害扶贫资金的案件发生。再次，审计整改的问题变化，相应地审计揭示的问题也会发生变化。当扶贫部门整改了资金、项目、政策、体制机制、重大违法违纪等问题后，就会对扶贫部门产生威慑作用，即如果下次再出现这些问题还会被要求整改，这可能导致处理处罚或其他成本发生。因而，当扶贫部门整改了一些问题后，下次审计时揭示的类似问题也会减少。最后，审计揭示与审计整改还存在一种特殊的耦合关系，这与“屡审屡犯”现象有关。即如果审计揭示的问题不被扶贫部门整改，或扶贫部门整改后再次发生。那么，审计整改检查就会着重监督这些问题，并通过重大违纪违法审计查处、移交来倒逼扶贫部门纠正这些问题。

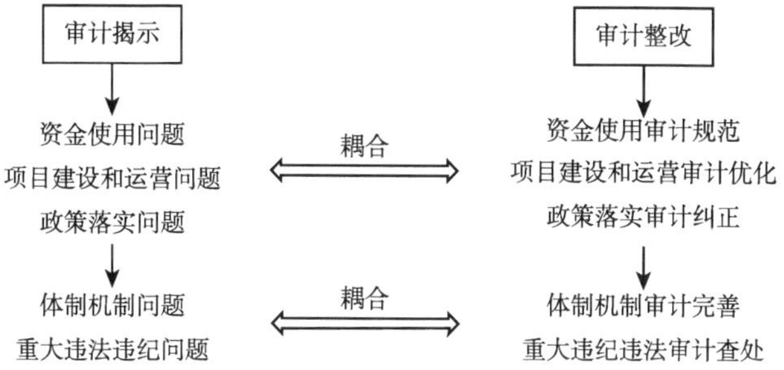

图4-2 精准扶贫政策跟踪审计耦合指标构建思路图

4.1.2 精准扶贫审计耦合评价理论指标体系构建

根据上述分析，精准扶贫政策跟踪审计耦合评价理论体系包括精准扶贫政策实施效果评价理论体系与审计机关扶贫监督绩效评价理论体系。这两个体系具有耦合关系（如图4-2所示），共同组成了政府的整体扶贫绩效，即精准扶贫政策实施效果评价理论体系主要用于评价扶贫单位的政策实施效果；审计机关扶贫监督绩效评价理论体系的目标是评价审计监督对扶贫绩效的提升程度（见表4-1）。

表4-1 精准扶贫政策跟踪审计耦合评价理论体系构建表

精准扶贫政策实施效果评价理论指标体系		审计机关精准扶贫监督绩效评价理论指标体系	
准则层	指标层	准则层	指标层
资金使用体系	扶贫资金闲置金额	资金使用审计规范体系	盘活扶贫资金额
	违规使用扶贫资金额		归还与规范违规使用资金额
	未统筹使用资金额		统筹使用资金额
	骗取或虚列扶贫资金额		返还骗取或虚列扶贫资金额
	超标或重复发放扶贫资金额		收回超标或重复发放的补贴额
项目建设和运营体系	项目无法或没有投入使用数量	项目建设和运营审计优化体系	加速项目使用数量
	项目未按规定招标数量		追究相关责任人数量
	配套设备未到位数量		增加配套设施数量
	项目建造中存在问题数量		解决项目建造中存在问题的数量
	项目未开工或进展缓慢的数量		推动项目进展的数量
政策落实体系	政策制定不合理数量	政策落实审计纠正体系	修订完善相关制度数量
	政策落实不到位数量		重新落实政策数量
	政策缺失或多余数量		制定或减少相应政策数量

续表

精准扶贫政策实施效果评价理论指标体系		审计机关精准扶贫监督绩效评价理论指标体系	
准则层	指标层	准则层	指标层
体制机制运行体系	执行机制存在问题数量	体制机制审计完善体系	重新或加快执行扶贫工作数量
	决策机制存在问题数量		改善决策过程或制度数量
	监督机制存在问题数量		加强监督机制的数量
	机构设置不合理数量		组建专业机构数量
	协调机制存在问题数量		加强协调机制的数量
重大违纪违法体系	审计移交的人数	重大违纪违法审计查处体系	政府部门处理的人员
	审计移交的涉案资金		政府部门处罚的涉案资金
	审计移交的单位数		政府部门处理的单位
	审计移交的案件数		政府部门处理的案件

本书第 3 章对国家重大政策措施落实情况跟踪审计进行了统计分析。结果发现，各扶贫单位在精准扶贫政策实施过程中存在扶贫资金问题、项目建设运营问题、扶贫政策相关问题、体制机制问题、重大违法违纪问题。其中，①扶贫资金问题主要包括扶贫资金闲置、未统筹使用资金、骗取或虚列扶贫资金、违规使用扶贫资金、超标或重复发放扶贫资金等（见表 3 –5）。②项目建设运营问题主要包括项目无法或没有投入使用数量、项目未按规定招标数量、配套设备未到位数量、项目建造中存在问题数量、项目未开工或进展缓慢等（见表 3 –6）。③扶贫政策相关问题主要包括政策落实不到位、政策制定不合理、政策缺失或多余等（见表 3 –7）。④体制机制问题包括机构设置不合理、决策机制存在问题、执行机制存在问题、监督机制存在问题、协调机制存在问题等（见表 3 –8）。⑤重大违法违纪包括移交的人数、涉案资金、单位数、案件数等（见表 3 –9）。

根据精准扶贫政策实施效果评价理论指标体系，本书设计了包括资金使用审计规范、项目建设和运营审计优化、政策落实审计纠正、体制机制审计完善、重大违纪违法审计查处等在内的审计机关扶贫监督绩效评价理论指标体系。具体而言：①资金使用审计规范包括盘活扶贫资金（对应扶贫资金闲置）、归还与规范违规使用资金（对应违规使用扶贫资金）、统筹使用资金（对应未统筹使用资金）、返还骗取或虚列扶贫资金（对应骗取或虚列扶贫资金）、收回超标或重复发放的补贴（对应超标或重复发放扶贫资金）。②项目建设和运营审计优化包括加速项目使用（对应项目无法或没有投入使用）、追究相关责任人（对应项目未按规定招标）、增加配套设施（对应配套设备未到位）、解决项目建造中存在问题（对应项目建造中存在问题）、推动项目进展（对应项目未开工或进展缓慢）。③政策落实审计纠正包括修订完善相关制度（对应政策制定不合理）、重新落实政策（对应政策落实不到位）、制定或减少相应政策（对应政策缺失或多余）等。④体制机制审计完善体系包括重新或加快执行扶贫工作（对应执行机制存在问题）、改善决策过程或制度（对应决策机制存在问题）、加强监督机制（对应监督机制存在问题）、组建专业机构（对应机构设置不合理）、加强协调机制（对应协调机制存在问题）等。⑤重大违纪违法审计查处体系包括政府部门处理的人员（对应审计移交的人数）、政府部门处罚的涉案资金（对应审计移交的涉案资金）、政府部门处理的单位（对应审计移交的单位数）、政府部门处理的案件（对应审计移交的案件数）等。

4.1.3 精准扶贫审计耦合评价指标体系筛选

根据前文构建的精准扶贫政策跟踪审计耦合评价理论体系，本书利用审计署 2015—2019 年发布的精准扶贫政策跟踪审计报告（共 24 份），先从资金、项目、政策、体制机制和重大违纪违法五个方面出发整理数据，再运用 SPSS20.0 软件对上述指标体系进行最适指标筛选。具体筛选过程如下：第一，先对精准扶贫政策跟踪审计耦合评价理论体系的各准则层体系进行 KMO 检验，验证其是否适合因子分析；第二，再根据碎石图和先前 KMO 检验的结果确定各准则层体系的指标个数；第三，通过因子旋转后获得最终指标体系，并获得该体系的解释总方差，说明选取指标体系的适当性。

（1）KMO 检验

根据 KMO 检验，本书得到精准扶贫政策跟踪审计耦合评价体系各准则层的 KMO 值。如表 4－2 所示，所有准则层的 KMO 值均大于 0.600，表明筛选后的指标均通过了检验。其中，在精准扶贫政策实施效果评价指标体系中，重大违纪违法体系的 KMO 值最高，达到 0.746；资金使用体系次之，为 0.639；政策落实体系和体制机制运行体系稍低，分别为 0.627 和 0.616；项目建设和运行体系最低，为 0.604。而审计机关监督绩效评价指标体系中，重大违纪违法审计查处体系的 KMO 值最高，为 0.702；资金使用审计规范体系次之，为 0.672；政策落实审计纠正体系和体制机制审计完善体系稍低，分别为 0.615 和 0.611；项目建设和运营审计优化体系最低，为 0.605。

表 4－2　　KMO 检验表

精准扶贫政策实施效果评价指标体系					
准则层	资金使用体系	项目建设和运营体系	政策落实体系	体制机制运行体系	重大违纪违法体系
KMO	0.639	0.604	0.627	0.616	0.746
审计机关精准扶贫监督绩效评价指标体系					
准则层	资金使用审计规范体系	项目建设和运营审计优化体系	政策落实审计纠正体系	体制机制审计完善体系	重大违纪违法审计查处体系
KMO	0.672	0.605	0.615	0.611	0.702

(2) 碎石检验

基于KMO检验，利用所选取的指标画出碎石图。碎石图的点数代表指标的个数。同时，根据碎石图形状可以对主成分分析的适用性进行判断，即碎石图曲线弯曲越明显越适宜进行主成分分析；相反，如果碎石图从初期就近似为一条直线，表明不适合进行主成分分析。

如图4-3所示，在精准扶贫政策实施效果评价指标体系中，资金使用体系包括4个指标；政策落实体系包括3个指标；重大违法违纪体系包括3个指标；项目建设和运营体系包括4个指标；体制机制运行体系包括3个指标。此外，重大违纪违法体系的碎石图态势整体较为陡峭，政策落实体系和体制机制运行体系碎石图的弯曲程度相对低于前者，而资金使用体系和项目建设和运营体系碎石图的弯曲程度稍弱，但整体仍较为弯曲。总体而言，上述各准则层碎石图态势均较为弯曲，适宜进行主成分分析。

如图4-4所示，在审计机关精准扶贫监督绩效评价指标体系中，资金使用审计规范体系包括4个指标；政策落实审计纠正体系包括3个指标；重大违法违纪审计查处体系包括3个指标；项目建设和运营审计优化体系包括4个指标；体制机制审计完善体系包括3个指标。此外，重大违纪违法审计查处体系、政策落实审计纠正体系和体制机制审计完善体系的碎石图态势均呈陡坡状。而资金使用审计规范体系和项目建设和运营审计优化体系碎石图的弯曲程度相对弱于前者。总体而言，上述各准则层碎石图态势均较为弯曲，适宜进行主成分分析。

(3) 精准扶贫政策跟踪审计耦合评价指标的筛选结果

通过上述指标体系筛选过程，本书共筛选出5个准则层、17个指标层。该结果与表3-13扶贫履责风险等级结果基本一致，即删除了一般风险指标（超标或重复发放扶贫资金、机构设置不合理、协调机制存在问题）和微小风险指标（配套设备未到位），保

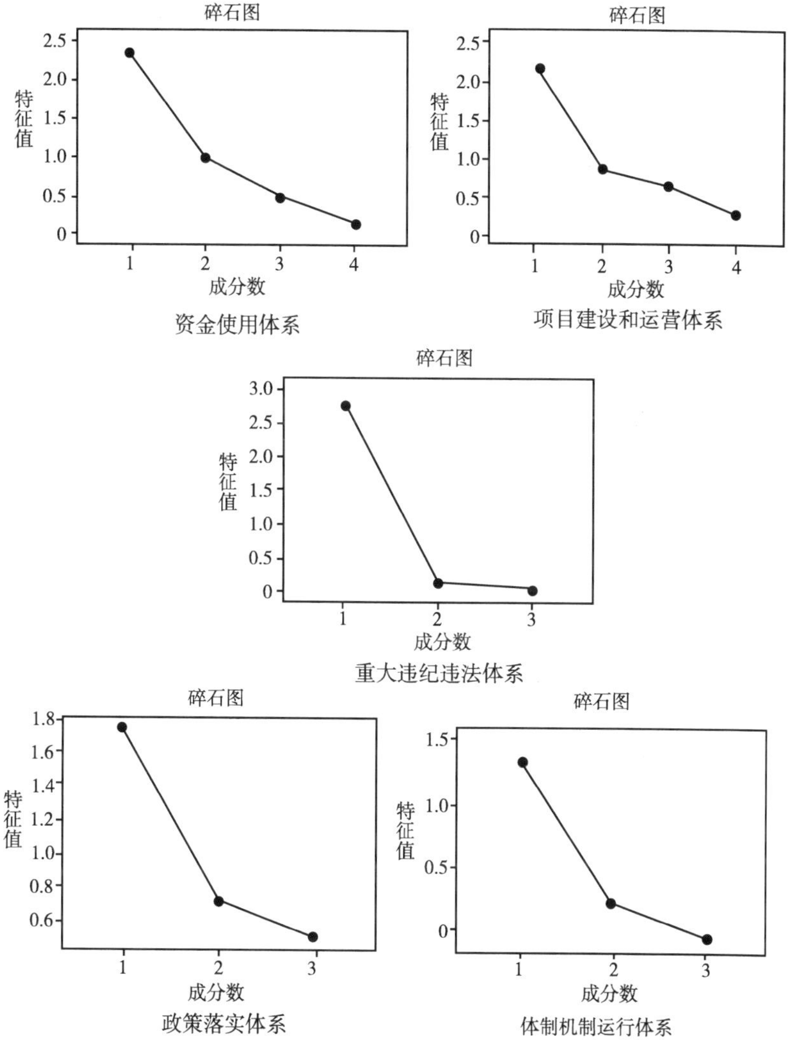

图 4－3　精准扶贫政策实施效果评价指标体系的碎石图

留了重大风险与重要风险指标，证实了表 3－13 中被访者意见的可靠性。

如表 4－3 所示，在精准扶贫政策实施效果评价指标体系中：

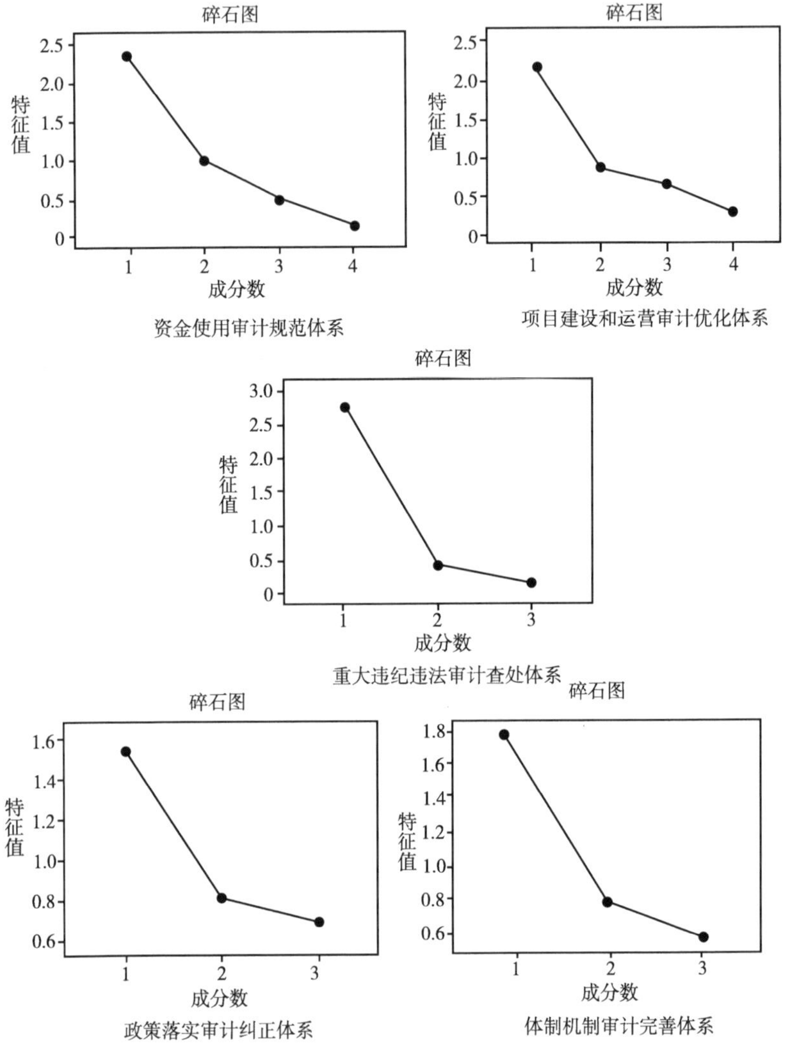

图 4－4　审计机关精准扶贫监督绩效评价指标体系的碎石图

①资金使用体系包括扶贫资金闲置金额、违规使用扶贫资金额、未统筹使用资金额和骗取或虚列扶贫资金额；②项目建设和运营体系包括项目无法或没有投入使用数量、项目未按规定招标数量、项目

建造中存在问题数量和项目未开工或进展缓慢数量；③政策落实体系包括政策制定不合理数量、政策落实不到位数量和政策缺失或多余数量；④体制机制运行体系包括执行机制存在问题数量、决策机制存在问题数量和监督机制存在问题数量；⑤重大违纪违法体系包括审计移交的人数、审计移交的单位数和审计移交的案件数。

表4-3　　精准扶贫政策跟踪审计耦合评价指标筛选结果表

精准扶贫政策实施效果评价指标体系		审计机关精准扶贫监督绩效评价指标体系	
准则层	指标层	准则层	指标层
资金使用体系	扶贫资金闲置金额	资金使用审计规范体系	盘活扶贫资金额
	违规使用扶贫资金额		归还与规范违规使用资金额
	未统筹使用资金额		统筹使用资金额
	骗取或虚列扶贫资金额		返还骗取或虚列扶贫资金额
项目建设和运营体系	项目无法或没有投入使用数量	项目建设和运营审计优化体系	加速项目使用数量
	项目未按规定招标数量		追究相关责任人数量
	项目建造中存在问题数量		解决项目建造中存在问题的数量
	项目未开工或进展缓慢的数量		推动项目进展的数量
政策落实体系	政策制定不合理数量	政策落实审计纠正体系	修订完善相关制度数量
	政策落实不到位数量		重新落实政策数量
	政策缺失或多余数量		制定或减少相应政策数量
体制机制运行体系	执行机制存在问题数量	体制机制审计完善体系	重新或加快执行扶贫工作数量
	决策机制存在问题数量		改善决策过程或制度数量
	监督机制存在问题数量		加强监督机制的数量
重大违纪违法体系	审计移交的人数	重大违纪违法审计查处体系	政府部门处理的人员
	审计移交的单位数		政府部门处理的单位
	审计移交的案件数		政府部门处理的案件

在审计机关精准扶贫监督绩效评价指标体系中：①资金使用审计规范体系包括盘活扶贫资金额、归还与规范违规使用资金额、统筹使用资金额和返还骗取或虚列扶贫资金额；②项目建设和运营审

计优化体系包括加速项目使用数量、追究相关责任人数量、解决项目中存在问题的数量和推动项目进展的数量；③政策落实审计纠正体系包括修订完善相关制度数量、重新落实政策数量和制定或减少相应政策数量；④体制机制审计完善体系包括重新或加快执行扶贫工作数量、改善决策过程或制度数量和加强监督机制的数量；⑤重大违纪违法审计查处体系包括政府部门处理的人员、政府部门处理的单位和政府部门处理的案件。

（4）精准扶贫政策跟踪审计耦合评价指标体系的解释总方差

依照体系对应的相关矩阵和指标间的显著性水平（相关矩阵见附录4），计算求得精准扶贫政策跟踪审计耦合评价指标体系的解释总方差。如表4-4所示，在精准扶贫政策实施效果评价指标体系中，共能提取6个成分，且其旋转平方和载入后解释的总方差为85.787%，解释程度高，说明筛选后的指标可解释该体系；在审计机关精准扶贫监督绩效评价指标体系中，共能提取6个成分，且旋转平方和载入后解释的总方差为78.928%，解释程度高，说明筛选后的指标可解释该体系。

表4-4　精准扶贫政策跟踪审计耦合评价指标体系的解释总方差表

精准扶贫政策实施效果评价指标体系的解释总方差									
成分	初始特征值			提取平方和载入			旋转平方和载入		
	合计	方差的%	累积%	合计	方差的%	累积%	合计	方差的%	累积%
1	4.176	24.564	24.564	4.176	24.564	24.564	3.493	20.549	20.549
2	3.646	21.447	46.011	3.646	21.447	46.011	2.741	16.126	36.675
3	2.216	13.034	59.045	2.216	13.034	59.045	2.488	14.637	51.312
4	1.843	10.844	69.888	1.843	10.844	69.888	2.202	12.952	64.264
5	1.576	9.272	79.161	1.576	9.272	79.161	1.874	11.024	75.288
6	1.126	6.626	85.787	1.126	6.626	85.787	1.785	10.499	85.787

续表

审计机关精准扶贫监督绩效评价指标体系的解释总方差									
成分	初始特征值			提取平方和载入			旋转平方和载入		
	合计	方差的%	累积%	合计	方差的%	累积%	合计	方差的%	累积%
1	3.791	22.297	22.297	3.791	22.297	22.297	3.013	17.723	17.723
2	2.711	15.948	38.245	2.711	15.948	38.245	2.469	14.524	32.247
3	2.316	13.623	51.868	2.316	13.623	51.868	2.439	14.346	46.592
4	1.971	11.591	63.459	1.971	11.591	63.459	2.096	12.332	58.925
5	1.578	9.280	72.739	1.578	9.280	72.739	1.836	10.799	69.723
6	1.052	6.189	78.928	1.052	6.189	78.928	1.565	9.205	78.928

4.2 精准扶贫审计评价指标体系耦合度检验

4.2.1 耦合度和耦合协调度检验方法

耦合度是用于描述两个及两个以上系统之间相互影响的程度，通过耦合度检验可以了解多个子系统间不同时间刻度或空间刻度下的趋势变化情况，即决定总系统由无序走向有序的趋势。在此基础上，添加协调指数以计算耦合协调度，用以评判各系统间的协调发展程度。精准扶贫政策实施效果和审计机关精准扶贫监督绩效不可能完全一致，但是二者间的耦合度却可能相同。这表明，在不同的时间刻度下，精准扶贫政策实施效果和审计机关精准扶贫监督绩效都可以达到较好的耦合度。换言之，不同的政策实施都有与之契合的审计监督绩效。然而，仅仅通过耦合度很难全面反映两者之间的整体情况与协调程度。我们在评价精准扶贫政策实施效果和审计机关精准扶贫监督绩效的过程中，不仅需要考虑二者在不同时间刻度下的耦合情况，还需要考虑在该时间刻度下的协调程度，以此来评价动态耦合程度。因此，本书构建了“精准扶贫政策实施效果——审计机关精准扶贫监督绩效”系统的耦合度模型和耦合协调度模型。具体公式如下：

$$x_{ij}=\begin{cases}(X_{ij}-\beta_{ij})/(\alpha_{ij}-\beta_{ij}),x_{ij}\text{ 具有正向功效}\\(\alpha_{ij}-X_{ij})/(\alpha_{ij}-\beta_{ij}),x_{ij}\text{ 具有逆向功效}\end{cases} \quad (4-1)$$

$$U_i=\sum_{j=1}^{n}\lambda_{ij}x_{ij},\sum_{j=1}^{n}\lambda_{ij}=1,i=1,2 \quad (4-2)$$

$$C=2\times\sqrt{(U_1\times U_2)}/(U_1+U_2) \quad (4-3)$$

$$T=aU_1+bU_2 \quad (4-4)$$

$$D=\sqrt{C\times T} \quad (4-5)$$

耦合度模型的建立首先要确定其功效函数。设 $X_{ij}(i=1,2;j=1,2,\cdots,n)$ 为第 i 子系统的第 j 指标数值，$i=1$ 表示精准扶贫政策实施效果系统，$i=2$ 表示审计机关精准扶贫监督绩效系统。α_{ij}、β_{ij} 是系统稳定界限的上、下限值，根据已有研究（曾繁清等，2017；从晓男，2019），分别以最大值和最小值确定系统稳定界限的上、下限值。根据公式（4－1）确定标准化的功效系数 x_{ij} 为变量 X_{ij} 对系统的功效贡献值，反映指标的整体满意程度，且 $x_{ij}\in[0,1]$，0 为最不满意，1 为最满意。再者，根据所计算得到的功效贡献值，依据物理学中的容量耦合概念及容量耦合系统模型，确定系统耦合值的范围为 $C=[0,\ 1]$。设 U_1、U_2 分别代表精准扶贫政策实施效果和审计机关精准扶贫监督绩效的综合序参量，x_{ij} 为序参量 j 对子系统 j 的功效，λ_{ij} 为序参量对应的权重①，综合序参量通过公式（4－2）的线性加权求和法得到。参照曾繁清等（2017）的做法，综合序参量 U_1、U_2 与系统耦合度 C 的函数表达式可以设定为公式

① 本书精准扶贫政策跟踪审计耦合评价中所包含的双子系统之间的无明显优劣或重要性差距，则该部分序参量权重设置相同。

(4-3)。最后，为更好反映精准扶贫政策实施效果和审计机关精准扶贫监督绩效的整体发展水平，则需通过计算其协调指数来求得相应的耦合协调度。如公式（4-4）和公式（4-5）所示，D为耦合协调度，C为耦合度，T为“精准扶贫政策实施效果——审计机关精准扶贫监督绩效”的综合协同指数。参考逯进等（2014）的做法，因a、b参数分别代表精准扶贫政策实施效果和审计机关精准扶贫监督绩效，且这两个子系统在整个系统中的重要程度为同等重要，因而取$a=b=0.5$，并确定$T\in(0, 1)$，以保证$D\in(0, 1)$。

4.2.2 耦合度和耦合协调度检验结果

本书基于审计署2015—2019年政策跟踪审计报告中的精准扶贫数据，利用上述公式，得到表4-5的精准扶贫政策跟踪审计耦合评价指标体系耦合度分析结果。具体而言：①参考魏金义等（2015）的耦合阶段判别标准（见表4-6），高水平耦合阶段的耦合度均需大于0.800。如表4-5所示，耦合度C值从2015—2019年分别为0.989、0.927、0.998、0.978、0.816，均大于0.8，均处于高水平耦合阶段。②在耦合协调度方面，代入前述所得的耦合度和协调指数，求得每一年份的耦合协调度。根据魏金义等（2015）的研究，当耦合协调度>0.500，即为协调，数值越大越协调。从2015—2019年，耦合协调度D值分别为0.773、0.717、0.658、0.654、0.617，均超过0.5，表明各年度达到耦合协调。

表4-5 精准扶贫政策跟踪审计耦合评价指标体系耦合度分析表

年份	耦合度C值	协调指数T值	耦合协调度D值	情况	耦合协调程度
2015	0.989	0.604	0.773	>0.500	协调
2016	0.927	0.555	0.717	>0.500	协调
2017	0.998	0.434	0.658	>0.500	协调
2018	0.978	0.438	0.654	>0.500	协调
2019	0.816	0.467	0.617	>0.500	协调

表 4-6　　耦合阶段与判别标准表

耦合阶段	低水平耦合阶段	颉颃阶段	磨合阶段	高水平耦合阶段
耦合度值	(0.000, 0.300]	(0.300, 0.500]	(0.500, 0.800]	(0.800, 1.000]

可见，根据耦合度和耦合协调度检验结果，精准扶贫政策实施效果和审计机关精准扶贫监督绩效这双子系统间存在较强的耦合关系，即精准扶贫政策实施效果评价体系与审计机关精准扶贫监督绩效评价体系间协调、发展的情况，评价审计机关精准扶贫监督绩效的目的是，提升审计机关监督能力，进而倒逼精准扶贫政策实施效果提升；反之，扶贫部门整改精准扶贫政策实施问题，也能反映审计机关监督效果。

4.3　精准扶贫审计耦合评价方法及权重确定

4.3.1　理论分析

目前，关于精准扶贫政策跟踪审计评价方法的文章多采用层次分析法（AHP 法），如李静等（2019）借助 AHP 法，从压力、状态、响应三方面选取具体指标构建扶贫审计评价体系；刘博等（2019）利用 AHP 法，从精准识别、精准施策、精准帮扶和精准脱贫等四维视角构建精准扶贫绩效审计评价指标体系。传统 AHP 法由 Staay（1980）提出，在面临复杂问题从定性到定量转变的过程中起到了巨大作用，是一种完整、系统的决策与分析方法。但李德清等（2004）提出，虽然 AHP 法能使变量在各个领域中多次变通与迭代后得到最终评估分数，为社会与经济的发展提供了巨大贡献，但是层次分析法依然存在因素权重固定，进而无法应对复杂系统中因要素相互作用而使相对排序混乱的情况。AHP 法不够完善的主要原因在于，这一方法无法处理准则与指标间可能存在的动态问题。例如，审计机关只要能够在检查中发现更多地问题，就可以得到较好的评价得分。但可能“屡审屡犯”问题，即审计机关没有关注发现问题指标与整改指标间存在的动态关系，使其真实效益较低。最终导致审计人员不重视整改，只关注查出的问题梳理；或者，上级机关也无法了解审计机关的真实效益，使审计工作质量无法得到有效监督。

与此不同，变权层次分析法能够解决传统 AHP 法存在的准则与指标间的动态联系问题。该方法引入传统的变权理论思想，能够有效地解决传统层次分析法的固定权重问题，即在专家确定权重的基础上，利用真实数据修正专家给予的权重，使变权后的权重与真实结果更加接近。变权层次分析法的核心内容在于：因素状态值的变化会引起因素本身权重的变化，从而适应不同决策对响应因素的要求（李洪兴，1995）。该方法可以解决上述审计机关忽略整改问题的情况，即利用整改真实值矫正评价结果。变权层次分析法包括激励型变权与惩罚型变权两者，其中激励型变权侧重于对关键因素的激励，其对高水平单因素状态值的增加较为敏感，对低水平单因素状态值的减少反应迟钝；惩罚型变权则相反，其更为注重因素之间的均衡性，因此对低水平单因素状态值减少更为敏感，对高水平单因素状态值的增加反应迟钝；混合型变权兼备激励型和惩罚型变权的特征，在一定水平上对评价因素进行激励，低于一定水平则进行惩罚。

4.3.2　变权层次分析模型

本书参考温素彬（2010）、黄溶冰（2016）的研究，运用层次变权综合评价法对地方政府脱贫质量进行测度与评价。其基本原理为，评价因素的权重会根据其状态值的变化而随之发生变化，使权重能更好地体现因素在决策中的作用（李德清，2004）。具体而言，可以根据实际需要对某些因素进行“惩罚”或“激励”，同时也可以在因素之间进行均衡性处理。主要步骤如下：

（1）评价指标的标准化处理

在获取原始数据后，根据公式（4－6）和公式（4－7）对原始指标进行标准化处理，得到评价指标的因素状态值 x_{ij}，具体公式如下所示：

极大型指标：

$$x_{ij} = \frac{u_{ij}}{u_j^{\max}} \tag{4-6}$$

极小型指标：

$$x_{ij} = \frac{u_j^{\min}}{u_{ij}} \tag{4-7}$$

u_{ij}作为尚未进行数据处理之前的数据，而 x_{ij}则是处理完成后的数据。

（2）确定常权向量

针对指标层指标，利用层次分析法确定其权重，即通过向相关专家和学者发放调查问卷的方式得到指标层各项指标的常权向量。针对准则层指标，按照等权原则确定准则层的权重。我们将指标层的常权向量记为 $W_i = (w_{i1}, w_{i2}, \cdots, w_{ij}), (i = 1,2,\cdots,n; j = 1,2,\cdots, m)$，准则层的常权向量定义记为 $D = (d_1, d_2, d_3, d_4, d_5)$。

（3）确定状态变权向量和变权向量

根据表 4－1，精准扶贫质量评价指标体系分为准则层和指标层两个层次。将指标层指标的因素状态值定义为 $x_{ij}(i = 1,2,\cdots,n; j = 1,2,\cdots,m)$，因素状态向量定义为 $X_i = (x_{i1}, x_{i2}, \cdots, x_{ij})$；准则层指标的评价值定义为 $y_i(i = 1,2,3,4,5)$，因素状态向量定义为 $Y = (y_1, y_2, y_3, y_4, y_5)$。

第一，对于相同准则层下的各指标层指标，一旦出现指标值之间具有较大差异的情况，说明各因素状态值的均衡性较差，代表精准扶贫工作存在一定缺陷。因此，本书选用惩罚型状态变权向量来修正这一结果。

指标层的状态变权向量 $S_i(X)$ 可表示为①：

$$S_{ij}(x_i) = e^{-\delta(x_{ij}-\bar{x}_i)} \tag{4-8}$$

指标层的变权向量 $W_i(X)$ 可表示为：

$$W_i(X) = \frac{[w_{i1}S_{i1}(x_i),\cdots,w_{im}S_{im}(x_i)]}{\sum_{j=1}^{m} w_{ij}S_{ij}(x_i)} \tag{4-9}$$

第二，对于准则层我们也应当对其进行变权处理，但是准则层的处理原则与指标层相比存在一定差异。针对精准扶贫政策实施效果评价指标体系（资金使用体系 y_1；项目建设和运营体系 y_2；政策落实体系 y_3；体制机制运行体系 y_4；重大违纪违法体系 y_5），我们采用局部的惩罚型状态变权向量，一旦 y_1、y_2、y_3、y_4、y_5 低于一定水平时，给予惩罚，反之当 y_1、y_2、y_3、y_4、y_5 处于中间水平时，则既不惩罚也不激励。

$$S(y_i) = \begin{cases} e^{-(a-y_i)} & y_i < a \\ 1 & y_i \geqslant a \end{cases} \quad i = 1,2,\cdots,5 \tag{4-10}$$

精准扶贫政策实施效果准则层的变权向量 $W(Y)$ 可表示为：

$$W(Y) = \frac{[d_1S(y_1),\cdots,d_5S(y_5)]}{\sum_{i=1}^{3} d_iS_i(y)} \tag{4-11}$$

计算得出精准扶贫政策实施效果指标层和准则层的变权向量，分别记为 $W_i(X) = [W_{i1}(X),\cdots,W_{ij}(X)]$，$W(Y) = [W_1(Y),W_2(Y),W_3(Y),W_4(Y),W_5(Y)]$。

针对审计机关监督绩效评价指标体系（资金使用审计规范体

---

① 公式（4-8）中的 δ 为大于 0 的参数，代表对指标层之间不均衡性的惩罚力度，称为“惩罚水平”。公式（4-10）中的 a 为“惩罚水平”，公式（4-12）中的 b 为“激励水平”。

系 f_1；项目建设和运营审计优化体系 f_2；政策落实审计纠正体系 f_3；体制机制审计完善体系 f_4；重大违纪违法审计查处体系 f_5），建立混合型状态变权向量：若 f_1、f_2、f_3、f_4、f_5 低于一定水平，证明精准扶贫工作不到位，给予惩罚；若 f_1、f_2、f_3、f_4、f_5 高于一定水平，证明精准扶贫工作完成情况较好，给予激励；当 f_1、f_2、f_3、f_4、f_5 处于中间水平时，表明精准扶贫工作达到基本要求，既不惩罚也不激励。

$$S(f_i)=\begin{cases} e^{-(a-f_i)} & f_i < a \\ 1 & a \leqslant f_i < b \quad i=1,2,\cdots,5 \\ e^{(f_i-b)} & f_i \geqslant b \end{cases} \tag{4-12}$$

针对审计机关监督绩效评价体系指标层与准则层的变权向量 $W(Y)$ 可表示为

$$W(Y)=\frac{[d_1S(y_1),\cdots,d_3S(y_5)]}{\sum_{i=1}^{3} d_iS_i(y)} \tag{4-13}$$

计算得出审计机关监督绩效评价指标体系指标层和准则层的变权向量，分别记为 $W_i(X)=[W_{i1}(X),\cdots,W_{ij}(X)]$，$W(Y)=[W_1(Y),W_2(Y),W_3(Y),W_4(Y),W_5(Y)]$。

（4）综合评价得分

根据因素状态向量 X_i 以及常权向量 W_i，D，计算常权综合得分 z，具体公式如下：

$$y_i=\sum_{j=1}^{m}(x_{ij}\times W_i) \quad i=1,2,3,4,5 \tag{4-14}$$

$$z=\sum_{i=1}^{3}(y_i\times D) \tag{4-15}$$

首先，根据因素状态向量 X_i 和指标层的变权向量 $W_i(X)$ 可以计算得出因素状态向量 $Y=(y_1,y_2,y_3,y_4,y_5)$；其次，根据因素状态向量 Y 和准则层的变权向量 $W(Y)$ 计算得出变权综合得分 z。具体公式如下：

$$y_i = \sum_{j=1}^{m} [x_{ij} \times W_{ij}(X)] \quad i = 1,2,3,4,5 \tag{4-16}$$

$$z = \sum_{i=1}^{3} [y_i \times W_i(Y)] \tag{4-17}$$

4.3.3　信度检验

信度是指对同一事物或样本进行重复测量，检验所得结果的一致性程度，以此反映测量工具的稳定性、可靠性和被测特征真实程度的指标。一般多以内部一致性来表示所测对象信度的高低。本书基于上述所筛选指标构建相应的问卷（具体见附录 2），通过对精准扶贫审计有所了解和研究的高校学者、审计机关审计人员等 35 名专家学者发放调查问卷，得到各指标之间的重要性比较结果。所选专家是研究政策跟踪审计、扶贫审计的教授、学者，审计机关人员是曾经参与过精准扶贫审计的主审，故参与问卷调查者具有很强的代表性。根据所获取的结果形成判断矩阵，并采用和积法进行计算，即先将样本元素按列进行归一化处理，再将归一化后的矩阵同行相加，最后对所相加向量除以样本数得到权重向量。

同时，通过前述所计算的权重向量和列示的矩阵，对每份问卷调查结果形成的判断矩阵是否具有一致性进行检验，具体公式如下所示：

$$C.I. = \frac{\lambda_{MAX} - n}{n - 1} \tag{4-18}$$

$$C.R. = \frac{C.I.}{R.I.} \tag{4-19}$$

其中，λ_{MAX}是判断矩阵的最大特征值，$R.I.$ 为随机一致性指标。将判断矩阵的最大特征值与样本量计算可得 CI，再根据表 4 - 7 所示的随机一致性指标参考标准计算相应的 CR。$C.R. < 0.1000$ 可以认为调查结果是满意的，符合一致性检验，可通过信度检验

（专家打分的随机一致性汇总表格见附录5）。

表4-7　　随机一致性表

样本数	2	3	4	5	6	7
随机一致性（*R. I.*）	0.0000	0.5189	0.8638	1.0959	1.2550	1.3390

本书对收回的每一份调查问卷进行成对比较和一致性检验，各层次所确定的指标权重均需通过一致性检验，若存在问卷无法通过一致性检验的情况，将会跟该份问卷所填专家进行沟通，反映其中存在的问题并就问题达成一致后再重新填写问卷。在全部问卷确认无误并均检验通过的基础上，将每份问卷得到的结果进行算数平均处理，对处理后的各项结果也需进行一致性检验。检验通过后可用于后文的常权得分即变权得分计算。

表4-8是汇总平均后的精准扶贫政策跟踪审计耦合评价指标体系信度分析结果。结果可见，精准扶贫政策实施效果评价指标体系和审计机关精准扶贫监督绩效评价指标体系中的各准则层均通过了一致性检验（$CR<0.1$）。在精准扶贫政策实施效果评价指标体系中，重大违纪违法体系的 *CR* 最低，为0.0001[①]，政策落实体系的 *CR* 较低，为0.0008，体制机制运行体系和项目建设和运营体系的 *CR* 稍高，分别为0.0022和0.0294，资金使用体系的 *CR* 最高，为0.0344；而在审计机关精准扶贫监督绩效评价指标体系中，体制机制审计完善体系的 *CR* 最低，为0.0013，政策落实审计纠正体系的 *CR* 稍低，为0.0020，项目建设和运营审计优化体系和重大违纪违法审计查处体系的 *CR* 较高，分别为0.0056和0.0179，资金使用审计规范体系的 *CR* 最高，为0.0619。每名专家的一致性检验如附录5所示，$CR<0.1$，通过了一致性检验。

① 重大违纪违法的 *CI* 保留5位小数的值为0.00003，为使数据保留位数统一，则均保留4位小数，因而 *CI* 的值为0.0000，而其 *CR* 的值为0.0001。

表 4－8　精准扶贫政策跟踪审计耦合评价指标体系信度分析表

精准扶贫政策实施效果评价指标体系					
准则层	资金使用体系	项目建设和运营体系	政策落实体系	体制机制运行体系	重大违纪违法体系
CI	0.0296	0.0253	0.0004	0.0012	0.0000
CR	0.0344	0.0294	0.0008	0.0022	0.0001
审计机关精准扶贫监督绩效评价指标体系					
准则层	资金使用审计规范体系	项目建设和运营审计优化体系	政策落实审计纠正体系	体制机制审计完善体系	重大违纪违法审计查处体系
CI	0.0535	0.0048	0.0011	0.0007	0.0093
CR	0.0619	0.0056	0.0020	0.0013	0.0179

4.3.4　常权和变权分析

1. 常权分析

（1）精准扶贫政策实施效果评价指标体系

如表 4－9 所示，在精准扶贫政策实施效果评价指标体系中，经专家协商达成一致意见，即资金使用体系、项目建设和运营体系、政策落实体系、体制机制运行体系、重大违纪违法体系等都同等重要，应当赋予相同的权重 0.2000。其中，资金使用体系中违规使用扶贫资金额的权重最高，为 0.4965，这是因为扶贫资金发生最多的问题是违规使用扶贫资金，许多被审计单位存在违规使用资金的情况，将会使扶贫资金不能真正用于扶贫项目，进而对扶贫效果产生影响。扶贫资金闲置金额的权重次之，为 0.2538，从 2015—2019 年均存在扶贫资金闲置问题，其覆盖的年份较广，因为诸多单位每年均存在没有较好地利用财政拨款的扶贫资金的现象，该问题属于屡审屡犯问题，因此赋予权重稍高。未统筹使用资金额和骗取或虚列扶贫资金额的权重稍低，分别为 0.1157 和 0.1340，这是因为该项指标的权重相对低于前述两项指标。

表 4－9　精准扶贫政策跟踪审计耦合评价指标体系常权结果表

精准扶贫政策实施效果评价指标体系				审计机关精准扶贫监督绩效评价指标体系			
准则层	权重	指标层	权重	准则层	权重	指标层	权重
资金使用体系	0. 2000	扶贫资金闲置金额	0. 2538	资金使用审计规范体系	0. 2000	盘活扶贫资金额	0. 2882
		违规使用扶贫资金额	0. 4965			归还与规范违规使用资金额	0. 4413
		未统筹使用资金额	0. 1157			统筹使用资金额	0. 1172
		骗取或虚列扶贫资金额	0. 1340			返还骗取或虚列扶贫资金额	0. 1533
项目建设和运营体系	0. 2000	项目无法或没有投入使用数量	0. 3913	项目建设和运营审计优化体系	0. 2000	加速项目使用数量	0. 3705
		项目未按规定招标数量	0. 0673			追究相关责任人数量	0. 0666
		项目建造中存在问题数量	0. 1584			解决项目建造中存在问题的数量	0. 1456
		项目未开工或进展缓慢的数量	0. 3830			推动项目进展的数量	0. 4173
政策落实体系	0. 2000	政策制定不合理数量	0. 2893	政策落实审计纠正体系	0. 2000	修订完善相关制度数量	0. 2546
		政策落实不到位数量	0. 2812			重新落实政策数量	0. 3266
		政策缺失或多余数量	0. 4295			制定或减少相应政策数量	0. 4188
体制机制运行体系	0. 2000	执行机制存在问题数量	0. 2637	体制机制审计完善体系	0. 2000	重新或加快执行扶贫工作数量	0. 2751
		决策机制存在问题数量	0. 2621			改善决策过程或制度数量	0. 2763
		监督机制存在问题数量	0. 4742			加强监督机制的数量	0. 4486
重大违纪违法体系	0. 2000	审计移交的人数	0. 3045	重大违纪违法审计查处体系	0. 2000	政府部门处理的人员	0. 3432
		审计移交的单位数	0. 3886			政府部门处理的单位	0. 3507
		审计移交的案件数	0. 3069			政府部门处理的案件	0. 3061

项目建设和运营体系中项目无法或没有投入使用与项目未开工或进展缓慢的权重分列第一和第二，分别为 0.3913 和 0.3830。因为项目建设运营发生最多的问题是项目无法或没有投入使用，诸多被审计单位存在项目无法或没有投入使用的情况，这将导致扶贫资金的浪费，影响扶贫项目真正发挥作用；而项目未开工或进展缓慢发生的问题也较多，且覆盖的年份较广，一些单位没有较好地推动项目建设，对项目建设不利。项目建造中存在问题数量的权重，为 0.1584。这是因为，虽然项目建造中存在未按设计施工、偷工减料、多支付工程款等问题时有发生，但影响程度低于项目无法或没有投入使用与项目未开工或进展缓慢，因而权重分配次之。项目未按规定招标发生的权重最低，为 0.0673，因为该情况发生的概率低于上述三个问题，因而赋予的权重较低。

政策落实体系中政策缺失或多余的权重最高，为 0.4295。缺少政策是指本应出台措施但未按规定出台措施，继而直接影响扶贫效果，即扶贫单位无政策可以依赖，就会滥用扶贫资金，且会产生腐败现象；政策多余是指出台了新的政策，而未取消老政策，使责任人在执行中容易依赖老的政策实施扶贫行为，容易发生舞弊与腐败。因为这两种情况导致的后果非常严重，会影响扶贫效果，因而赋予的权重最高。政策制定不合理与政策落实不到位的权重稍低，分别为 0.2893 和 0.2812。这两者重要程度相近，其原因在于，制度设置不合理或未有效落实政策等现象，只会影响部分扶贫过程，因而赋予的权重低于政策缺失或多余。

体制机制运行体系中监督机制存在问题的权重最高，为 0.4742。因为一些被审计单位一旦审核把关不严、监督不力，则较容易导致舞弊与腐败的滋生，产生的不利影响较大，因而赋予最高权重。执行机制存在问题和决策机制存在问题的权重相近，分别为 0.2637 和 0.2621。执行机制存在问题会导致资金闲置、存量资金盘活不到位、违规使用或套取资金、项目资金拨付慢、财政资金审批时间过长、审批事项下放不到位等情况，进而逐渐影响扶贫效果；决策机制存在问题会导致政府的决策过程、决策规划等未按程序进行，进而延缓或影响项目建造和资金使用。

重大违纪违法体系中审计移交的人数、审计移交的单位数、审计移交的案件数的权重相近，分别为0.3045、0.3886和0.3069。因为，审计移交是审计机关将在审计中发现的违法违纪人员、单位、案件、涉案资金移交给纪检、检查、监察等机关，这些指标均涉及违法犯罪行为，因而均较为重要。其中，移交单位的难度略高于其他两项指标，则其权重略高于其他两项指标。

（2）审计机关精准扶贫监督绩效评价指标体系

如表4-9所示，在审计机关精准扶贫监督绩效评价指标体系中，经专家协商达成一致意见，即资金使用审计规范体系、项目建设和运营审计优化体系、政策落实审计纠正体系、体制机制审计完善体系、重大违纪违法审计查处体系等都同等重要，应当赋予相同的权重0.2000。其中，资金使用审计规范体系中，归还与规范违规使用资金额的权重最高，为0.4413。因为违规使用扶贫资金的问题最多，而归还违规使用资金是针对违规使用扶贫资金的整改措施，如果该整改措施实施恰当，将会使违规使用资金的个人或单位还回扶贫资金，进而降低扶贫资金损失。因此，专家赋予此指标的权重最高。盘活扶贫资金额的权重次之为0.2882，因为盘活扶贫资金是针对扶贫资金闲置的整改措施，该措施的目标是激活闲置资金。扶贫资金闲置属于屡审屡犯现象，其整改措施应赋予次高权重。统筹使用资金额和返还骗取或虚列扶贫资金额的权重稍低，分别为0.1172和0.1533，其中统筹使用资金额是针对未统筹使用资金额的整改措施，而返还骗取或虚列扶贫资金额是骗取或虚列扶贫资金额的整改措施，未统筹使用资金额和骗取或虚列扶贫资金额的权重相对低于前述两项问题，因而赋予其整改措施的权重也不高。

项目建设和运营审计优化体系中，推动项目进展的数量的权重最高，为 0.4173。因为，推动项目进展是审计针对项目未开工或进展缓慢提出的整改措施，该措施的目标是采取加速资金周转与项目建造等方法推动项目进行。项目建设进展慢是项目建设中的主要问题，推动项目进展能够有效解决这一问题，因而赋予权重最高。加速项目使用的权重次之，为 0.3705。加速项目使用是审计针对项目无法或没有投入使用提出的整改措施，因为该措施能够解决已建设项目无法使用的问题，使项目尽快产生经济效益，因而给予较高的权重。解决项目建造中存在问题的权重为 0.1456，解决项目建造中存在问题是审计针对项目建造中存在问题提出的整改措施，因为项目建造中存在问题的数量低于项目未开工或进展缓慢和项目无法或没有投入使用，因此其整改措施的权重低于这两项问题整改措施的权重。追究相关责任人的权重最低，为 0.0666。追究相关责任人是审计针对项目未按规定招标提出的整改措施，但未按规定招标发生的概率较低，因而专家赋予该措施的权重较低。

政策落实审计纠正体系中，制定或减少相应政策的权重最高，为 0.4188。制定或减少相应政策是审计针对政策缺失或多余提出的整改措施，该措施的目标是有针对性地弥补政策缺失或多余的缺陷。因为，缺少政策或政策多余导致的后果非常严重，其整改措施能有效弥补该缺陷，因而赋予最高权重。重新落实政策的权重次之，为 0.3266。重新落实政策是审计针对政策落实不到位提出的整改措施，该措施的目标是对落实不到位的政策实施再次落实。因为，政策落实不到位是存在合理政策但未执行到位，但政策缺失或多余是政策制定存在问题，政策制定问题高于政策执行问题。而修订完善相关制度是审计针对政策制定不合理的整改措施，该措施的目标是对不合理政策进行完善。因为，政策制定不合理是指有政策，但政策随着扶贫深入而未进行适应性变化，继而影响部分政策执行效果。且修订完善相关制度所耗费的成本略低于重新落实政策，难度也相对较低，因而其赋予的权重略低于重新落实政策。因而修订完善相关制度的权重最低，为0.2546。

体制机制审计完善体系中，加强监督机制的权重最高，为0.4486。加强监督机制是审计针对监督机制存在问题提出的整改措施，该措施目标是利用监督机制控制可能发生的风险。因为，监督机制存在问题的数量较高，较容易导致舞弊与腐败，因而对其整改措施赋予最高权重。重新或加快执行扶贫工作和改善决策过程或制度的权重相近，分别为0.2751和0.2763，其中，重新或加快执行扶贫工作是审计针对执行机制存在问题提出的整改措施，该措施目标是采取更快、更优的扶贫行动以提升绩效；改善决策过程或制度是审计针对决策机制存在问题提出的整改措施，该措施目标是通过完善决策过程来提升扶贫效益。但上述两项问题导致舞弊的概率相近，但都低于监督机制问题，因而赋予的权重较为接近。

重大违纪违法审计查处体系中，政府部门处理单位的权重最高，为0.3507。因为，对于司法机关与纪委来说，处理处罚单位进行的难度较大，因此赋予权重最大。政府部门处理人员的权重次之，为0.3432。因为，在单个案件中大多涉及多位人员，对于司法机关与纪委来说，对其进行处理处罚的难度略大，因此赋予权重较大。政府部门处理案件的权重稍低，为0.3061。

2. 变权分析

为了防止不考虑基数带来与事实不符的情况，本书采用各指标的增长率作为评价指标，具体算法为（后一年指标—前一年指标）/前一年指标。由于原始数据范围为2015—2019年，经计算后，指标数据范围为2016—2019年。而变权是在常权基础上用真实数据修正而来，因此变权指标数据的范围为2016—2019年（见表4-10）。

（1）精准扶贫政策实施效果变权权重

在资金使用体系中，准则层的常权权重为0.2000，从2016—2019年的变权权重分别为0.1870、0.2061、0.2000和0.2000，这表明准则层权重在2016—2017年根据真实数据发生了变化。在指标层，

表 4－10　　精准扶贫政策实施效果变权权重表

准则层	2016	2017	2018	2019	指标层	2016	2017	2018	2019
资金使用体系	0. 1870	0. 2061	0. 2000	0. 2000	扶贫资金闲置金额	0. 3675	0. 1071	0. 2612	0. 2218
					违规使用扶贫资金额	0. 1720	0. 8305	0. 4672	0. 5002
					未统筹使用资金额	0. 2023	0. 0274	0. 1459	0. 1221
					骗取或虚列扶贫资金额	0. 2582	0. 0350	0. 1257	0. 1559
项目建设和运营体系	0. 2086	0. 2040	0. 2000	0. 2000	项目无法或没有投入使用数量	0. 7089	0. 1118	0. 3800	0. 3784
					项目未按规定招标数量	0. 1339	0. 0161	0. 0719	0. 0642
					项目建造中存在问题数量	0. 0433	0. 2709	0. 1702	0. 1530
					项目未开工或进展缓慢的数量	0. 1139	0. 6012	0. 3779	0. 4044
政策落实体系	0. 2034	0. 2263	0. 2000	0. 2000	政策制定不合理数量	0. 0992	0. 7299	0. 1019	0. 3195
					政策落实不到位数量	0. 5531	0. 1589	0. 0747	0. 3207
					政策缺失或多余数量	0. 3477	0. 1112	0. 8234	0. 3598
体制机制运行体系	0. 1924	0. 2263	0. 2000	0. 2000	执行机制存在问题数量	0. 0962	0. 1517	0. 2035	0. 6154
					决策机制存在问题数量	0. 0634	0. 6584	0. 2777	0. 1538
					监督机制存在问题数量	0. 8404	0. 1899	0. 5188	0. 2308
重大违纪违法体系	0. 2086	0. 1373	0. 2000	0. 2000	审计移交的人数	0. 3307	0. 3307	0. 2773	0. 2814
					审计移交的单位数	0. 3629	0. 3629	0. 4163	0. 4128
					审计移交的案件数	0. 3064	0. 3064	0. 3064	0. 3058

①2017—2019 年的变权权重中违规使用扶贫资金额的权重最高，分别为 0.8305、0.4672 和 0.5002。而该指标的常权权重也是最高，为 0.4965。②扶贫资金闲置金额的权重除 2016 年最高外，其余年份排名次之，其排序与常权权重一致，从 2016—2019 年分别为 0.3675、0.1071、0.2612 和 0.2218。扶贫资金闲置金额的常权权重为 0.2538，这表明各年度的变权权重根据真实值发生了变化。③未统筹使用资金额和骗取或虚列扶贫资金额的权重整体相近。其中，未统筹使用资金额从 2016—2019 年的变权权重分别为 0.2023、0.0274、0.1459 和 0.1221，而骗取或虚列扶贫资金额从 2016—2019 年的变权权重分别为 0.2582、0.0350、0.1257 和 0.1559。

在项目建设和运营体系中，准则层的常权权重为 0.2000，从 2016—2019 年的变权权重分别为 0.2086、0.2040、0.2000 和 0.2000，表明准则层权重在 2016—2017 年根据真实数据发生了变化。在指标层，①2017 年和 2019 年的变权权重中项目未开工或进展缓慢最高，分别为 0.6012 和 0.4004；2016 和 2018 年的变权权重中项目无法或没有投入使用最高，分别为 0.7089 和 0.3800。这两个指标的常权权重也是分列第一和第二，分别为 0.3913 和 0.3830，这表明项目未开工或进展缓慢与项目无法或没有投入使用这两个指标最为重要。②项目未按规定招标数量和项目建造中存在问题数量的变权权重整体上相对低于前述两项指标，其中，项目未按规定招标数量从 2016—2019 年的变权权重分别为 0.1339、0.0161、0.0719 和 0.0642，而项目建造中存在问题数量从 2016—2019 年的变权权重分别为 0.0433、0.2709、0.1702 和 0.1530。

在政策落实体系中，准则层的常权权重为 0.2000，从 2016—2019 年的变权权重分别为 0.2034、0.2263、0.2000 和 0.2000，这表明准则层权重在 2016—2017 年根据真实数据发生了变化。在指标层，①2018 年和 2019 年的变权权重中政策缺失或多余数量最高，分别为 0.6235、0.8234 和 0.3598，与常权权重排名一致，而

2016 年的变权权重中政策落实不到位的变权权重最高，为 0.5531，2017 年的变权权重中政策制定不合理的变权权重最高，为 0.7299，说明 2016 年政策落实不到位的真实数据使指标权重发生较大变化，而 2017 年政策制定不合理的真实数据使指标权重发生较大变化。②除 2018 年的指标变权权重排名与常权一致以外，其余 3 年的变权权重排名均与常权权重排名存在不同程度的变化，说明在政策落实体系中，真实数据对指标权重的影响程度较大。

在体制机制运行体系中，准则层的常权权重为 0.2000，从 2016—2019 年的变权权重分别为 0.1924、0.2263、0.2000 和 0.2000，这表明准则层权重在 2016—2017 年根据真实数据发生了变化。在指标层，①2016 年和 2018 年的变权权重中监督机制存在问题数量最高，分别为 0.8404 和 0.5188，与常权权重排名一致。②2017 年的变权权重中决策机制存在问题数量最高，为 0.6584，而 2019 年的变权权重中执行机制存在问题数量最高，为 0.6154，与常权权重排名有所区别，表明指标权重会根据真实数据有所变化。

在重大违纪违法体系中，准则层的常权权重为 0.2000，从 2016—2019 年的变权权重分别为 0.2086、0.1373、0.2000 和 0.2000，这表明准则层权重在 2016—2017 年根据真实数据发生了变化。指标层中，2016—2019 年的变权权重中审计移交的单位数最高，分别为 0.3629、0.3629、0.4163 和 0.4128，与常权权重排名一致。但总体而言，审计移交的人数、审计移交的单位数、审计移交的案件数的变权权重较为接近，这表明这些指标的重要程度总体差异不大。

（2）审计机关精准扶贫监督绩效变权权重

在资金使用审计规范体系中，准则层的常权权重为 0.2000，从 2016—2019 年的变权权重分别为 0.1924、0.2070、0.1760 和 0.2652，这表明准则层权重根据真实数据发生了变化（见表 4－11）。在指标层，①2016 年、2018 年和 2019 年的变权权重中归还与规范违规使用资金额的权重最高，分别为0.5573、0.4882和0.6627，与其常权权重排名一致，而2018年的变权权重中返还骗取或虚列扶贫资金额最高，为0.4251，这表明各年度的变权权重根据真实值发生了变化。②统筹使用资金额在2016年的变权权重中排名最低，为0.0200，归还与规范违规使用资金额在2017年的变权权重中排名最低，为0.0738，而返还骗取或虚列扶贫资金额在2018年和2019年的变权权重中排名最低，分别为0.0748和0.1027，表明变权权重排名与常权权重排名存在一定区别。

在项目建设和运营审计优化体系中，准则层的常权权重为0.2000，从2016—2019年的变权权重分别为0.1473、0.2195、0.1897和0.1332，这表明准则层权重根据真实数据发生了变化。在指标层：①2016年和2019年的变权权重中推动项目进展的数量和加速项目使用数量分列第一和第二，与常权权重排名一致，而在2017年中，加速项目使用数量和推动项目进展的数量变权权重分列第一和第二，在2018年中，推动项目进展的数量和追究相关责任的数量变权权重分列第一和第二，这表明各年度的变权权重根据真实值发生了变化。②除2018年外，追究相关责任人数量的变权权重均为最低，说明总体上符合常权权重打分中因为该指标重要性较低的说法。

在政策落实审计纠正体系中，准则层的常权权重为0.2000，从2016—2019年的变权权重分别为0.1935、0.2195、0.2155和0.2487，这表明准则层权重根据真实数据发生了变化。指标层中：①2018年的变权权重中制定或减少相应政策数量最高，为0.6103，与常权权重排名一致，而在2016年和2019年中，重新落实政策数量的变权权重最高，分别为0.5017和0.4800，在2017年中，修订完善相关制度数量的变权权重最高，为0.5942，这表明各年度的变权权重根据真实值发生了变化。②经过变权处理后，2016—2019年的变权权重指标排序均与常权权重的指标排序有所区别。

表 4－11　　审计机关精准扶贫监督绩效变权权重表

准则层	2016 年	2017 年	2018 年	2019 年	指标层	2016 年	2017 年	2018 年	2019 年
资金使用审计规范体系	0.1924	0.2070	0.1760	0.2652	盘活扶贫资金额	0.3639	0.3562	0.3149	0.0586
					归还与规范违规使用资金额	0.5573	0.0738	0.4882	0.6627
					统筹使用资金额	0.0200	0.1449	0.1281	0.1760
					返还骗取或虚列扶贫资金额	0.0588	0.4251	0.0748	0.1027
项目建设和运营审计优化体系	0.1473	0.2195	0.1897	0.1332	加速项目使用数量	0.3447	0.7938	0.0889	0.3446
					追究相关责任人数量	0.0583	0.0201	0.1229	0.0608
					解决项目建造中存在问题的数量	0.2072	0.0646	0.0770	0.1940
					推动项目进展的数量	0.3898	0.1215	0.7112	0.4006
政策落实审计纠正体系	0.1935	0.2195	0.2155	0.2487	修订完善相关制度数量	0.0352	0.5942	0.3090	0.2620
					重新落实政策数量	0.5017	0.2358	0.0807	0.4800
					制定或减少相应政策数量	0.4631	0.1700	0.6103	0.2580
体制机制审计完善体系	0.2956	0.1345	0.1601	0.1757	重新或加快执行扶贫工作数量	0.2706	0.2725	0.2864	0.2706
					改善决策过程或制度数量	0.2878	0.2785	0.2521	0.2878
					加强监督机制的数量	0.4416	0.4490	0.4615	0.4416
重大违纪违法审计查处体系	0.1711	0.2195	0.2588	0.1772	政府部门处理的人员	0.3951	0.1012	0.5848	0.3203
					政府部门处理的单位	0.1747	0.7615	0.1960	0.3131
					政府部门处理的案件	0.4302	0.1373	0.2192	0.3666

在体制机制审计完善体系中，准则层的常权权重为0.2000，从2016—2019年的变权权重分别为0.2956、0.1345、0.1601和0.1757，这表明准则层权重根据真实数据发生了变化。指标层中，①2016—2019年的变权权重中加强监督机制数量最高，分别为0.4416、0.4490、0.4615和0.4416，且加强监督机制数量的常权权重也最高，为0.4486，两者一致。②总体而言，重新或加快执行扶贫工作数量和改善决策过程或制度数量的变权权重相差不大，总体符合常权权重打分中因为上述两项指标重要性差距不大的说法。

在重大违纪违法审计查处体系中，准则层的常权权重为0.2000。从2016—2019年的变权权重分别为0.1711、0.2195、0.2588和0.1772，这表明准则层权重根据真实数据发生了变化。指标层中，①2017年的变权权重中政府部门处理的单位最高，为0.7615，与常权权重的排名一致，而在2016年和2019年中，政府部门处理的案件最高，分别为0.4302和0.3666，在2018中，政府部门处理的人员最高，为0.5848。②2016—2018年，政府部门处理的人员、政府部门处理的单位和政府部门处理的案件的变权权重相差变大，而在2019年中，政府部门处理的人员、政府部门处理的单位数和政府部门处理的案件的变权权重相差不大，均在0.3000～0.4000之间。

4.4 精准扶贫审计评价体系应用

4.4.1 数据来源与描述

国务院于2015年11月29日颁布了《关于打赢脱贫攻坚战的决定》，2016年1月国务院再次颁布《关于落实发展新理念加快农业现代化实现全面小康目标的若干意见》，均表明精准扶贫政策实施的迫切性。根据国家这一重大策略，审计署 2016 年发布了《关于进一步加强扶贫审计促进精准扶贫精准脱贫政策落实的意见》，2017 年又发布了《关于“十三五”期间定期报送扶贫审计工作有关情况的通知》以及《关于在打赢脱贫攻坚战中进一步加强扶贫审计的意见》，用以指导精准扶贫政策落实审计开展。在这些政策的指导下，审计署 2015 年 5—12 月发布了“稳增长等政策措施贯彻落实跟踪审计结果”公告（共 8 份），2016—2019 年发布了“国家重大政策措施落实情况跟踪审计”公告（16 份）。本书的数据来源于这些结果公告。考虑到既有基准水平差异，本书采用各指标的增长率作为评价指标，具体算法为（后一年指标—前一年指标）/前一年指标。随后，将计算精准扶贫绩效的指标进行逆向处理，即指标数值越高，扶贫绩效越好；而审计监督绩效的指标数值越高，审计监督绩效越好。

从审计署精准扶贫政策实施效果评价准则层的描述性统计分析可见（见表 4－12），2016—2019 年，项目建设和运营体系的平均值最大，为 0.0970，最大值与最小值之间相差 0.1775，表明项目建设和运营的实施效果增长情况在这 4 年间存在一定的差距，某些年份实施效果增长较好，而某些年份实施效果增长较差；资金使用体系的平均值次之，为 0.0945，最大值与最小值之间相差 0.1747，表明资金使用的实施效果增长稳定性情况略好于项目建设和运营，但各年间差距较大；重大违纪违法体系的平均值稍低，为 0.0926，最大值与最小值之间相差 0.2086，表明重大违纪违法体系虽然平均值低于资金使用体系，但因其最大值较大，导致其最大值与最小值之间的相差较大，因而其实施效果增长情况在这 4 年间也存在一定的差距；体制机制运行体系的平均值较低，为 0.0771，最大值与最小值之间相差 0.1767，表明体制机制运行在这 4 年间的实施效果绩效增长稳定性情况略好于上述 3 项体系，但各年份间仍存在一定的差距；政策落实体系的平均值最低，为 0.0731，最大值与最小值之间相差 0.1551，表明政策落实体系各年份间的实施效果增长稳定性情况略高于上述 4 项体系。从标准差方面看，资金使用体系、项目建设和运营体系、政策落实体系、体制机制运行体系和重大违纪违法体系的标准差值均小于 0.1000，其中，资金使用体系、项目建设和运营体系和重大违纪违法体系的标准差值介于 0.1000 ~ 0.0900，而政策落实体系和体制机制运行体系的标准差值介于 0.0800 ~ 0.0700。

表 4 – 12　审计署精准扶贫政策实施效果评价体系的准则层描述性统计分析表

准则层	最大值	最小值	平均值	标准差
资金使用体系	0.2000	0.0253	0.1073	0.0945
项目建设和运营体系	0.2000	0.0225	0.1104	0.0970
政策落实体系	0.1901	0.0350	0.0808	0.0731
体制机制运行体系	0.2000	0.0233	0.0884	0.0771
重大违纪违法体系	0.2086	0.0000	0.1278	0.0926

从审计署精准扶贫监督绩效评价准则层的描述性统计分析可见（见表 4 – 13），2016—2019 年，体制机制审计完善体系的平均值最大，为 0.1469，最大值与最小值之间相差 0.2956，表明体制机制审计完善的绩效增长情况在这 4 年间存在一定的差距，某些年份体制机制监督绩效增长较好，而某些年份体制机制监督绩效增长较弱；重大违纪违法审计查处体系的平均值次之，为 0.0791，最大值与最小值之间相差 0.1732，表明重大违纪违法审计查处的绩效增长稳定性情况略好于体制机制审计完善，但各年间差距较大；政策落实审计纠正体系的平均值稍低，为 0.0467，最大值与最小值之间相差 0.0731，表明政策落实审计纠正的绩效增长情况在这 4 年间也存在一定的差距；项目建设和运营审计优化体系的平均值较低，为 0.0202，最大值与最小值之间相差 0.0449，表明项目建设

和运营审计的各年份间绩效增长情况存在相对较少差距；资金使用审计规范体系的平均值最低，为 0.0197，最大值与最小值之间相差 0.0269，表明资金使用审计规范的绩效增长稳定性情况略高于上述 4 项体系。从标准差方面看，体制机制审计完善的标准差值大于 0.1000，而其余四项体系的标准差值均小于 0.1000，同样印证了前述的说法。

表 4-13　审计署精准扶贫监督绩效评价体系的准则层描述性统计分析表

准则层	最大值	最小值	平均值	标准差
资金使用审计规范体系	0.0375	0.0106	0.0197	0.0121
项目建设和运营审计优化体系	0.0453	0.0004	0.0202	0.0219
政策落实审计纠正体系	0.0845	0.0114	0.0467	0.0376
体制机制审计完善体系	0.2956	0.0000	0.0753	0.1469
重大违纪违法审计查处体系	0.1746	0.0014	0.0600	0.0791

4.4.2　精准扶贫政策实施效果得分分析

（1）实施效果评价体系常权得分分析

如表 4-12 所示，2016—2019 年，审计署精准扶贫政策实施效果评价体系的常权得分分别为 0.5582、0.4005、0.8144 和 0.8970，变权得分分别为 0.3387、0.1565、0.7343 和 0.8299，变权得分在不同程度上有所下降，但排名并未发生变化。表明得分在真实数值的调整下发生了改变，但改变的幅度未引起排名发生变化。

具体而言，2016 年，审计署精准扶贫政策实施效果的常权综合得分排名第三。首先，重大违纪违法体系较 2015 年有了明显的提升，为 0.2000，表明 2016 年的重大违纪违法实施效果优于 2015 年。其次，项目建设和运营体系和政策落实体系方面的效果提升相对低于重大违纪违法体系，分别为0.1013和0.0950。最后，体制机制运行体系和资金使用体系的效果提升分列第四位和第五位，分别为0.0838和0.0781，总体而言，2016年的5项体系实施效果较2015年均有较为明显地提升。

精准扶贫政策实施效果提升最低的年份为2017年。在该年，审计署发布了《关于“十三五”期间定期报送扶贫审计工作有关情况的通知》以及《关于在打赢脱贫攻坚战中进一步加强扶贫审计的意见》，该年是审计署重点审查精准扶贫政策实施效果的一年。从表4－12中可知，政策落实体系和体制机制运行体系的效果提升最为明显，分别为0.1209和0.1191。其次，资金使用体系和项目建设和运营体系的效果提升相对低于前述两项，分别为0.0813和0.0792。但2017年重大违纪违法的实施效果相较2016年而言，并未得到提升，表明2017年重大违纪违法的实施情况与2016年趋于一致。

随着精准扶贫工作的不断深入，2018年和2019年的实施效果相较前述年份而言，都有了明显的提升。其中，在2018年中，体制机制运行体系和项目建设和运营体系的实施效果提升最为明显，分别为0.2000和0.2000，表明该年在体制机制运行及项目建设运营方面实施良好。其次，资金使用体系的效果提升虽然低于前述两项体系，但高于以往年份，表明在前述年份的“问题—整改”这一循环流程下，资金使用方面的金额数有了一定的减少，资金整改初具成效。而在2019年，其精准扶贫实施效果有了进一步的提升，其中，资金使用体系、项目建设和运营体系、政策落实体系和重大违纪违法体系的实施效果提升最为明显，分别为0.2000、0.1889、0.1912和0.1815，表明国家针对精准扶贫冲刺阶段的“难脱贫”地区脱贫布局、连片特困区政策制定和计划安排、上下级层面统筹协调和政策实施能力等方面的处理趋于成熟。

（2）实施效果评价体系变权得分分析

为更好评价审计署精准扶贫政策实施效果，本书对指标体系常权得分进行了变权处理，具体得分结果和常变权得分变动如表4－14所示。根据结果可知，总体而言，通过变权处理后，各年份中各体系的得分均呈不同程度的上升和下降，其中得分变动较为明显的是2016年，在该年中，除重大违纪违法体系的得分上升外，其他体系的得分均有所下降，特别是体制机制运行体系，其得分下降幅度最大，为－72.20%；其次，项目建设和运营体系和资金使用体系下降幅度均超60%，而政策落实体系的下降幅度稍低，为－46.53%。表明除重大违纪违法体系以外，其他体系通过变权处理后均受到不同程度的“惩罚”。

在2017年中，除重大违纪违法体系得分无变化以外，其他体系得分均呈不同程度的下降。其中，项目建设和运营体系的得分下降幅度最大，为－71.59%。其次，资金使用体系和政策落实体系的得分下降幅度均超60%，而体制机制运行体系的得分则下降49.62%。整体上下降幅度略低于2016年。表明除重大违纪违法体系以外，其他体系通过变权处理后均受到不同程度的“惩罚”。而在2018年中，变权处理后所呈现的得分变化情况较前述年份略有不同。其中，政策落实体系得分下降幅度最大，为－69.11%，而其余4项体系中，资金使用体系和重大违纪违法体系略微有所下降，分别为－0.56%和－0.73%，项目建设和运营体系和体制机制运行体系则无变化。由此可得，2018年政策落实体系得分受真实数据影响程度较大，专家所赋予的指标权重经真实数据调整后变化幅度较大，继而使得分下降幅度较大。随着精准扶贫工作进入冲刺阶段，各级部门在精准扶贫工作方面已积累了丰富的经验。因此，在2019年中，通过变权处理后各体系得分的变化幅度整体上相对低于其他年份，其中，体制机制运行体系得分下降幅度最大，为－48.08%；项目建设和运营体系、政策落实体系和重大违纪违法体系得分略微有所下降，分别为－0.16%、－0.58%和－0.33%，而资金使用体系得分则没有变化。

表 4-14　审计署精准扶贫政策实施效果评价体系得分表

指标体系常权得分				
年份	2016	2017	2018	2019
资金使用体系	0.0781	0.0813	0.1785	0.2000
项目建设和运营体系	0.1013	0.0792	0.2000	0.1889
政策落实体系	0.0950	0.1209	0.1133	0.1912
体制机制运行体系	0.0838	0.1191	0.2000	0.1354
重大违纪违法体系	0.2000	0.0000	0.1227	0.1815
综合	0.5582	0.4005	0.8144	0.8970
排名	3	4	2	1
指标体系变权得分				
资金使用体系	0.0253	0.0265	0.1775	0.2000
项目建设和运营体系	0.0307	0.0225	0.2000	0.1886
政策落实体系	0.0508	0.0475	0.0350	0.1901
体制机制运行体系	0.0233	0.0600	0.2000	0.0703
重大违纪违法体系	0.2086	0.0000	0.1218	0.1809
综合	0.3387	0.1565	0.7343	0.8299
排名	3	4	2	1
常权变权得分变动				
资金使用体系	-67.61%	-67.40%	-0.56%	—
项目建设和运营体系	-69.69%	-71.59%	—	-0.16%
政策落实体系	-46.53%	-60.71%	-69.11%	-0.58%
体制机制运行体系	-72.20%	-49.62%	—	-48.08%
重大违纪违法体系	4.30%	—	-0.73%	-0.33%

4.4.3　审计署精准扶贫监督绩效评价指标得分

(1) 精准扶贫监督绩效评价体系常权得分分析

如表 4-15 所示，2016—2019 年，审计署精准扶贫监督绩效评价体系的常权得分分别为0.3407、0.4801、0.3575和0.1583，变权得分分别为0.3368、0.1961、0.2387和0.1158。变权得分在不同程度上有所下降，并且排名也发生一定变化。表明得分在真实数值的调整下发生了改变，并且改变的幅度引起排名变化。

表4-15　审计署精准扶贫监督绩效评价体系得分表

指标体系常权得分				
年份	2016	2017	2018	2019
资金使用审计规范体系	0.0541	0.0883	0.0248	0.0824
项目建设和运营审计优化体系	0.0007	0.1259	0.0997	0.0047
政策落实审计纠正体系	0.0552	0.1394	0.0653	0.0695
体制机制审计完善体系	0.2000	0.0020	0.0058	0.0000
重大违纪违法审计查处体系	0.0307	0.1245	0.1619	0.0018
综合得分	0.3407	0.4801	0.3575	0.1583
排名	3	1	2	4
指标体系变权得分				
资金使用审计规范体系	0.0152	0.0153	0.0106	0.0375
项目建设和运营审计优化体系	0.0004	0.0453	0.0318	0.0033
政策落实审计纠正体系	0.0114	0.0845	0.0174	0.0735
体制机制审计完善体系	0.2956	0.0014	0.0043	0.0000
重大违纪违法审计查处体系	0.0141	0.0497	0.1746	0.0014
综合得分	0.3368	0.1961	0.2387	0.1158
排名	1	3	2	4
常权变权得分变动				
资金使用审计规范体系	-71.90%	-82.67%	-57.26%	-54.49%
项目建设和运营审计优化体系	-42.86%	64.02%	-68.10%	-29.79%
政策落实审计纠正体系	-79.35%	-39.38%	-73.35%	5.76%
体制机制审计完善体系	47.80%	-30.00%	-25.86%	—
重大违纪违法审计查处体系	-54.07%	-60.08%	7.84%	-22.22%

具体而言，首先，2016 年，审计署精准扶贫监督绩效的常权综合得分排名第三，其中，体制机制审计完善体系较 2015 年有了明显的提升，为 0.2000，表明 2016 年的体制机制审计完善绩效明显优于 2015 年。其次，政策落实审计纠正体系和资金使用审计规范体系得分次之，分别为 0.0552 和 0.0541。最后，重大违纪违法审计查处体系和项目建设和运营审计优化体系的得分稍低，分别为 0.0307 和 0.0007，表明相较其他体系，国家审计在该年中对项目建设和运营和重大违纪违法方面的监督力度提升较弱。

2017 年是审计署精准扶贫监督绩效提升最为显著的一年。在该年，审计署发布了《关于“十三五”期间定期报送扶贫审计工作有关情况的通知》以及《关于在打赢脱贫攻坚战中进一步加强扶贫审计的意见》，对审计督促精准扶贫整改的要求做了补充和完善，使审计署对被审计单位提出整改意见时更具有针对性和合理性。因此，该年既是审计署重点审查精准扶贫政策实施效果的一年，也是重点对发现问题提出整改意见的一年。从表 4 – 15 中可知，项目建设和运营审计优化体系、政策落实审计纠正体系和重大违纪违法审计查处体系得分均大于 0.1000，表明项目建设和运营、政策落实和重大违纪违法的审计监督力度较前年提升明显。而体制机制审计完善体系的得分为该年最低，为 0.0020，表明该年在体制机制方面的审计监督力度较前年提升较弱。

虽然审计署精准扶贫监督绩效提升在 2018 年和 2019 年有所放缓，但随着精准扶贫工作的不断深入、精准扶贫政策跟踪审计经验的不断积累，其监督绩效仍不断提升。其中，在 2018 年中，重大违纪违法审计查处体系和项目建设和运营审计优化体系的提升最为明显，分别为 0.1619 和 0.0997，表明该年审计署在重大违纪违法和项目建设和运营方面所投入的审计力度较大，所提出的整改意见能得到较大程度的落实。政策落实审计纠正体系和资金使用审计规范体系得分次之，分别为 0.0653 和 0.0248；体制机制审计完善体系最低，为0.0058。在2019年中，得分呈两级分化，一方面，资金使用审计规范体系和政策落实审计纠正体系得分较高，分别为0.0824和0.0695，表明上述两项体系较2018年均有一定程度的提升；另一方面，项目建设和运营审计优化体系、体制机制审计完善体系和重大违纪违法审计查处体系得分较低，分别为0.0047、0.0000和0.0018，表明上述3项体系较2018年审计监督绩效提升较低。综上，随着精准扶贫政策跟踪审计制度的不断完善和审计人员精准扶贫政策跟踪审计经验的不断积累，审计人员已足够掌握充分的能力来处理精准扶贫政策跟踪审计工作所遇到的问题。

（2）精准扶贫监督绩效评价体系变权得分分析

本书对审计署精准扶贫监督绩效得分进行变权处理，汇总得到如表4－15所示的审计署精准扶贫监督绩效变权得分和准则层常变权得分变化情况。总体而言，通过变权处理后，各年份中各体系的得分均呈不同程度的上升和下降，其中得分变动较为明显的是2016年，在该年中，政策落实审计纠正体系和资金使用审计规范体系得分下降幅度较大，分别为－79.35%和－71.90%；重大违纪违法审计查处体系和项目建设和运营审计优化体系得分下降幅度略低于上述两项，分别为－54.07%和－42.86%。而体制机制审计完善体系经变权处理后得分有所上升，即受到一定程度的“激励”。

在2017年中，资金使用审计规范体系、项目建设和运营审计优化体系和重大违纪违法审计查处体系经变权处理后得分下降较为明显，分别为－82.67%、－64.02%和－60.08%，而政策落实审计纠正体系和体制机制审计完善体系较前述3项体系而言，下降幅度略低，分别为－39.38%和－30.00%。整体上，2017年的常变权得分变动略低于2016年。在2018年中，除重大违纪违法审计查处体系经变权处理后得分有所上升外，其余4项体系均有所下降，即受到不同程度的“惩罚”，其中，政策落实审计纠正体系下降幅度最大，为－73.35%，项目建设和运营审计优化体系次之，

为 -68.10%，资金使用审计规范体系和体制机制审计完善体系稍低，分别为 -57.26% 和 -25.86%。随着精准扶贫政策跟踪审计工作的不断深入，审计机关已积累了丰富的精准扶贫政策跟踪审计经验。因此，2019 年的各项准则层常权得分经变权处理后，变化幅度明显小于前述年份，其中资金使用审计规范体系下降幅度较大，为 -54.49%，项目建设和运营审计优化体系和重大违纪违法审计查处体系次之，分别为 -29.79% 和 -22.22%。其余两项体系中，体制机制审计完善体系无变化，而政策落实审计纠正体系则上升 5.76%。

4.4.4 审计署精准扶贫政策跟踪审计评价综合得分结果分析

为综合分析精准扶贫政策实施效果和审计署精准扶贫监督绩效，本书将前述各年份、各准则层得分相加汇总得到表 4-16 与表 4-17 的精准扶贫政策实施效果评价指标体系得分比较表和审计署精准扶贫监督绩效评价指标体系比较表，并绘制了精准扶贫政策实施效果评价指标常变权得分比较图和审计署精准扶贫监督绩效评价指标常变权得分比较图（见图 4-5、图 4-6），以此更为直观的描述审计署精准扶贫政策跟踪审计评价综合得分结果。

如表 4-16 所示，精准扶贫政策实施效果评价指标体系的常权综合得分最高年份是 2019 年，为 0.8970；得分最低的年份是 2017 年，为 0.4005，其常权综合得分变化趋势为先下降后上升。其中 2017—2018 年的上升幅度最大，后趋于平缓；在变权综合得分方面，得分最高的年份是 2019 年，为 0.8299，表明 2018 年较 2017 年精准扶贫政策实施效果提升最高；得分最低的年份是 2017 年，为 0.1565，表明 2017 年较 2016 年精准扶贫政策实施效果提升相对较弱，其变权综合得分变化趋势为先下降后上升，其中 2017—2018 年的上升幅度最大，后趋于平缓。同时，精准扶贫政策实施效果评价指标体系的常权综合得分与变权综合得分变化幅度有所差别，其中

2016 年和 2017 年下降幅度较大，分别为 -39.32% 和 -60.92%，而 2018 年和 2019 年下降幅度较小，分别为 -9.84% 和 -7.48%。这说明，本书采用变权处理对专家打分法所获取的精准扶贫政策跟踪审计实施效果准则层及指标层的权重进行适当修正是有效的，使获取到得分更贴近真实情况。

表 4-16　精准扶贫政策实施效果评价指标体系得分比较表

年份	2016	2017	2018	2019
常权综合得分	0.5582	0.4005	0.8144	0.8970
变权综合得分	0.3387	0.1565	0.7343	0.8299
变动比较	-39.32%	-60.92%	-9.84%	-7.48%

图 4-5 是根据表 4-16 常权综合得分的累加值得到，即 2016 年相较于 2015 年增加了 0.5582，2017 年相较于 2015 年增加了 0.9587，2018 年相较于 2015 年增加了 1.7731，2019 年相较于 2015 年增加了 2.6721；变权综合得分的累加值得到，即 2016 年相较于 2015 年增加了 0.3387，2017 年相较于 2015 年增加了 0.4952，2018 年相较于 2015 年增加了 1.2295，2019 年相较于 2015 年增加

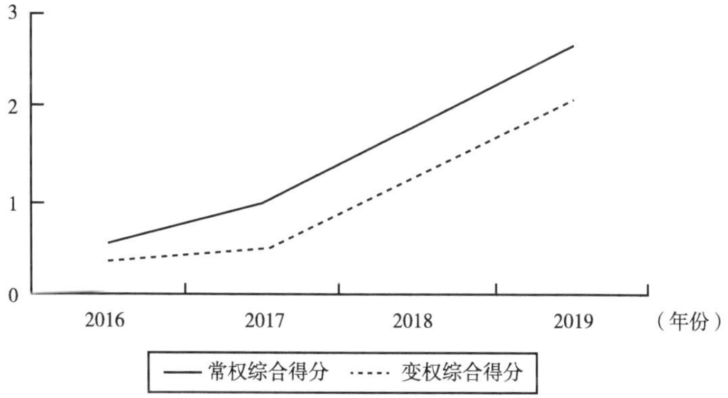

图 4-5　精准扶贫政策实施效果评价指标的常权、变权得分图

了2.0594。由此可见，随着精准扶贫工作的不断深入，精准扶贫政策实施效果不断提升，且当年精准扶贫政策实施效果较上年提升幅度有所上升。

在审计署精准扶贫监督绩效评价指标的常权综合得分方面，得分最高的年份是2017年，为0.4801；得分最低的年份是2019年，为0.1583，其常权综合得分变化趋势为先上升后下降，其中，2016—2017年的上升幅度最为明显；在变权综合得分方面，得分最高的年份是2016年，为0.3368，表明2016年较2015年审计署精准扶贫监督绩效提升最高；得分最低的年份是2019年，为0.1158，表明2019年较2018年审计署精准扶贫监督绩效提升相对较弱，其变权综合得分的变化趋势为先下降后上升再下降，其中2017—2018年的上升幅度最为明显。同时，审计署精准扶贫监督绩效评价指标的常权综合得分与变权综合得分之间存在一定程度的变化，其中2017年的变权综合得分较常权综合得分下降幅度最大，为-59.15%，致使排名发生变化，2018—2019年的变权综合得分较常权综合得分下降幅度低于2017年，分别为-33.23%和-26.85%，而2016年的变权综合得分较常权综合得分下降幅度最小，为-1.14%。这说明本书采用变权处理对专家打分法所获取的审计机关精准扶贫监督绩效准则层及指标层的权重进行适当修正是有效的，使获取到得分更贴近真实情况。

表4-17　审计署精准扶贫监督绩效评价指标得分比较表

年份	2016	2017	2018	2019
常权综合得分	0.3407	0.4801	0.3575	0.1583
变权综合得分	0.3368	0.1961	0.2387	0.1158
得分变动	-1.14%	-59.15%	-33.23%	-26.85%

图4-6是根据表4-17常权综合得分的累加值得到，即2016年相较于2015年增加了0.3407，2017年相较于2015年增加了0.8208，

2018 年相较于 2015 年增加了 1. 1783，2019 年相较于 2015 年增加了 1. 3366；变权综合得分的累加值得到，即 2016 年相较于 2015 年增加了 0. 3368，2017 年相较于 2015 年增加了 0. 5329，2018 年相较于 2015 年增加了 0. 7716，2019 年相较于 2015 年增加了 0. 8874。由此可见，随着精准扶贫工作的不断深入，审计机关越能把握如何更好的开展精准扶贫政策跟踪审计工作，其监督绩效逐年提升。

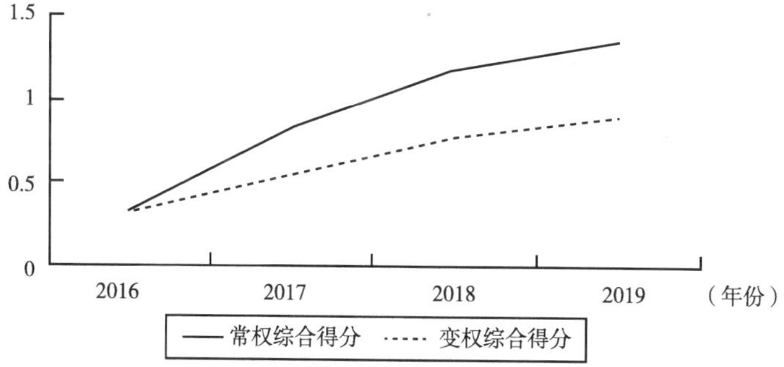

图 4－6　审计署扶贫监督绩效评价指标常权、变权得分图

第5章 精准扶贫政策实施效果研究

5.1 国家审计推动精准扶贫实施的效果

打赢脱贫攻坚战是全面建设小康社会的重要目标，也是社会主义制度优越性的体现。国家审计将精准扶贫、精准脱贫相关政策措施落实情况作为政策措施落实跟踪审计的重点内容，对产业扶贫、生态扶贫、金融扶贫、教育扶贫、医疗救助扶贫、易地搬迁扶贫、社会兜底保障扶贫等扶贫政策措施的进展与成效开展审计工作，实现对精准扶贫工作的事前、事中以及事后全方位监督，切实提升脱贫实效。

5.1.1 国家审计推动精准扶贫实施的路径

国家审计通过政策跟踪审计推进精准扶贫工作的开展。首先，国家审计通过座谈会发现精准扶贫过程中存在的扶贫资金、扶贫项目、违法违纪以及机制体制等方面的问题，并以发现的问题为导向制定审计计划，从而指导实际审计工作的展开，实现对精准扶贫政策执行部门政策执行情况的有效监督，改善不合理的扶贫制度制定与不当监督。其次，国家审计在对精准扶贫政策进行跟踪审计的过程中可以查出精准扶贫中存在的政策落实不到位、政策制定不合理、制度缺失或多余等政策落实问题，将其查出的重大违法违纪问题进行审计移交或者政府部门处理处罚等，其中审计发现的扶贫资金使用问题主要涉及扶贫资金闲置、未统筹使用资金、骗取或虚列扶贫资金、违规使用扶贫资金、超标或重复发放扶贫资金等，而扶贫项目建设运营问题主要涉及虚报完工项目、配套设备未到位、项目无法或没有投入使用、项目未按规定招标、项目建造中存在的问题、项目未开工或进度缓慢等，还有一些体制机制制度性问题主要体现在机构设置不合理、决策机制、执行机制以及监督机制存在缺陷等方面。最后，国家审计根据具体审计发现的问题提出对应的整改措施或者采取移交方案，处理处罚问题责任人，从而推动精准扶贫政策目标的实现。

5.1.2　国家审计推动精准扶贫实施的宏观效果

国家审计是国家治理的重要体现，精准扶贫工作的开展，离不开国家审计的力量。具体而言，国家审计将精准扶贫、精准脱贫相关政策措施落实情况作为审计的重点内容，开展精准扶贫政策跟踪审计，对扶贫地区以及有关部门的各项扶贫政策落实情况以及执行效果进行持续关注，着力揭露和查处扶贫责任不落实、扶贫机制不完善、扶贫方法不恰当，以及扶贫工作中的一些不作为、慢作为、假作为等问题，推动扶贫过程中存在问题的整改与问责，使各项扶贫政策措施得以落实并发挥实效。通过对扶贫政策的跟踪落实，确保最终扶贫工作的如期完成，针对扶贫资金方面，国家审计强化了对扶贫资金的审计监督与管理，持续贯彻绩效理念，从扶贫资金的拨付到最终的资金使用均持续关注扶贫资金的使用效益，对于一些政绩工程、形象工程等，从严查处，使扶贫资金被真正用于扶贫开发中，切实保障扶贫过程中扶贫资金效益的发挥。对于扶贫过程中的扶贫项目，如易地搬迁项目、饮用水安全工程、村级道路建设、生态环境保护等，国家审计重点关注项目的建设、运营以及后续维护情况，避免出现扶贫过程中的资源浪费、环境污染等问题出现，监督扶贫项目发挥应有实效。随着扶贫工作的开展，扶贫过程中也出现了一些新情况与新问题，国家审计对扶贫工作的全程介入，得以及时发现扶贫政策中存在的部分阻碍扶贫政策制度落实与扶贫资金效益发挥等制度性缺陷与体制性障碍，并提出相应的对策建议，促进扶贫机制体制的完善，适应扶贫工作出现的不断变化。同时，国家审计在积极推进扶贫工作问题整改的过程中，也积极发现和总结各地的先进扶贫经验，并将优秀经验推广应用，进一步推进全国扶贫工作的有效开展。

在国家审计助力之下，我国顺利实现了精准脱贫。在宏观层面上，到 2020 年，我国现行标准下 9899 万农村贫困人口全部脱贫，832 个贫困县全部摘帽，12.8 万个贫困村全部出列，区域性整体贫困得到解决，完成了消除绝对贫困的艰巨任务，全面建成小康社会取得伟大历史性成就。首先，脱贫任务的顺利实现推动了贫困地区经济实现发展，在扶贫过程中，强化了贫困地区特色产业的规划与发展，探索出具有扶贫地区特色的产业扶贫模式，实现“造血式”扶贫，以扶贫产业持续带动贫困地区的经济发展。其次，扶贫产业的发展也强化了贫困地区电商的发展，拓宽了农产品的销售渠道，农村的生产与消费市场得以扩大，促进贫困地区经济发展的可持续性。贫困地区的生态环境也得到巨大改善，审计监督之下一系列扶贫项目的完工以及运营，使贫困地区的生态环境质量得到明显的改善。扶贫过程中对生活垃圾、农业垃圾、公共卫生、村容村貌等人居环境进行了整治，有效促进了贫困村的公共卫生、村容村貌、垃圾处理等人居环境改善。而贫困地区生态产业的发展、生态环境的保护与修护等方面的改善有效引领贫困地区生态与经济的全面、协调、可持续的耦合发展。中国扶贫任务的如期实现更是为世界的减贫事业贡献了中国经验。我国作为世界减贫人口最多的国家，1 亿左右贫困人口实现脱贫，对全球减贫贡献率超过 70%，同时，提前 10 年实现了联合国 2030 年可持续发展议程减贫目标，加速了世界减贫进程，为全球减贫事业作出了巨大贡献。

5.1.3　国家审计推动精准扶贫实施的微观效果

在微观层面上，国家审计推动贫困人口收入、消费水平提高，生活条件等得以改善。具体而言，脱贫地区的农民人均可支配收入从 2013 年的 6079 元增长到 2020 年的 12588 元，增长了 11.6%，贫困地区“两不愁三保障”全面实现，义务教育阶段的辍学问题动态清零，贫困人口全部纳入基本医疗保险、大病保险和医疗救助，有效解救了贫困人口的“看病难、看病贵”问题。此外，790 万户、2568 万脱贫人口搬离泥草房，住上安全房；低保、特困救助供养、基本养老保险实现应保尽保。而且，特殊困难群体福利水平持续提高，2400 多万困难和重度残疾人拿到了生活和护理补贴。参与精准扶贫的扶贫企业，在国家支持下，其“以开发式扶贫为重点，利用贫困地区的自然资源进行生产建设，帮助贫困村建立扶贫长效机制，也实现村企“互惠双赢”的结果，实现了企业投资效率的提升，财务业绩的增长。而国家审计更同样在提升扶贫企业的投资效率上发挥了重要作用。产业扶贫是贫困地区精准帮扶措施中的重要组成部分，也是确保贫困人口长期稳定摆脱贫困的重要举措。一方面，产业扶贫是易地扶贫搬迁、生态扶贫、教育扶贫等措施的重要基础，其他扶贫措施都需要通过发展产业来巩固政策效果；另一方面，中央部署以产业扶贫来带动 3000 万农村贫困人口脱贫，产业扶贫成为贫困人口受益规模和程度均最大的措施。但是，2020 年必须全面脱贫的扶贫考核压力可能驱使扶贫干部或部门实施“政绩工程”，实现在短期内的脱贫效果最大化。国家审计却有效形成对产业扶贫政绩工程的抑制作用。事实上，随着精准产业扶贫的推进，扶贫投入资金日益增多，部分地区扶贫部门和人员出现了对扶贫资金的挤占、挪用和贪污现象，导致财政扶贫资金难以发挥应有的作用，此时尤其需要国家审计抑制对产业扶贫资金的滥用，减少对扶贫企业投资项目的行政干预，为扶贫企业营造良好的外部投资环境并为社会公众提供客观公正的投资信息，优化配置精准产业扶贫资源。当然，也在发现产业扶贫中存在的问题时，及时提出相应的处罚和整改建议，保障产业扶贫带来脱贫成效的持久性，实现扶贫企业与贫困地区的共同发展。

5.2 精准扶贫实施的宏观效果：以环境改善为例①

5.2.1 国家审计、精准扶贫与环境改善的关系

精准扶贫不能走先污染后治理的传统发展道路，金山银山必须要，而绿水青山更需要，精准扶贫强调发展与环境保护的同步性，精准扶贫的过程也是环境保护的过程。精准扶贫必须在结合当地自然资源水平以及自然现状的基础上，因地制宜，合理利用自然资源实现可持续发展，确保扶贫地区的生态得以保护。但是，扶贫项目开展过程中，也有部分扶贫干部或者扶贫企业可能过于急功近利只注重经济发展，而出现忽视生态环境保护的情况，或者是出于降低环保成本而违规排放污染物等现象。所以，国家审计全方位监督生态扶贫工作，评估扶贫政策实施将对生态环境产生怎样的不利影响，是否将超过环境的自然承载力，并将具体的影响程度进行科学的量化，预防可能发生的生态破坏，最大限度地事前管控扶贫可能产生的环境污染与生态破坏行为，相比于先污染后治理的传统发展

① 5.2 精准扶贫实施的宏观效果：以环境改善为例部分（包括国家审计、精准扶贫与环境改善的关系部分内容，精准扶贫期间环境改善的效果、研究与建议部分内容），转引自文章：Fan Wang，Yao Lu，Jin Li and Juan Ni. Evaluating Environmentally Sustainable Development Based on the PSR Framework and Variable Weigh Analytic Hierarchy Process，International Journal of Environmental Research and Public Health，2021，18（6）：1 – 16.

模式，精准扶贫工作的审计介入可以帮助贫困地区实现绿色脱贫与发展。促进最终脱贫任务顺利实现的同时环境保护目标也同步实现。那么，如何对精准扶贫中某个地区的可持续发展进行客观与科学的评价成为研究的重点。基于此，本书针对扶贫过程中的各个城市的环境状况展开评价研究，以及时发现并避免扶贫开发中可能对环境产生的不利影响，做好生态扶贫，实现贫困地区可持续发展。

而评价地区的可持续发展状况，需要综合考虑资源、环境、经济等的协调发展，现有文献使用的方法包括层次分析法、生态足迹法、物质流分析法、能值分析法、DEA 模型法、模糊综合评价等。Kwatra et al. 评估了用于开发这些可持续发展的各种方法和框架指数（SDI），并且讨论了这些方法与框架的优缺点。Kynčlová et al. 介绍了 SDG－9 指数，以衡量国家在实现可持续发展目标 9（SDG－9）的行业相关目标方面的进展。不同评价方法各有特色，同一方法在具体应用上也存在较大差异。本书采用基于 PSR 的环境可持续发展指标和变权层次分析法对我国不同城市的生态扶贫的效果进行评价，该方法相比起层次分析法等方法主要优势在于采取了可变权重，不在设置单一的权重，权重会随着状态的变化而变化，评价更具科学性。

5.2.2　精准扶贫期间环境改善的效果

1. 压力状态响应框架

（1）PSR 简介

为了建立一个广泛适用的环境可持续发展模型，本书首先构建了基于压力—状态—响应（PSR）框架的环境可持续发展指标体系，同时将变权因子引入环境可持续发展评价中。环境可持续发展指标由压力、状态和响应三大类指标构成。主要目的是回答“发生了什么”“为什么发生”和“怎么做”这三个问题，PSR 模型以

“压力影响—改变状态—问题解决”这一思维逻辑来构建指标。“发生了什么”可以用状态指标来回答，状态指标表征自然界的物理变化（或生物变化）或趋势，以及相应的社会经济发展趋势。这些状态指标用于衡量环境质量或环境可持续发展状态，特别是人类活动引起的变化以及因此对人类的影响。引起环境变化的人类活动的压力指标是回答“为什么会发生如此的变化”。例如，人类对资源的开采或过度利用、向环境排放污染物或废气物以及人类对环境的干预活动等而导致的资源枯竭、环境质量恶化等用来衡量对环境造成的压力。而人类应对环境问题所采取的对策方面的响应指标，则要回答“做了什么”和“应该做什么”的问题，表明社会为解决环境问题而进行的努力，它衡量的是可持续发展环境政策的实施状况。利用 PSR 模型的逻辑，从可持续环境的压力出发，提高环境状态加强环境治理，从而提高可持续评价的效果，助力可持续发展。

（2）基于 PSR 的环境可持续发展指标构建

基于 PSR 理论，环境可持续发展压力指标（P）是指人类在经济和社会活动中对生态环境产生的影响和作用。人类索取环境资源破坏生态平衡、生产经营活动产生废水、废气、废渣污染生态环境。环境可持续发展状态指标（S）是指现在和过去的生态环境状态和情况，既能反映自然生态环境，也能反映人类健康和居住环境。环境可持续发展响应指标（R）是人类为减轻生态环境的压力或改变生态环境状态，而做出的一系列环境执法和监管、环境立法和完善，开展环境保护工作、加强公众意识等行为。

结合上述环境可持续发展模型中 PSR 的内涵，本书使用所有可能反映环境可持续性的指标。我们选择了环境可持续发展的压力、状态和响应指标，如表 5-1 所示。

表5-1　　　　变量描述和测量单位

分类	指标名称	缩写	量表
P	废水排放总量	TVWD	万吨
	废水排放中的化学需氧量	DVCODWD	万吨
	废水排放中含氨氮	VANWD	万吨
	废水排放中氮磷总量	TVNPWD	万吨
	单位工业GDP的二氧化硫排放量	SDXE% IGDP	%
	单位工业GDP的氮氧化物排放量	NOXE% IGDP	%
	单位工业GDP烟粉尘排放量	SDE% IGDP	%
	一般工业固体废弃物产生量	GGISW	万吨
	危险废物产生量	GHW	万吨
	废物总产生量	TGW	万吨
S	人均水资源量	WRPC	人均立方米
	地表水资源量	VSWR	亿立方米
	地下水资源量	VGR	亿立方米
	各省地级市空气超标比率	RNAAPLC	%
	可吸入颗粒物PM10年平均浓度	AACIPM10	
	一般工业固体废物贮存量	SVGISW	万吨
	危险废物贮存量	SVHW	万吨
	污水处理总量	TVSD	百万立方米
R	治理工业废水投资	IIWT	10000元
	地表水水质断面点位数	NSWQSP	点位置
	城市污水处理率	RUST	%
	工业废气投资占工业GDP的比例	IWGI% IGDP	%
	一般工业固体废物综合利用量	CUVGISW	万吨
	一般工业固体废物处置量	DVGISW	万吨
	工业废气投资占环境治理的投资比重	IEGIEGI	%

2. 变权层次分析法

（1）变权层次分析法简介

虽然在各个领域经历了许多变化和迭代，层次分析法依旧对社会经济的发展做出了巨大的贡献，但是其因子权重在本质上是固定的，无法应对复杂系统中各要素相互作用导致相对秩序混乱的特殊情况。其主要原因是基本的层次分析法不能很好地处理可能出现的动态问题。变权层次分析法可以有效地解决传统层次分析法的固定权重问题。即在专家确定权重的基础上，通过实际数据对专家给出的权重进行修正，使改变后的权重更接近真实结果。变权理论的核心内容是，随着因子状态值的变化，因子的权重也随之变化，以适应不同决策对响应因子的要求。

变权理论可以有效地处理传统层次分析法的定权问题。引入基于定权的变权理论，形成了一种科学合理的赋权新方法——变权层次分析法。激励型变权侧重于关键因素的激励，对其对高水平的单因素状态值的增加更为敏感，对低水平的单因素状态值的减少反应迟钝。惩罚性变权则相反，其更注重因素间的平衡，因此对低水平的单因素状态值减少更为敏感，对高水平的单因素状态值的增加反应迟钝。混合型变权兼备激励型和惩罚型变权的特征，在一定水平上对评价因素进行激励，低于一定水平则进行惩罚。

（2）可持续性评价体系权重

为了获得权重本书向研究环境管理的学者、来自政府环保部门的官员以及专业环境管理人员共发放了 7 份问卷，并回收有效问卷 6 份。选择这些代表填写调查问卷，是因为环境研究学者作为第三方，能够客观地评价环境压力、治理等因素，而政府环境保护机构的官员作为监督，对环境问题负有不可推卸的责任。另外，作为污染者的企业专业环境管理人员在环境污染评价和其他两个方面的经济利益打分不同。

本书调查了 7 位专家，每个人都填写了一份问卷，其中包括标准水平、P、S 和 R，4 个表格允许进行 2 对 2 比较。每位专家为问卷中的指标分配了权重。其中，6 位专家的权重通过了一致性检验（6 位专家的 C. R. 平均结果见表 2），但专家 7 的权重没有通过一致性检验，因此我们删除了来自专家 7 的权重。最后，我们使用前 6 个专家加权几何均值作为该指标体系的恒定权重。经计算，均符合一致性检验，如表 5 - 2 所示。

表 5 - 2　　一致性检验

检验指标	标准层 1	一级指标 1	一级指标 2	一级指标 3
λ =	3.007	3.000	3.003	3.003
CI =	0.003	0.000	0.001	0.002
RI =	0.580	0.580	0.580	0.580
CR =	0.006	0.000	0.002	0.003

在确认问卷结果无误的基础上，本书得到了最终的常权结果。将 6 位通过一致性检验的专家打分结果的加权几何平均值作为常权（由于空间限制，此处未指定表格），因此，从表 5 - 3 可以看出，专家学者对环境可持续性措施的重视程度更高，因此他们给予了更多的权重。这表明，他们认为环境可持续性发展响应措施比环境可持续性发展状态和压力更值得政府关注，持续发展响应的重要性高于其他两个标准。在指标方面，水环境压力权重低于大气环境压力权重。就专家、学者和普通人的直观感知而言，大气环境的压力比水环境的压力更重要。同样，大气环境状态和固体废物状态之间也存在这种情况，两者之间也存在一定的权重差距。然而，在环境可持续性响应的指标层中，三者的权重相差不大，这意味着在政府工作人员和环境研究人员眼中，水环境、大气环境和固体环境的治理程度大致相同。

表 5-3　　　　固定权数

指标名称	恒重	指标名称	权重
环境可持续性发展压力	0.27	大气环境压力	0.41
		水环境压力	0.29
		固体废物压力	0.3
环境可持续发展状态	0.31	大气环境状态	0.39
		水环境状态	0.31
		固体废物状态	0.29
环境可持续发展响应	0.43	对水环境的响应	0.29
		对大气环境的响应	0.37
		对固体废物的响应	0.34

3. 实证分析

（1）样本来源

由于2015年中国颁布了《中华人民共和国环境保护法》，使2015年前后披露数据的计算口径存在差距，不具有可比性。因此，实证分析中所使用的样本是2016—2018年中国30个省份的环境可持续发展数据，共获得90个样本。数据来源于《中国统计年鉴》《中国环境年鉴》和《中国环境统计年鉴》。

（2）描述性统计

对中国30个省份的实际数据进行平均统计后（北京、天津、河北、辽宁、上海、江苏、浙江、福建、山东、广东、海南、山西、吉林、黑龙江、安徽、江西、河南、湖北、湖南、内蒙古、广西、重庆、四川、贵州、云南、山西、甘肃、青海、宁夏、新疆），得到所有变量的描述性统计分析结果，如表5-4所示。离散度较小的变量包括废水排放中含氨氮、废水排放中氮磷总量、单位GDP二氧化硫排放、单位工业GDP氮氧化物排放、单位工业GDP烟（粉）尘排放和废气投资占总投资额，其标准偏差均小于10。离散度最大的变量是治理工业废水投资，达到245996.40。然

表 5－4　　变量的描述性统计

变量	描述性统计					总体平均变化趋势		
	平均值	标准差	系数	最小值	最大值	2015 年	2016 年	2017 年
废水排放总量（万吨）	238239.87	188238.36	0.79	23663	938261	244911.43	236827	232981.17
废水排放中含化学需氧量（万吨）	47.6	37.02	0.78	5.8	175.8	74.02	34.79	33.98
废水排放中含氨氮（万吨）	5.67	3.97	0.7	0.6	20	7.65	4.72	4.64
废水排放中氮磷总量（万吨）	10.76	10.98	1.02	0.9	75.8	17.17	7.52	7.6
单位 GDP 二氧化硫排放（%）	0.01	0.01	0.99	0	0	0.01	0.01	0.01
单位工业 GDP 氮氢化物排放（%）	0.01	0.01	0.79	0	0	0.01	0.01	0.01
单位工业 GDP 烟（粉）尘排放（%）	0.01	0.01	1	0	0	0.01	0.01	0.01
一般工业固体废弃物产生量（万吨）	5187.89	7180.05	1.38	0	35372	10889.3	2073.57	2600.81
危险废物产生量（万吨）	66.72	117.41	1.76	0	757.5	132.54	38.61	29.03
废物总产生量（万吨）	5254.62	7225.78	1.38	0	35430.2	11021.84	2112.18	2629.84
人均水资源量（立方米/人）	2171.26	2299.26	1.06	83.4	13188.9	2024.68	2349.44	2139.68
地表水资源量（亿立方米）	807.5	784.74	0.97	7.1	2466	768.25	887.72	766.54
地下水资源量（亿立方米）	244.94	188.86	0.77	4.9	762	233.13	260.9	240.79

续表

变量	描述性统计					总体平均变化趋势		
	平均值	标准差	系数	最小值	最大值	2015年	2016年	2017年
各地级城市空气超标比率（%）	78.35	32.03	0.41	0	100	80.94	77.13	76.97
可吸入颗粒物（PM10）年平均浓度	85.57	25.19	0.29	37	145.4	91.97	85.73	79.03
一般工业固体废物贮存量（万吨）	2202.53	2968.17	1.35	0	14630	1933.21	2073.57	2600.81
危险废物贮存量（万吨）	31.55	69.19	2.19	0	424.3	27.01	38.61	29.03
污水处理总量（万立方米）	149034.6	128755.85	0.86	11143	673323	142859.1	149337.5	154907.2
治理工业废水投资（万元）	191916.64	245996.4	1.28	893	1143103.9	38500.24	270280.15	266969.54
地表水水质断面（点位）数	343.56	256.3	0.75	36	1468	333.97	376.23	320.47
城市污水处理率（%）	91.85	5.54	0.06	60	97.8	89.96	92.03	93.56
工业废气投资占工业GDP（%）	25.78	28.77	1.12	4.2	180.1	29.16	28.7	19.48
一般工业固体废弃物综合利用量（万吨）	6267.38	4963.55	0.79	186	19900	6626.57	6136.1	6039.47
一般工业固体废弃物处置量（万吨）	2425.19	3481.47	1.44	3	16684	2433.1	2182.7	2659.77
废气投资占总投资额	0.06	0.04	0.64	0	0.2	0.06	0.07	0.05

而，为了合理评价变量的波动幅度，需要借助变异系数，该系数将变量水平纳入变量变异的测量中。如表5－4所示，危险废物贮存量、危险废物产生量和一般工业固体废弃物处置量这3个变量波动最大，变量值之间的波动较大。其中波动最小的变量为城市污水处理率，其波动相对稳定。同时，从总体平均水平的变化来看，2015—2017年环境可持续发展压力指标大多程逐步下降趋势，国家环境可持续发展指标也在逐步好转，但环境可持续发展响应指标尚不确定。

（3）结果分析

本书分别对环境可持续发展压力指标、环境可持续发展状态指标和环境可持续发展响应指标分别进行主成分提取。原始数据经过标准化处理，并求得相关系数矩阵。Bartlett测验和Kaiser－Meyer－Olkin（KMO）被用于量表的有效性。Bartlett球度检验值为1180.496、349.502、273.735，所有显著性均为0.000，由此可以认为相关系数矩阵不是单位矩阵。KMO统计数据的值介于（0～1）之间。其中0表示原始变量之间不存在关系，而1表示存在重要关系。本书KMO检验值均大于0.6，所以数据适合进行因子分析，如表5－5所示。

表5－5　KMO和Bartlett试验[①]

指标		环境可持续发展压力	环境可持续发展状态	环境可持续发展响应
取样足够度的Kaiser－Meyer－Olkin度量		0.746	0.620	0.609
Bartlett的球形度检验	近似卡方	1180.496	349.502	273.735
	df	45	21	28
	显著性	0.000	0.000	0.000

① Bartlett的球形度检验是一个数学术语。它是用来测试相关矩阵中变量之间的相关性，是否它是一个单位矩阵，即测试每个变量是否独立。因子分析前，先进行KMO检验和Bartley球检验。在因子分析中，如果零假设被拒绝，则意味着可以进行因子分析。如果不拒绝零假设，则意味着这些变量可能独立提供一些信息，不适合进行因子分析。

随后，本书将求特征根和因子荷载矩阵。对数据进行方差最大化旋转，根据特征值大于1的原则，环境压力、环境状态和环境治理的主成分分析分别提取了三个主成分F1、F2和F3。提取出的因子累计贡献率达到80%以上，认为新提取的主成分可以基本体现原始指标数据的大部分信息，即对原始变量提取主成分后的分析是有效的，足以描述环境压力、状态以及响应这三个方面的情况。参见图5-1。

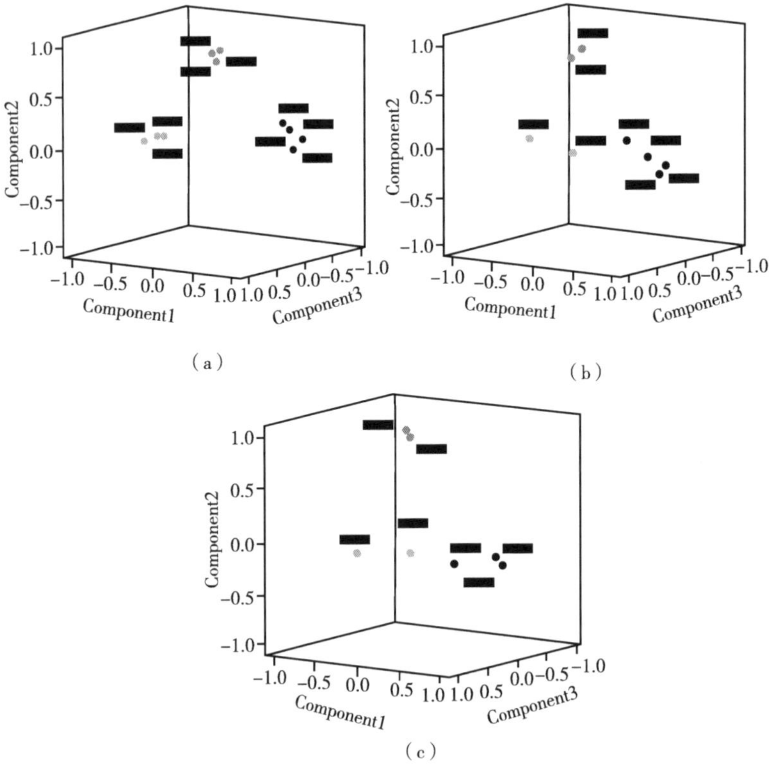

图5-1　环境可持续发展的主成分分析图

从旋转后的因子载荷矩阵可以看出，环境可持续发展压力的成分1主要由废水排放总量、废水排放中含化学需氧量、废水排放中含氨氮和废水排放中氮磷总量4个指标决定，代表着废水排放对环境的压力，可归纳为水环境压力因子。成分2主要由一般工业固体废弃物产生量、危险废物产生量和废物总产生量3个指标确定，代表固体废物对环境的压力，可归纳为固体废物压力因子。成分3主要由单位GDP二氧化硫排放、单位工业GDP氮氧化物排放和单位工业GDP烟（粉）尘排放这三个指标决定，代表着每一GDP的产生将对大气环境造成的压力，可以概括为大气环境压力因子。在环境可持续发展状态的成分1中，人均水资源量、地表水资源量和地下水资源量三个指标占比重较大，可以概括为水环境状态因子。成分2主要由一般工业固体废弃物产生量和危险废物产生量这2个指标决定，可归纳为固体废物状态因子。成分3主要由各省地级市空气超标比率和可吸入颗粒物（PM10）年平均浓度这2个指标决定，可归纳为大气环境状态因子。环境可持续发展响应的成分1主要污水处理总量、治理工业废水投资、城市污水处理率和地表水水质断面点位数这4个指标决定，代表着对污水和废水的治理，可归纳为水环境治理因子。成分2主要由工业废气投资占工业GDP的比例、工业废气投资占环境治理投资的比例组成，代表政府对大气环境治理的重视程度，可概括为大气环境治理因子。组成部分3主要由一般工业固体废弃物综合利用量、一般工业固体废弃物处置量确定，代表着对固体废弃物利用和处置能力，可归纳为固体废物响应因子。如表5-6所示。

表5-6　　　　分析中使用的变量

准则层	一级指标	二级指标
环境可持续性的压力	水环境压力	废水排放总量
		废水排放中含化学需氧量
		废水排放中含氨氮
		废水排放中含氮磷总量

续表

准则层	一级指标	二级指标
环境可持续性的压力	固体废物压力	一般工业固体废物产生量
		危险废物产生量
		废物总产生量
	大气环境压力	单位工业 GDP 二氧化硫排放
		单位工业 GDP 氮氧化物排放
		单位工业 GDP 烟粉尘排放
环境可持续性状态	水环境状态	人均水资源量
		地表水资源量
		地下水资源量
	固体废物状态	一般工业固体废物贮存量
		危险废物贮存量
	大气环境状态	各省地级市空气超标比率
		可吸入颗粒物 PM10 年平均浓度
环境可持续性发展响应	水环境治理	污水处理总量
		治理工业废水投资
		城市污水处理率
		地表水水质断面点位数
	固体废物治理	一般工业固体废物综合利用量
		一般工业固体废物处置量
	大气环境治理	工业废气投资占工业 GDP 的比例
		工业废气投资占环境治理投资的比例

4. 讨论

根据状态变权向量计算公式（4－8）、公式（4－9）、公式（4－11）和变权向量计算公式（4－8）、公式（4－12）以及中国 30 个省份 2016—2018 年经提取主成分的环境数据，分别获得以下变权向量，如表 5－7 所示。

表5－7　　变量权重表

指数	北京	天津	河北	辽宁	上海	江苏	浙江	福建	山东	广东
环境可持续性压力	0.177	0.173	0.145	0.124	0.232	0.124	0.120	0.108	0.053	0.115
环境可持续性状态	0.411	0.463	0.276	0.257	0.379	0.319	0.452	0.473	0.110	0.536
对环境可持续性响应	0.412	0.363	0.579	0.619	0.389	0.557	0.429	0.419	0.837	0.349
指数	海南	山西	吉林	黑龙江	安徽	江西	河南	湖北	湖南	内蒙古
环境可持续性压力	0.189	0.157	0.151	0.126	0.112	0.125	0.095	0.130	0.129	0.129
环境可持续性状态	0.369	0.298	0.388	0.437	0.381	0.475	0.220	0.437	0.453	0.351
对环境可持续性响应	0.442	0.545	0.461	0.437	0.507	0.400	0.685	0.433	0.418	0.520
指数	广西	重庆	四川	贵州	云南	山西	甘肃	青海	宁夏	新疆
环境可持续性压力	0.114	0.153	0.152	0.126	0.102	0.137	0.177	0.142	0.205	0.129
环境可持续性状态	0.500	0.440	0.463	0.525	0.445	0.317	0.374	0.504	0.308	0.408
对环境可持续性响应	0.385	0.407	0.385	0.349	0.453	0.546	0.449	0.354	0.486	0.464

在表5－7中，环境可持续性的压力层面的最大权重在上海为0.232，最低权重在山东为0.053。这两者之间的变权差比较大。对于特定指标而言，某个省或城市的环境可持续发展指标值越大，表明这个指标的环境质量越好。在环境可持续性状态方面，广东省的变权权重高于其他省市，这意味着广州在这方面投入了更多的精力并给予了更多的关注。在对环境可持续性响应方面，广东的变权

权重显著低于山东，两者之间存在较大差异。这一现象在一定程度上表明，山东更加重视对环境可持续性的响应。

同样，山东的3个准则层指标权重差异巨大。山东在环境可持续性响应层面做出了积极应对，其权重是其他两个层面水平的8倍。除青海、贵州等省份外，大多数省份对环境可持续性响应均较高。由于环境脆弱和生态发展不稳定等因素，云贵高原等地区的环境可持续性状态层面权重所占比例更大。在中国30个省份中，上海的可变权重分布较为均匀。这3个变权权重分别为0.232、0.379和0.389，这与其地理位置和经济发展密不可分。上海经济发展迅速，环境可持续发展的压力不小。经过环境整治等一系列措施，上海的环境可持续性得到了改善。所以，上海政府的目标是更好地维护环境。

5. 承载力和均衡布局

按照以上公式与步骤将中国30个省份3年的常权变权结果平均之后分析：3年平均之后，相比起常权结果的得分，变权结果的得分有不同程度的降低，说明他们在指标层和准则层中都存在部分因素状态值“不平衡”的现象。环境评价中包括大气环境压力、水环境压力、水环境状态和环境响应等方面，内部各分项责任之间存在着“不和谐”音符。因此，都受到了一定程度的“惩罚”，导致变权综合评价值偏低。若是受到了“惩罚”则意味着在某个方面没有做的很好，使综合得分普遍下降，山东、云南、福建省无论是常权得分还是变权得分都在靠前的排名位居第一、第三和第四，这表明这些省变权前后的变化不大，很可能是因为自然环境较好，得分占比较大，尤其是云南省。云南省拥有丰富的自然资源，素有“植物王国”“动物王国”“有色金属王国”“药材之乡”之称，更是获得了“彩云之南”的美誉。云南省的气候温和，对煤炭的使用率低于北方寒冷城市，故而空气清新，环境优良。然而，云南省的滇池受到轻度污染，主要污染指标是化学需氧量和总磷。在监测的 10 个水质点位中，四类水占 60.0%（中国将水质分为五类，一类：水质良好，地下水只需消毒，地表水经简单净化（如过滤）消毒即可饮用。二类：水质为微污染。经过常规的净化处理，如絮凝、沉淀、过滤、消毒等，水质可达到日常饮用。三类：适用于集中式饮用水源二级保护区、一般鱼类保护区、游泳区。五类：适用于一般工业保护区和与人体无直接接触的休闲水域。四类：适用于农业水域和一般景观要求。超过五类水质标准的水体基本没有使用功能），五类占 40.0%，无一类、二等、三类和劣五类。通过治理，与 2017 年相比，四类水质点位比例上升 60 个百分点，劣五类下降 60 个百分点。山东省的水质连续 16 年持续改善，水质优良比为 46.3%，全省空气 6 年持续改善（数据来源：山东省 2018 年环境公报）。良好的自然生态环境和有利的治理为以上省市奠定了基础。

河南省、广西省和安徽省的排名在常权结果中为中下水平，但是在变权综合评价法下的结果为第二、第五和第七，得分大于其余省份。这些省份的自然环境优势并不明显。在 2019 年的《河南省环境公报》中显示，全国生态环境指数（EI，environment index.）值为 51.3，生态质量一般。生态质量优良的县域面积占国土面积的 44.7%，一般占 22.7%，较差和差占 32.6%。但河南省重视环境响应，坚持围绕中心，服务大局。按照省环境污染防治攻坚战的部署安排，2018 年完成 428 家应急管控和错峰生产企业废气自动监控设施、714 套总氮自动监控设施的建设联网。同时，指导督促有关市（县）完成 VOCS 在线监测设施和视频监控设施安装试点任务。结合攻坚任务需求以及重污染天气管控，积极主动提供监控企业的污染物排放及超标情况，定期编制各类专项监控报告，并提出相关对策建议，为全省攻坚战决策实施提供了坚实有力的数据支持。

表 5－8 显示了 2016—2018 年中国 30 个省份的常权和变权得

分排名。从表中可以看出，与常权排序相比，各省的变权排序发生了变化，表明权变层次分析法使用真实数据对固定权重进行修正，得到了更为真实的变量排序。这一变权排名显示，北京（常权排序为4，变权排序为15）、福建（常权排序为3，变权排序为4）、广东（常权排序为2，变权排序为6）和江苏（常权排序为4，变权排序为15）均低于常权排名，尤其是天津，其常权得分排名第一，但变权得分排名在20左右。经济发展不能以牺牲生态环境为代价，环境可持续发展是以环境可承载能力为限。

表5-8　2016—2018年中国30个省级地区定权和变权得分排名

省份	山东	河南	云南	福建	广西	广东	安徽	浙江	贵州	江西
常权平均得分	2.272	1.936	2.160	2.294	1.960	2.431	1.867	2.135	1.803	1.859
常权排名	5	18	8	3	17	2	20	10	25	21
变权平均得分	2.731	1.977	1.865	1.810	1.763	1.760	1.745	1.693	1.678	1.663
变权排名	1	2	3	4	5	6	7	8	9	10
省份	辽宁	江苏	湖北	湖南	北京	黑龙江	内蒙古	山西	新疆	天津
常权平均得分	1.810	2.072	1.857	1.875	2.289	1.712	2.067	1.711	1.812	2.619
常权排名	24	12	22	19	4	26	13	27	23	1
变权平均得分	1.659	1.635	1.611	1.606	1.605	1.591	1.582	1.570	1.556	1.517
变权排名	11	12	13	14	15	16	17	18	19	20
省份	青海	重庆	河北	吉林	四川	山西	甘肃	海南	宁夏	上海
常权平均得分	2.193	1.623	2.137	1.674	1.979	2.179	1.517	2.124	2.035	1.996
常权排名	6	29	9	28	16	7	30	11	14	15
变权平均得分	1.516	1.483	1.473	1.466	1.454	1.361	1.238	1.155	1.053	1.026
变权排名	21	22	23	24	25	26	27	28	29	30

5.2.3　结论与建议

（1）研究结论

为了帮助准确评估一个地区城市环境可持续发展水平，本书首先构建了基于 PSR 的环境可持续发展指标。同时，为了克服传统评价方法的不足，在变权理论的基础上提出了一种新的权重分配方法——基于变权的层次分析法，该方法可以使权重伴随因素状态值的变化而调整，从而对影响可持续发展的环境响应因素进行均衡性处理，使评价结果建立在更加客观合理的基础上。最后，通过对我国 30 个省份环境可持续性评价实例分析，证明了该方法的灵活性和有效性，也为可持续环境评价指标体系研究提供了一定的思路。

本书研究表明：①环境可持续发展指标应包括三个部分：环境可持续发展压力指标（P）、环境可持续发展状态指标（S）和环境可持续发展响应指标（R）。②当采用变权层次分析法时，城市环境可持续发展能力的排名发生了变化，表明变权层次分析法在处理指标间可能的动态变化方面优于传统的层次分析法。③本次变权得分排名显示，北京、福建、广东、江苏、天津的变权排名均低于常权排名。这可能是由于经济发展是以生态环境为代价的。我们认为，经济发展不能以牺牲生态环境为代价，环境可持续发展受到环境承载力的限制。扶贫更需要强调生态扶贫，并发挥好国家审计的监督作用，避免贫困地区的脱贫之路也是走先污染后治理的老路。

（2）建议

国家审计应该持续关注扶贫政策措施的生态性，通过检查水资源、大气、土壤等确定扶贫项目是否按照国家规定进行保护和治理，同时揭示符合环保标准的大气、水、土壤等对人体健康状况的影响；同时对重要的环境资源，比如水资源、土地资源、矿产资源等的开发利用情况进行审计，确保扶贫过程中资源的开发利用符合国家资源节约、合理开发利用的有关规定；此外，也对扶贫地区生态功能区的建设情况进行审计，分析扶贫地区生态保护和治理政策是否贯彻执行，查处生态保护不规范的行为。国家审计的动态评估扶贫项目对环境产生的影响以及绿色扶贫工作带来的环境改善做法，得以及时避免污染项目在贫困地区落地，查处问题项目与工程，落实造成环境污染的个人或者部门责任，推进了贫困地区可持续的绿色可持续发展。

5.3 精准扶贫实施的微观效果：以企业投资效率为例①

5.3.1 国家审计、精准扶贫与民营企业投资效率的关系

为了实现2020年全面建成小康社会的目标，2015年中共中央、国务院发布了《关于打赢脱贫攻坚战的决定》，并提出“工商联系统组织民营企业开展‘万企帮万村’精准扶贫行动”，紧接着全国工商联、国务院扶贫办和中国光彩会发布了《“万企帮万村”精准扶贫行动方案》，采取引导民营企业参与扶贫活动的措施。与国有企业不同，是否承担社会责任是民营企业的自愿行为，需要政府加以引导，避免不当的行政干预，否则将既阻碍扶贫工作，又影响民营企业发展。国家审计作为国家治理的重要方式，通过政策跟踪审计参与精准扶贫工作，监督政府扶贫政策的落实效益，谨防面子工程、政绩工程等浪费国家资金，阻碍精准扶贫工作进程的不当行政干预行为。具体而言，首先，国家审计对其发现的地方政府精准扶贫政策没有落实的情况进行治理，实现审计的纠偏功能，这有助于扶贫地区政府治理水平的提升。因为相比于没有进行扶贫审计的地区或者没有发现扶贫问题的地区，国家审计会关注地方政府对

① 5.3精准扶贫实施的微观效果：以企业投资效率为例部分（包括国家审计、精准扶贫与民营企业投资效率的关系部分内容、企业扶贫与企业投资效率的关系、精准扶贫提升民营企业投资效率检验、研究与建议部分内容），转引自文章：王帆，陶媛婷，倪娟．精准扶贫背景下上市公司的投资效率与绩效研究——基于民营企业的样本［J］．中国软科学，2020（6）：122－135.

扶贫发现问题的整改结果，并且审计的移送制度还构建起国家审计与司法机关的联系，对地方政府产生审计威慑作用，而这种威慑力可能改善扶贫地区企业的外部经营环境，减少了政府行政力量对民营企业扶贫投资行为的不恰当行政干预，有助于提升扶贫企业的投资效率。其次，审计介入扶贫工作后对政府行为的监督带来的更低的寻租可能性与更完善的外部投资环境可以降低信息不对称带来的投资偏离问题，为扶贫企业投资效率的提升带来积极影响。地方政府的行政干预会产生较多的寻租机会，而寻租活动则会占用企业大量的资金，国家审计持续性的扶贫审计关注能够有效监督地方政府的行为，降低扶贫企业的寻租行为，扶贫项目实现扶贫企业投资效率的提升。再次，民营企业扶贫需要投入大量资金，而这种资金的投入势必要引发企业研发资金、项目投资资金、生产资金的不足。为了改善民营企业参与扶贫所导致的资金不足问题，政府会以补贴的形式增加企业现金流，以作为政府鼓励民营企业积极参与扶贫的一种政策导向工具。但扶贫资金补贴具有专款专用性，国家审计将扶贫补贴资金作为审计重点，关注补贴资金是否真正用于扶贫项目，有没有被贪污、挪用、侵占，是否发挥扶贫补贴资金的应有效益，对地方政府的扶贫补贴资金利用形成有效监督，促进地方政府对于扶贫补贴资金的使用真正考虑扶贫企业的项目需要和资金效益的发挥，将扶贫补贴资金通过竞争机制切实补贴到参与扶贫项目，能带来扶贫效益的民营企业。国家审计通过监督地方政府的扶贫资金利用，间接影响民营企业的扶贫项目投资，在推进国家精准扶贫工作进展的同时提升参与扶贫的民营企业自身的投资效率。

5.3.2　企业扶贫与企业投资效率的关系

1. 民营企业扶贫与投资效率

（1）基于代理理论的民营企业扶贫与投资效率关系研究

代理理论认为管理层是自利的，他们倾向于选择有风险的投资项目来最大化自己的利益，而不考虑股东的利益。具体表现在，管理层选择不恰当的投资项目，进而引发投资效率低下；同时，管理层也会以推动企业发展为由诱使股东过度投资，特别在管理层不受股东监督时更为明显。我国企业的扶贫形态包括“融入式扶贫”和“捐赠式扶贫”，这两种扶贫形态均能对代理问题产生影响。

首先，融入式扶贫是将扶贫因素融入筹资环节、投资环节、生产环节、销售环节、物流环节，甚至延伸到员工招聘与福利环节。其委托人是政府，受托人是企业，即政府委托企业投入资金修建厂房或购买机器设备、投入资金建设培训学校或购买培训用品、投入资金用于物流供应链等建设；而企业接受政府给予的扶贫补贴、贷款与税收优惠等资源，来实现政府的受托责任。在此过程中，国有企业管理层的考核目标之一是完成社会责任，这使管理层很少考量投资绩效问题，而更多地关注如何完成扶贫受托责任。而民营企业管理层可能为了加强“政企关系”，获取政府补贴、银行贷款或税收优惠而投资于扶贫项目，不是真正为了实现扶贫目标。管理层此时的投资动机不纯、具有盲目性，扶贫投资的决策可能未经过投资项目论证或集体决策，只是根据管理层的意愿而投资于 NPV 为负的项目，即产生投资过度现象。但政府在资助民营企业实施扶贫的过程中也会委派独立的审计机关进行监督，这将在一定程度上限制代理问题的发生。同时，由于民营企业获得的资源有限，他们比国有企业更需要向社会展示正面形象，进而增加市场占有率。虽然，投资于扶贫项目是一个展示正面形象的机会，但如果不能达到扶贫项目预期，可能会导致利益相关者不满并引起民营企业丧失获利机会。因而，民营企业管理层为了减弱这些风险，会谨慎选择 NPV 为正的扶贫项目投资并努力完成扶贫项目目标，这将有利于扶贫项目绩效提升。由此可见，融入式扶贫形态下，民营企业扶贫与投资效率的关系不确定。

其次，捐赠式扶贫或许是一种解决代理问题的形态。Fry 等

(1982) 提出慈善活动树立了企业的正面形象，如果管理层持续的进行逆向选择和道德风险行动，将破坏已建立起来的形象，以及不利于改善企业面临的困境。Williams 等 (2000) 的研究证实了上述观点，他利用遭受美国环保署 (EPA) 处罚的企业样本，发现企业实施慈善捐赠活动显著缓和了违反法律规定所带来的负面社会评价，同时也在一定程度上提升了企业的投资水平。而“捐赠式扶贫”属于慈善活动的一种，Fry 等 (1982) 将捐赠式扶贫费用定义为广告激励费用，即该费用与企业广告费用的作用类似，均能正向提升企业形象。国有企业形象的提升，会增加社会公众对国家的信心，有助于精准扶贫目标实现。而民营企业形象的提升会促进股东利益与管理层利益趋于统一，统一的价值取向会使管理层自发减少逆向选择和道德风险行动，进而投资于有利于增加股东收益的正向 NPV 项目。可见，捐赠式扶贫形态下，企业扶贫有助于提升投资效率。

(2) 基于信息不对称理论的民营企业扶贫与投资效率关系研究

根据 Lang 等 (1996) 的观点，管理者和股东之间的信息不对称会影响资金筹集和项目选择的成本。当管理者隐瞒信息发行股票时，股东会察觉这种信息不对称，并要求折价购买股票。此时，管理者虽然可以拒绝折价销售股票，但良好的筹资机会将被放弃，这可能导致未来投资不足。因而，如何解决信息不对称一直是企业投资效率研究方面的关键问题。Benlemlih 等 (2018) 认为企业提供更多与绩效有关的证明材料，或许是一种减少信息不对称的方式。他们发现，当企业提供财务报告以外的信息时，管理层与利益相关者间的信息不对称程度会被减弱，这将推动管理层与利益相关者的收益目标趋于一致，有利于促使管理层投资于正向的 NPV 项目。2016 年沪深交易所分别发布《关于进一步完善上市公司扶贫工作信息披露的通知》以及《关于做好上市公司扶贫工作信息披露的通知》，要求上市公司在年报“重要事项”中披露精准扶贫工作内容，同时还鼓励上市公司通过临时公告披露扶贫项目建设、参加捐赠活动、成立扶贫产业基金等履行社会责任的信息。这使参与扶贫的企业向社会公众展示了更多非财务信息，对提升企业信息透明度非常有益。这是因为，如果企业财务信息与非财务信息之间不一致，对国有企业而言管理层可能会受到国资委怀疑甚至调查，这将影响其晋升；对民营企业而言股票价格会产生较大的负向波动，这将影响企业价值。因而，已披露社会责任报告的企业不太可能从事盈余操纵活动。Chih 等（2008）进一步从扶贫、环保等信息披露角度证实了上述观点，他们发现披露这些社会责任信息可以减轻收益平滑型盈余管理和避免收益减少型盈余管理，进而使管理者向股东披露更加可靠的财务信息。这使以收益为目标的民营企业股东能更快速、准确地掌握企业的经营风险信息，并采取公司治理措施积极约束管理层过度投资行为或投资不足行为。然而，与上述研究结论不同，程新生等（2012）发现非财务信息的披露可能会带来大量政府补贴、银行贷款等外部融资，进而缓解了企业投资不足，但导致了企业投资过度。而投资过度现象多发生于资金充足的国有企业，相反对资金匮乏的民营企业而言，精准扶贫信息披露带来的大量外部融资反而能够缓解投资不足。所以，民营企业的扶贫行为可能提高了投资效率，但是也可能降低了投资效率。

2. 民营企业扶贫、投资效率与企业绩效

学术界对社会责任、投资效率与企业绩效关系的研究并未达成统一意见。契约理论学派支持社会责任具有提升企业绩效的作用。Jensen 等（1976）提出企业的投资、筹资、经营活动是管理层和利益相关者之间契约的集合。企业可以通过承担精心设计的战略性社会责任，按照当地法律、政策的要求与政府签订投资、经营活动契约，更好地支持当地经济、社会和环境可持续发展，从而向市场传递一种履行社会责任的信号，使处于激烈竞争中的企业获得更多投资者肯定及政府资源支持。这将使企业获得更多资金，并突破企业自身资金约束所引起的投资不足；同时，企业承担社会责任也能提升品牌忠诚度，建立公众心中良好的企业形象，促进利益相关者关注并监督企业投资项目的效率，从而降低企业与利益相关者之间签订的投资活动契约成本，即降低管理层投资于低效项目的代理风险，这将有助于提升企业绩效。相反，Ullman（1985）提出承担社会责任具有成本，管理层越将经济资源用于履行社会责任，就越会增加企业在承担社会责任方面付出的成本，这会挤占企业的投资份额，并对企业利润产生负面影响。但 Wagner 等（2004）对 Ullman 的研究提出了质疑，他们认为社会责任与企业绩效间存在“U”形关系，从短期来看，社会责任成本的增加挤占了投资活动资金，不利于财务绩效增长；但从长期来看，社会责任提高了政府投入、获得了消费者肯定，最终会增加企业流动资金，并促进企业投资规模扩大及投资绩效提升。从上述分析可知，投资效率提升可能是承担社会责任企业提升绩效的渠道。但民营企业精准扶贫这一社会责任行为可能会提高投资效率，也可能会降低投资效率。如果民营企业扶贫行为提升了投资效率，那么必然会增加企业绩效；相反，如果民营企业扶贫行为降低了投资效率，则会减少企业绩效。因而，民营企业扶贫行为通过提升投资效率来影响企业绩效的路径还有待验证。

5.3.3　精准扶贫提升民营企业投资效率检验

1. 样本选取

自2016年起，沪深交易所要求上市公司在年报“重要事项”中披露精准扶贫工作内容。因此，本书研究的样本范围为2016—2018年A股上市民营企业，所使用的数据来自国泰安（CSMAR）数据库。在剔除金融类与ST类企业，删除在主要变量取值上存在缺失的个体后，最终得到5818个观测值。为减轻异常值的影响，本书还对所有连续变量进行了1%和99%百分位的winsorize处理。

本书对样本进行了详细统计，如表5-9所示。首先，从不同地区企业的扶贫情况来看，参与扶贫的企业中，低市场化水平地区的企业样本数是高市场化水平地区的2倍左右；经济发展水平较低地区的企业数量约是经济发展水平较高的地区的1.9倍。这说明，处于经济水平相对较差地区的企业有更大的可能性参与扶贫。其次，从参与扶贫企业的规模和盈利特征来看，大企业样本中，参与扶贫企业的占比为22.18%，而在小企业样本中，参与扶贫企业的占比仅为11.20%；在盈利企业中，参与扶贫企业的占比为17.14%，而在亏损企业样本中，参与扶贫企业的样本占比仅为12.12%。这表明，规模较大和经营业绩较好的企业具备更强能力参与国家精准扶贫战略。最后，从各行业企业的扶贫情况来看，在扶贫企业中制造业企业占主体地位，参与扶贫的制造业企业样本占全体扶贫企业样本的71.45%。这可能与我国政府鼓励企业产业扶贫有关。同时，参与扶贫的电力、热力、燃气及水生产和供应业企业样本占该行业全体样本的38.46%，表明这些从事城市基建的企业在扶贫中发挥了关键作用。

表5-9　扶贫企业数量详细统计

类别	分组	全样本	有扶贫行为企业	无扶贫行为企业
地区	高市场化水平地区	2908	325	2583
	低市场化水平地区	2910	646	2264
	高经济发展水平地区	2908	335	2573
	低经济发展水平地区	2910	636	2274
企业规模	大规模企业	2908	645	2263
	小规模企业	2910	326	2584
盈利情况	盈利企业	5298	908	4390
	亏损企业	520	63	457

续表

类别	分组	全样本	有扶贫行为企业	无扶贫行为企业
行业	A 农、林、牧、渔业	70	16	54
	B 采矿业	76	21	55
	C 制造业	4157	681	3476
	D 电力、热力、燃气及水生产和供应业	52	20	32
	E 建筑业	136	22	114
	F 批发和零售业	227	57	170
	G 交通运输、仓储和邮政业	58	15	43
	H 住宿和餐饮业	4	0	4
	I 信息传输、软件和信息技术服务业	519	51	468
	K 房地产业	173	39	134
	L 租赁和商务服务业	80	6	74
	M 科学研究和技术服务业	73	6	67
	N 水利、环境和公共设施管理业	70	15	55
	O 居民服务、修理和其他服务业	0	0	0
	P 教育	3	1	2
	Q 卫生和社会工作	24	8	16
	R 文化、体育和娱乐业	67	7	60
	S 综合	29	3	26

2. 变量与模型

为了检验民营企业的扶贫行为与投资效率之间的关系，在借鉴 Richardson（2006）模型基础上来计算企业的投资效率。具体如下：

$$Invest_t = \beta_0 + \beta_1 Growth_{t-1} + \beta_2 Lev_{t-1} + \beta_3 Cash_{t-1} + \beta_4 Age_{t-1} + \beta_5 Size_{t-1} + \beta_6 \mathrm{Return}_{t-1} + \beta_7 Invest_{t-1} + \varepsilon_{i,t} \quad (5-1)$$

其中，*Invest* 为本年新增投资；*Growth* 为公司上期营业收入的增长率；*Lev* 为资产负债率；*Cash* 为现金除以总资产；*Age* 为上市年限的自然对数；*Size* 为总资产的自然对数；*Return* 为股票年度回报率；还控制了年度和行业固定效应。模型（5－1）残差的绝对值是投资效率指标，该值越大表明投资效率越低，非效率投资程度越高。

此外，参考金宇超等（2016）的研究，构建模型（5－2）。

$$AbsXinvest = \beta_0 + \beta_1 PA + + \alpha Control + \sum Industry + \sum Year + \varepsilon_{i,t} \quad (5-2)$$

其中，被解释变量 *AbsXinvest* 代表投资效率，由模型（5－1）计算得到。*PA* 代表企业扶贫，与上文定义一致。*Control* 为一组控制变量，包括资产总额的自然对数 *Size*、负债总额占资产总额的比例 *Lev*、企业上市年限 *Age*、企业经营现金净流量除以总资产 *FCF*、第一大股东持股比例 *TOP*、董事会人数的自然对数 *Board*、独立董事人数与董事会总人数的比值 *Outdir*、董事、监事及高管当年年薪总额的自然对数 *Lnpay*、上一年度利润与上一年度期末总资产的比 *Prfrm_brf*、当年企业个股回报率 *SET*、企业月个股收益率的标准差 *Risk*、利润是否为负 *LOSS*。此外，模型还控制了年度效应 *Year* 和行业效应 *Industry*。

为了验证民营企业扶贫、投资效率与企业绩效之间的关系，我们参照 Baron and Kenny（1986）的中介效应三步检验法，设计如下模型：

$$\begin{aligned} &\text{Step1}: ROA = f(PA, Controls) \\ &\text{Step2}: AbsXinvest = f(PA, Controls) \\ &\text{Step3}: ROA = f(AbsXinvest, PA, Controls) \end{aligned} \quad (5-3)$$

其中，Step2 与公式（5－2）相同。为了验证投资效率是否为企业扶贫与企业绩效的中介变量，我们使用资产收益率 ROA 作为企业绩效的代理变量。

3. 实证结果分析

表 5－10 是描述性统计分析结果。*AbsXinvest* 的均值为 0.018，

说明非效率投资规模的平均数为企业总资产的1.8%。*AbsXinvest* 最小值为 -0.634，最大值为7.326，表明不同企业间的投资效率存在较大差异。从PA1可见，在所有样本中有16.7%的民营企业参与了企业扶贫；从PA2可见，扶贫金额最大值是平均值的10.92倍，且标准差也较大为1.875，表明不同企业扶贫投入的差距较大。

表5-10　　描述性统计分析

Variable	N	Mean	SD	Min	Max
AbsXinvest	5818	0.018	0.258	-0.634	7.326
PA1	5818	0.167	0.373	0.000	1.000
PA2	5818	0.758	1.875	0.000	8.281
ROA	5818	0.036	0.100	-1.648	0.384
Size	5818	21.990	1.124	17.806	27.667
Lev	5818	0.382	0.195	0.010	2.302
Age	5818	8.083	6.589	0.000	28.000
FCF	5818	0.041	0.075	-0.650	0.661
TOP	5818	0.320	0.141	0.042	0.855
Board	5818	8.182	1.497	0.000	18.000
Outdir	5818	0.378	0.054	0.000	0.600
Lnpay	5818	15.362	0.703	12.921	18.942
Prfrm_brf	5818	23.763	98.527	-2517.994	2446.330
SET	5818	-0.016	0.036	-0.258	0.587
Risk	5818	0.123	0.055	0.020	0.859
LOSS	5818	0.020	0.140	0.000	1.000

表5-11列示了民营企业扶贫与投资效率之间关系的实证结果。从该表可知，PA1、PA2与AbsXinvest的系数分别在5%和1%

的水平上显著负相关。这表明，民营企业参与扶贫能够显著提高企业整体的投资效率，可见民营企业扶贫行为能够缓解信息不对称问题与代理问题，有利于企业投资于正向 NPV 项目，民营企业扶贫有助于提升其投资效率。

表 5 - 11　　企业扶贫与投资效率的实证结果

Variable	AbsXinvest	
PA1	-0.020** (-2.550)	
PA2		-0.005*** (-3.123)
Size	0.036*** (4.168)	0.037*** (4.208)
LEV	0.030 (0.992)	0.030 (0.998)
Age	-0.001 (-1.332)	-0.001 (-1.343)
FCF	0.059 (1.248)	0.060 (1.279)
TOP	0.058 (1.422)	0.058 (1.440)
Board	-0.004 (-1.279)	-0.004 (-1.249)
Outdir	-0.066 (-0.995)	-0.064 (-0.961)
Lnpay	-0.016 (-1.400)	-0.016 (-1.374)

续表

Variable	AbsXinvest	
Prfrm_brf	-0.000 *** (-2.663)	-0.000 *** (-2.673)
SET	0.563 *** (3.085)	0.564 *** (3.086)
Risk	0.463 * (1.872)	0.464 * (1.877)
LOSS	0.002 (0.031)	0.003 (0.042)
Constant	-0.548 *** (-4.575)	-0.578 *** (-4.617)
Year FE	YES	YES
Industry FE	YES	YES
Observations	5065	5065
R - squared	0.063	0.063

注：括号中为t值，***、**、*分别表示在1%、5%和10%的水平上显著。

表5-12列示了民营企业扶贫、投资效率与企业绩效之间的实证结果。在第（1）列、第（2）列中，PA1和PA2与ROA分别在1%和5%的水平上显著为正，这表明实施扶贫确实能够提高民营企业绩效。在第（3）列、第（4）列中，本书在解释变量中进一步控制AbsXinvest。本书发现，较之第（1）列、第（2）列，PA1与ROA的回归系数值出现下降，PA2与ROA的回归系数不显著，由此可见，民营企业的扶贫行为能够通过提升企业投资效率来扩大企业绩效。

表 5-12　投资效率在扶贫行为与企业绩效之间的中介作用

Variable	ROA			
	(1)	(2)	(3)	(4)
PA1	0.008 *** (2.652)		0.007 ** (2.030)	
PA2		0.001 ** (1.984)		0.001 (1.394)
AbsXinvest			0.007 * (1.910)	0.007 * (1.895)
Size	0.013 *** (4.445)	0.013 *** (4.390)	0.016 *** (4.869)	0.016 *** (4.815)
Lev	-0.169 *** (-6.793)	-0.169 *** (-6.801)	-0.177 *** (-6.581)	-0.177 *** (-6.584)
Age	-0.001 *** (-3.589)	-0.001 *** (-3.545)	-0.000 (-0.866)	-0.000 (-0.812)
FCF	0.249 *** (7.065)	0.250 *** (7.086)	0.247 *** (6.321)	0.248 *** (6.335)
TOP	0.057 *** (6.125)	0.056 *** (6.120)	0.063 *** (6.020)	0.063 *** (6.021)
Board	-0.000 (-0.106)	-0.000 (-0.096)	-0.000 (-0.235)	-0.000 (-0.223)
Outdir	-0.016 (-0.526)	-0.016 (-0.537)	-0.015 (-0.451)	-0.016 (-0.454)
Lnpay	0.005 ** (2.258)	0.005 ** (2.254)	0.003 (1.334)	0.003 (1.344)
Prfrm_brf	-0.000 (-1.305)	-0.000 (-1.304)	-0.000 (-1.087)	-0.000 (-1.086)

续表

Variable	ROA			
	(1)	(2)	(3)	(4)
SET	0.549*** (9.285)	0.550*** (9.318)	0.634*** (8.565)	0.635*** (8.574)
Risk	-0.153*** (-5.086)	-0.154*** (-5.139)	-0.175*** (-4.713)	-0.177*** (-4.775)
LOSS	-0.082*** (-7.861)	-0.083*** (-7.861)	-0.083*** (-7.698)	-0.083*** (-7.697)
Constant	-0.249*** (-4.806)	-0.248*** (-4.689)	-0.288*** (-4.997)	-0.287*** (-4.887)
Year FE	YES	YES	YES	YES
Industry FE	YES	YES	YES	YES
Observations	5818	5818	5065	5065
R-squared	0.280	0.279	0.282	0.282

注：括号中为t值，***、**、*分别表示在1%、5%和10%的水平上显著。

4. 截面异质性检验

为了寻找民营企业利用扶贫活动提升投资效率的方法，本书从政企关系、融资约束程度等微观层面，从地方政府干预程度与经济发展程度等宏观层面进行分析。

首先，在政企关系方面。王艺明等（2018）发现相较于无政企关系民营企业，具有政企关系的民营企业实施慈善活动会获得更多外部融资支持。如果有政企关系民营企业实施扶贫活动，可能更容易获得政府补助、税收优惠、银行贷款等外部融资，进而缓解了企业投资不足的情况；也可能获得更多扶贫项目信息，这使政企关系民营企业能通过这些信息投资于优质的扶贫项目，进而显著提高企业投资效率。

对是否具有政企关系分组进行检验，结果如表5-13。在有政企关系组中，PA1、PA2 与 AbsXinvest 的回归系数均在 5% 的水平上显著；而无政企关系组两者均不显著。这说明，相比于无政企关系的民营企业，有政企关系的民营企业更为明显地通过参与扶贫以提升投资效率。

表 5-13　　　　政企关系分组的实证结果

Variable	AbsXinvest			
	有政企关系		无政企关系	
PA1	-0.019** (-1.980)		-0.016 (-1.030)	
PA2		-0.004** (-2.470)		-0.004 (-1.290)
Size	0.036** (2.310)	0.037** (2.350)	0.038*** (4.260)	0.039*** (4.150)
LEV	0.002 (0.048)	0.003 (0.067)	0.063 (1.390)	0.063 (1.380)
Age	-0.001 (-0.510)	-0.001 (-0.530)	-0.003** (-2.390)	-0.003** (-2.400)
FCF	0.200** (2.220)	0.201** (2.220)	-0.010 (-0.170)	-0.009 (-0.150)
TOP	0.028 (0.920)	0.029 (0.960)	0.094 (1.180)	0.094 (1.190)
Board	0.001 (0.150)	0.001 (0.130)	-0.005 (-1.580)	-0.004 (-1.530)
Outdir	-0.002 (-0.024)	-0.004 (-0.044)	-0.067 (-0.670)	-0.063 (-0.650)
Lnpay	-0.023 (-1.150)	-0.023 (-1.140)	-0.005 (-0.690)	-0.004 (-0.640)

续表

Variable	AbsXinvest			
	有政企关系		无政企关系	
Prfrm_brf	-0.000 (-1.550)	-0.000 (-1.570)	-0.000 (-1.530)	-0.000 (-1.510)
SET	-0.063 (-1.140)	-0.061 (-1.120)	-0.092* (-1.870)	-0.091* (-1.860)
Risk	0.753 (1.590)	0.756 (1.600)	0.291* (1.740)	0.290* (1.730)
LOSS	-0.061** (-2.360)	-0.060** (-2.330)	0.122 (0.720)	0.123 (0.720)
Constant	-0.545*** (-2.620)	-0.567*** (-2.680)	-0.758*** (-3.730)	-0.784*** (-3.620)
Year FE	YES	YES	YES	YES
Industry FE	YES	YES	YES	YES
Observations	2648	2648	2276	2276
R - squared	0.080	0.080	0.070	0.070

注：括号中为t值，***、**、*分别表示在1%、5%和10%的水平上显著。

其次，在融资约束程度方面。喻坤等（2014）发现外部融资约束程度越高的企业，其投资效率越差。而企业参与扶贫是一种社会责任活动，可以与地方政府形成隐形契约关系，这有利于企业获得更多来自银行的扶持性信贷资源，进而减少了企业的融资约束。可见，企业外部的融资约束程度可能影响了企业扶贫与投资效率间关系。

根据魏志华等（2014）的研究，本书选用KZ指数来衡量企业的融资约束程度，该指数值越大，表明企业的融资约束程度越高。表5-14结果显示，在融资约束程度高的企业样本中，PA1、PA2与AbsXinvest的回归系数分别在5%和1%的水平上显著。然而，在融资约束程度较低的企业样本中，PA1、PA2 与 AbsXinvest 的回归系数均不显著。这说明，对融资约束程度较高的民营企业而言，参与地方政府扶贫计划能够获得银行信贷资源，有利于缓解自身的投资不足。

表 5-14　融资约束程度异质性实证结果

Variable	AbsXinvest			
	融资约束程度低		融资约束程度高	
PA1	-0.009 (-1.337)		-0.040** (-2.492)	
PA2		-0.002 (-1.562)		-0.010*** (-3.041)
Size	0.029** (1.995)	0.030** (2.015)	0.046*** (4.060)	0.048*** (4.104)
Lev	0.154*** (4.600)	0.155*** (4.607)	-0.056 (-1.080)	-0.055 (-1.070)
Age	-0.004*** (-5.286)	-0.004*** (-5.306)	0.002 (1.191)	0.002 (1.205)
FCF	0.175** (2.559)	0.176** (2.559)	0.002 (0.030)	0.004 (0.063)
TOP	0.029 (1.377)	0.030 (1.401)	0.080 (0.828)	0.080 (0.835)
Board	0.004 (0.840)	0.004 (0.844)	-0.013*** (-3.313)	-0.013*** (-3.253)
Outdir	0.077 (1.075)	0.079 (1.094)	-0.202* (-1.753)	-0.202* (-1.759)
Lnpay	-0.024 (-1.393)	-0.024 (-1.385)	-0.005 (-0.283)	-0.004 (-0.258)

续表

Variable	AbsXinvest			
	融资约束程度低		融资约束程度高	
Prfrm_brf	-0.000*** (-2.854)	-0.000* (-2.860)	-0.000 (-0.914)	-0.000 (-0.930)
SET	0.351 (1.483)	0.350 (1.479)	0.578*** (3.130)	0.583*** (3.149)
Risk	0.745 (1.553)	0.745 (1.555)	0.260* (1.715)	0.262* (1.717)
LOSS	-0.044*** (-3.005)	-0.044*** (-2.989)	0.004 (0.036)	0.005 (0.051)
Constant	-0.482** (-2.496)	-0.498** (-2.537)	-0.765*** (-3.640)	-0.808*** (-3.710)
Year FE	YES	YES	YES	YES
Industry FE	YES	YES	YES	YES
Observations	2908	2908	2157	2157
R-squared	0.167	0.167	0.066	0.067

注：括号中为t值，***、**、*分别表示在1%、5%和10%的水平上显著。

再次，在地方政府干预程度方面。地方政府干预对企业投资效率具有影响，唐雪松等（2010）均证明地方政府干预程度越强的地区，企业过度投资问题越严重。精准扶贫是一项国家政策，企业资源的投向本身就受到地方政府干预，相应的投资效率也可能将受到地方政府干预影响。所以，研究地方政府干预程度对企业扶贫与投资效率间关系的影响将非常有意义。

本书根据王小鲁等（2016）研究的市场化水平指数值来衡量不同地区的地方政府干程度，并根据企业所在地将样本分成“地方政府干预程度高”和“地方政府干预程度低”两组。表5-15结果显示，无论是在地方政府干预程度高还是低的地区，PA1、

PA2 与 AbsXinvest 均显著为负。然而值得注意的是，在地方政府干预程度低的地区，PA1、PA2 与 AbsXinvest 的系数分别为 -0.023、-0.006，明显小于地方政府干预程度高的地区。这表明，民营企业参与扶贫活动以提升投资效率的现象更明显地存在于地方政府干预程度低的地区。这可能是因为，地方政府干预程度低的地区，民营企业有更多选择项目的自主权，投资效率的提升空间也相对较大。

表 5-15　地方政府干预程度异质性实证结果

Variable	AbsXinvest			
	地方政府干预程度低		地方政府干预程度高	
PA1	-0.023** (-1.970)		-0.016* (-1.696)	
PA2		-0.006** (-2.359)		-0.004** (-2.013)
Size	0.047*** (3.427)	0.048*** (3.441)	0.023*** (2.837)	0.023*** (2.887)
Lev	0.003 (0.074)	0.004 (0.089)	0.071* (1.926)	0.071* (1.927)
Age	0.000 (0.096)	0.000 (0.074)	-0.003*** (-3.051)	-0.003*** (-3.024)
FCF	0.044 (0.494)	0.048 (0.533)	0.112* (1.887)	0.112* (1.890)
TOP	0.116 (1.586)	0.118 (1.601)	0.009 (0.375)	0.010 (0.402)
Board	-0.003 (-0.428)	-0.002 (-0.414)	-0.006* (-1.932)	-0.006* (-1.919)

续表

Variable	AbsXinvest			
	地方政府干预程度低		地方政府干预程度高	
Outdir	-0.097 (-0.777)	-0.095 (-0.759)	-0.067 (-1.077)	-0.065 (-1.047)
Lnpay	-0.027 (-1.533)	-0.026 (-1.504)	-0.004 (-0.258)	-0.003 (-0.243)
Prfrm_brf	-0.000* (-1.914)	-0.000** (-1.986)	-0.000 (-1.129)	-0.000 (-1.116)
SET	0.834** (2.554)	0.832** (2.550)	0.272** (2.274)	0.276** (2.294)
Risk	0.732* (1.682)	0.734* (1.685)	0.181* (1.739)	0.181* (1.743)
LOSS	0.071 (0.532)	0.072 (0.539)	-0.072*** (-3.388)	-0.072*** (-3.370)
Constant	-0.680*** (-3.583)	-0.721*** (-3.579)	-0.390*** (-3.606)	-0.409*** (-3.665)
Year FE	YES	YES	YES	YES
Industry FE	YES	YES	YES	YES
Observations	2576	2576	2489	2489
R - squared	0.073	0.073	0.108	0.108

注：括号中为 t 值，***、**、* 分别表示在 1%、5% 和 10% 的水平上显著。

最后，在经济发展程度方面。陈扬乐（2003）指出区域经济发展水平与扶贫资源支持力度呈反比关系，即地方政府会将经济发展水平低的地区作为重点扶贫地区，并投入更多的补贴、贷款、建筑用地等资源。而对现金流不足的企业来说，地方政府给予更多低成本或零成本的资源支持将有利于缓解其投资不足的境况；相反，对现金流充足的企业来说，地方政府给予更多的资源支持也可能会导致企业投资过度。可见，经济发展程度可能会影响企业扶贫与投资效率的关系。

借鉴陆铭（2017）的方法，使用人均GDP来测量地区经济发展水平，并将样本分成“经济发展水平高”和“经济发展水平低”两组。表5-16结果显示，经济发展水平低组中PA1、PA2与AbsXinvest的回归系数分别为-0.028、-0.007，在5%和1%的水平上显著；而在经济发展水平高组中，仅PA2与AbsXinvest的回归系数为-0.005，在10%的水平上显著。这表明，在经济发展水平较低的地区，企业扶贫行为获得了更多的地方政府资源支持，缓解了民营企业的投资不足；而在经济发展水平较高的地区，贫困人口较少，地方政府给予的扶贫支持力度不大，可能无法缓解民营企业投资不足的境况。

表5-16　　经济发展程度异质性实证结果

Variable	AbsXinvest			
	经济发展水平低		经济发展水平高	
PA1	-0.028** (-2.318)		-0.015 (-1.382)	
PA2		-0.007*** (-2.639)		-0.005* (-1.839)
Size	0.046*** (3.154)	0.048*** (3.181)	0.024*** (3.504)	0.025*** (3.572)
Lev	-0.006 (-0.107)	-0.004 (-0.081)	0.071** (2.113)	0.071** (2.120)
Age	-0.001 (-0.462)	-0.001 (-0.490)	-0.002* (-1.844)	-0.002* (-1.830)

续表

Variable	AbsXinvest			
	经济发展水平低		经济发展水平高	
FCF	0.016 (0.194)	0.019 (0.231)	0.104** (2.416)	0.104** (2.424)
TOP	0.092 (1.229)	0.094 (1.252)	0.030 (1.230)	0.030 (1.230)
Board	-0.004 (-0.608)	-0.003 (-0.598)	-0.005 (-1.493)	-0.005 (-1.473)
Outdir	-0.091 (-0.780)	-0.088 (-0.759)	-0.035 (-0.538)	-0.033 (-0.509)
Lnpay	-0.023 (-1.250)	-0.022 (-1.229)	-0.006 (-0.438)	-0.005 (-0.403)
Prfrm_brf	-0.000** (-2.075)	-0.000** (-2.108)	-0.000 (-1.030)	-0.000 (-1.022)
SET	0.944*** (2.903)	0.941*** (2.896)	0.189 (1.612)	0.193 (1.642)
Risk	0.614 (1.449)	0.617 (1.457)	0.248** (2.336)	0.248** (2.334)
LOSS	0.048 (0.393)	0.050 (0.402)	-0.056*** (-3.234)	-0.056*** (-3.230)
Constant	-0.675*** (-3.333)	-0.717*** (-3.357)	-0.441*** (-3.760)	-0.465*** (-3.800)
Year FE	YES	YES	YES	YES
Industry FE	YES	YES	YES	YES
Observations	2559	2559	2506	2506
R-squared	0.068	0.069	0.120	0.120

注：括号中为t值，***、**、*分别表示在1%、5%和10%的水平上显著。

5.3.4 研究与建议

我们以民营企业为样本，研究了精准扶贫政策实施的微观效果，即对民营企业的投资效率产生的影响。结果表明，民营企业扶贫行为能够提升投资效率，且这种提升作用最终将会导致企业绩效增加。进一步从微观角度的截面异质性检验发现，具有政企关系的民营企业或者融资约束程度高的民营企业，实施扶贫活动能够提升投资效率；从宏观角度的截面异质性检验发现，民营企业参加地方政府干预程度较低地区或市场化程度较低地区的扶贫活动，也能够提升投资效率。

国家审计对扶贫工作的监督促进了扶贫进展，同样在民营企业扶贫效率的提升方面也起到了重要作用，一方面改善了民营企业参与扶贫项目投资的外部经营环境，降低了政府对扶贫企业的扶贫投资项目干预；另一方面，国家审计对扶贫资金的持续性监督也避免了地方政府对扶贫资金的不当使用，真正考虑扶贫资金效益的发挥。国家审计通过监督地方政府扶贫资金的利用，间接通过地方政府形成对企业扶贫资金利用的有效监督，避免民营企业对扶贫资金的不正当占用与挪用，促进民营企业在利用政府的扶贫补贴资金等时更加考虑资金效益的发挥，使扶贫资金用在扶贫实效的发挥上，所以应该继续发挥国家审计的监督作用，提高对扶贫工作的认识，对扶贫开发政策、资金、项目进行有重点、有步骤、有深度、有成效的审计全覆盖，针对审计发现的情况和问题，及时提出意见和建议，督促有关地区和部门及时整改，并依法向社会公告审计发现的问题和整改情况，保证我国精准扶贫的实现以及后扶贫工作的持续开展，更为接下来的乡村振兴工作贡献审计力量。

第6章

防返贫审计制度保障机制研究

6.1　构建防止返贫手册的建议

6.1.1　防止返贫的指导思想

在防止返贫过程中，需要坚持以习近平新时代中国特色社会主义思想为指导，全面贯彻党的十九大和十九届二中、三中、四中全会精神，认真落实《国务院扶贫开发领导小组关于建立防止返贫监测和帮扶机制的指导意见》。防止返贫的指导思想可从坚持党的领导、坚持以人民为中心、坚持实践是检验真理的唯一标准等三个方面着手：

第一，坚持党的领导。在思想上，防止返贫工作要密切遵从党中央的大政方针和宏观政策要求，要始终坚持习近平新时代中国特色社会主义思想在防止返贫工作中的指导地位和思想引领作用。将防止返贫工作作为历史和人民对党员干部的考验，将防止返贫工作的成绩作为向人民汇报的满意答卷。在组织上，要建立巩固基层党组织在防止返贫工作中的重要基础性作用，强化脱贫攻坚领导责任制、发挥基层党组织战斗堡垒作用。

第二，坚持以人民为中心。在思想上，要始终坚持“人民至上”的理念，坚持“一切为了人民、一切依靠人民”的群众观点和群众路线，力求将防返贫工作的重心与人民群众的切实需求紧密结合。在行动上，立足于“人民日益增长的对美好生活的需要，与不平衡不充分的发展状况之间的矛盾”，突破解决脱贫群众美好生活需要满足的问题。

第三，坚持实践是检验真理的唯一标准。在思想上，要始终坚持“实践第一”的观点，将防返贫工作落在实处而非停留在理论层面，特别要提出切实可行的防返贫建议并加以应用。在行动上，要在具体的防返贫实践中发现工作要点，总结防返贫经验并形成可借鉴、可推广且具有生命力的防返贫经典理论。

6.1.2 防止返贫的原则

防止返贫的基本原则是防返贫各部门所适用的，防止返贫工作中需要遵循的原则。主要包括，坚持事前预防与事后帮扶相结合原则、坚持开发式帮扶与保障性措施相结合原则、坚持政府主导与社会参与相结合原则、坚持外部帮扶与群众主体相结合原则。具体而言：

第一，坚持事前预防与事后帮扶相结合原则。一方面，做好防返贫的防线预设工作，提前发现并识别存在返贫致贫风险的人口并采取有针对性的帮扶措施，尤其要防止脱贫人口返贫、边缘人口致贫；另一方面，构建有效的返贫补救系统，一旦出现返贫和新致贫，及时纳入建档立卡，享受脱贫攻坚相关政策，实施精准帮扶。

第二，坚持开发式帮扶与保障性措施相结合原则。一方面，实施精准的开发性帮扶以凸显防返贫工作的效率性。因人因户精准施策，对有劳动能力的监测对象，主要采取开发式帮扶措施，支持发展产业、转移就业，通过劳动增收致富。另一方面，构建防返贫社会保障体系以凸显防返贫工作的公平性。针对获取劳动收入能力较低、甚至无劳动能力的监测对象，进一步强化综合性社会保障措施。

第三，坚持政府主导与社会参与相结合原则。一方面，充分发挥政府的主导性作用，强化政府在防返贫工作中的主体责任，尤其要清晰落实各级政府部门所应承担的具体责任，并辅之建立有效地问责体系；另一方面，政府要做好社会力量的参与协同，鼓励先富帮后富、守望相助，形成防止返贫的工作合力。尤其是作为脱贫财政资金的主要使用者，积极引导扶贫企业持续性参与持续性扶贫治理。

第四，坚持外部帮扶与群众主体相结合原则。一方面，强化吸引好外部帮扶力量，加强外部资源对防返贫工作的支持，并在此基础上做到外部资源的配置效率提升。另一方面，强化群众自身的反脱贫内在动力，激发群众自身努力与勤劳致富意愿，注重培养贫困群众和监测对象艰苦奋斗意识，提升自我发展能力。

6.1.3　返贫风险的应对措施

根据上文分析可知，在国家大力支持的情况下，贫困难以消除的原因与资金使用、项目实施、政策执行、体制机制运行、违法违纪等风险有关。除了贫困群众的个人原因外，这些问题仍是政府部门在防止脱贫人口返贫、边缘人口致贫中需要特别关注的问题，应从建立事前预防、事中监管与事后追责的防返贫应对措施着手，预防这些风险的发生与扩大。

（1）防返贫资金使用风险的应对措施

在防返贫资金使用过程中，可能会出现违规使用防返贫资金、防返贫资金闲置、未统筹使用防返贫资金、骗取或虚列防返贫资金、超标或重复发放防返贫资金等风险，本书从以下方面着手分析这些风险的应对措施。

第一，违规使用防返贫资金的应对措施。在防返贫资金使用前，财政部门应建立严格的审批制度，即对防返贫资金的用途进行严格审批，杜绝该项资金用于不应该享受政策的脱贫户；在防返贫资金使用中，政府可采用大数据平台对防返贫资金使用情况进行动态监管，以及时了解防返贫资金是否流向不应该享受该政策的家庭。一旦发现违规使用防返贫资金的情况，要立刻要求收回防返贫，避免资金被大量占用而导致脱贫人口、边缘人口无法获得资金；在防返贫资金使用后，对因违规使用防返贫资金的情况，应及时追究相关单位和个人责任并给予处罚，以避免防返贫资金使用过程中再次出现违规行为。

第二，防返贫资金闲置的应对措施。在防返贫资金使用前，按照“市或区负责、乡镇落实、村建台账”的体系进行责任分工，防止防返贫资金闲置；在防返贫资金使用中，市或区级统筹各类资金，要检查防返贫资金的拨付金额及预算使用进度。对拨付金额过多而使用进度慢的项目，应查明防返贫资金闲置的原因，并要求问题单位加速使用闲置资金；在防返贫资金使用后，财政部门需要对防返贫资金的使用目标进行核查，以发现是否还存在滞留资金、闲置资金等情况。并进一步要求问题单位说明这些闲置资金出现的原因及未来的去向，不合理的闲置资金应要求其激活。

第三，未统筹使用防返贫资金的应对措施。在防返贫资金使用前，防返贫单位应制定资金统筹使用计划，确保防返贫资金能按计划有效使用；在防返贫资金使用中，使用单位要积极审查资金的使用情况。一旦出现未统筹使用资金的情况，需核查哪一环节出现问题并及时提出解决方法，即当未统筹使用防返贫资金而导致贫困群众返贫时，需及时发放资金以阻止返贫，并对责任人进行问责。在防返贫资金使用后，资金使用单位要严格核算未统筹使用资金额，并重新激活未统筹使用资金。

第四，骗取或虚列防返贫资金的应对措施。在防返贫资金使用前，财政部门要制定防返贫资金管理实施条例，并向各单位通报骗取或虚列资金的后果；在防返贫资金使用中，应利用信息化技术平台，从村级开展排查核查，对防返贫资金的使用情况进行动态监测预警。不定期的抽查高风险领域资金，或核对各项资金的收支明细，以防范骗取或虚列资金的风险；在防返贫资金使用后，应建立骗取或虚列资金台账并上报发现的骗取或虚列资金情况，以追回骗取的资金、追查骗取或虚列的责任人。

第五，超标或重复发放防返贫资金的应对措施。在防返贫资金使用前，财政部门需建立完善的资金发放制度，促使资金按照制度发放；在防返贫资金使用前，财政部门应将发现的超标或重复发放资金问题及时反馈给政府，并严格控制超标或重复发放单位的预算。

（2）防返贫项目实施风险的应对措施

防返贫项目主要包括产业扶贫项目、扶贫小额信贷项目、消费扶贫项目等，均与产业和金融业务相关，而扶贫项目主要是固定资产建造项目，两者之间存在一定差异。本书在借鉴扶贫项目实施风险基础上，根据防返贫项目特征，提出应从项目无法开展、项目进展缓慢、项目实施中存在问题、项目未按照规定执行等四个风险实施应对。具体如下文所示。

第一，针对防返贫项目无法开展。在防返贫项目开展前，应该聘请专家论证，并在综合考虑实际情况基础上，设计、规划、规范产业项目、金融项目或建造项目安排，使防返贫项目在未来真正能够获得收益；在防返贫项目开展中，政府部门需不断关注与监督项目的开展情况。一旦发现项目无法开展，就需要立刻与相关部门联系、调查原因，并去除无法继续开展的防返贫项目，以加快防返贫项目的速度；在防返贫项目开展后，对使用率不高的防返贫项目加强监督，并随时建议终止此类项目。

第二，针对防返贫项目进展缓慢。在防返贫项目实施前，防返贫项目开展单位应制定项目进展计划表，如产业扶贫项目由产业部门负责、扶贫小额信贷项目由金融部门负责等，以保证项目责任落实到具体部门或个人；在防返贫项目实施中，各部门需及时对照扶贫项目进展计划表，查看项目的实际进展情况，并选择重大项目验收阶段性成果。对于进展缓慢的防返贫项目，各部门要催促其加快实施。特别针对一直缓慢的项目，政府应优化资金配置，必要时停止缓慢项目；在防返贫项目实施后，各部门需对项目完成情况进行总结，并在政府的监督下加以实施，实施奖惩机制以提高履责人员积极性。

第三，针对防返贫项目实施中存在的问题。在防返贫项目实施前，政府各部门就需要对防返贫项目的合格标准进行反复讨论与确认，目的是要求防返贫项目按照这些标准实施；在防返贫项目实施中，政府需根据标准监督防返贫项目的实施情况，并要求实施单位整改项目中存在的问题，避免这些问题造成更大损失；在防返贫项目实施后，项目实施单位需对项目建造中所出现的问题进行总结和记录，完善后续的项目运行安排。

第四，针对防返贫项目未按照规定执行。在防返贫项目实施前，政府各部门应从行业规范、财务制度等着手制订规定，并制订未按规定执行项目的处理处罚办法，在防返贫项目实施中，政府各部门应抽查项目实施单位是否按规定执行，对不按规定执行的实施单位处理处罚并清理出场；在防返贫项目实施后，政府各部门应对违规责任人进行处理处罚以形成威慑，进而防止该单位未按照规定执行的情况再次发生。

（3）防返贫政策执行风险的应对措施

在防返贫政策执行过程中，可能会出现政策落实不到位、政策制定不合理、政策缺失或多余等风险，本书从以下方面着手分析这些风险的应对措施。

第一，针对政策落实不到位。在政策落实前，政府需针对不同脱贫程度人口制定差异化的政策，即不享受政策的脱贫户，不再享受财政扶贫资金补贴补助类政策；享受政策的脱贫户要坚持“应享尽享、应扶尽扶”，并根据实际情况落实相关脱贫攻坚政策。在政策落实中，审计、纪委等监督部门需要跟踪监督，看是否存在政策落实慢、落实不到位等问题。特别是应注意是否存在不应享受政策的脱贫户享受了补贴政策。在政策落实后，政府部门需总结经验，分析政策未落实的原因，并形成案例予以推广。此外，政府还需对各单位防返贫政策落实情况进行综合绩效评价，对个人或单位实行奖惩制度，进而保障后续防返贫政策落实。

第二，针对政策制定不合理。在政策制定前，政府可聘请专家予以论证，寻找本地区应该实施的产业扶贫政策、就业扶贫政策、消费扶贫政策、社保兜底保障政策等；在政策制定中，政府需考虑如何照顾重点帮扶对象的脱贫监测户，在制订各类帮扶措施等方面给予倾斜。在政策制定后，要监测政策的执行情况并根据实际情况修订政策，以保证政策的持续可靠性。例如考虑是否存在因重大自然灾害、家庭重大变故等导致重新返贫的不享受政策的脱贫户，需要及时修订政策以照顾他们的利益。

第三，针对政策缺失或多余。在政策制定前，政策制定部门可以广泛收集信息，结合相关专家意见，总结出政策实际应制定的类目，防止出现防返贫政策缺失或多余；在政策执行中，审计、纪委等监督部门需要根据政策实施的情况，提出删除已经过时的政策或补充新政策的建议，防止出现过时政策实施效果欠佳或因政策缺失导致个人获利等情况；在弥补缺失政策或删除多余政策后，政府部门需分析政策缺失或多余的原因、是否造成了负面影响，以及如何出台补救措施予以解决。并总结经验，为后续政策制定积累经验。

（4）防返贫体制机制运行风险的应对措施

在防返贫体制机制运行过程中，可能会出现执行机制存在问题、决策机制存在问题、监督机制存在问题、协调机制存在问题等风险。由于我国在精准扶贫阶段，从省、市县到乡村都设置了扶贫机构，这些机构在执行扶贫政策方面经验丰富，可以转为防返贫机构。经审计统计，2017—2020 年仅有 2 个单位存在机构设置不合理问题，问题数量较少。因此，本书认为在防返贫中存在机构设置不合理的风险较小。因此，本书从以下方面着手分析这些风险的应对措施。

第一，针对执行机制存在问题。在防返贫政策执行前，应建立培训机制，用于调动防返贫人员的主观能动性。例如，通过培训使防返贫人员了解如何激发贫困群众内生动力，了解“老少病残孤”等特殊困难群体等。在防返贫政策执行中，需要建立联系人制度，组织镇村干部和驻村扶贫工作人员等作为边缘户的联系人，充分发挥联系人作用；建立监察机制，确保执行部门所采取的各项措施受到监督。在防返贫政策执行后，建立反馈机制，保障执行部门反馈与总结经验，用于下一阶段扶贫政策执行；建立绩效考核机制，对执行结果进行客观评价及分析原因，以期在后续执行方法与程序上寻求突破。

第二，针对决策机制存在问题。在决策前，防返贫执行部门需要对决策目标有关的客观环境进行调研，既包括调研产业发展、经济水平、人文环境等外部环境，也包括企业管理、内部控制等内部环境。在决策中，要根据调研结果，在评估不同防返贫策略绩效的基础上，选择最适合的防返贫策略执行；在决策后，各单位决策部门要对整个决策过程进行分析和总结，查找存在的问题及后续的改进方案，以便做出最优决策。

第三，针对监督机制存在问题。在监督前，审计、纪委等监督部门应制定切实有效的监督方案，确保监督顺利进行；组建独立、专业的监督团队，即严格审查监督人员背景，防止徇私舞弊；在监督中，监督部门要根据实际监督情况判断是否扩大监督范围或改进监督方案等。如果监督机制存在问题，需及时着手寻找原因，并从原因入手改进监督机制；在监督后，监督部门要回顾监督全过程，分析监督是否合规合法；监督部门对过程中所发现的监督机制问题进行总结和记录，以便完善后续监督。

第四，针对协调机制存在问题。在协调前，各部门应结合往年扶贫协调合作经验，建立完善的防返贫协调机制以确保政策、项目、部门之间稳步协调；在协调中，政府部门如发现防返贫协调机制存在问题，则需及时做出调整，即安排专门的协调会议、帮助各部门合作等；在协调后，各部门应对过程中出现的协调机制问题和改善意见进行总结和记录，以防止该类问题再次发生。

（5）防返贫违法违纪风险的应对措施

针对防返贫违法违纪风险可采取审计移交与政府部门处理处罚两种应对措施。其中，关于审计移交措施。在移交前，审计机关应充分明确自身的问责及移交权限范围，建立移交机制；在移交中，对审计过程中出现的需移交事项进行分类记录，并根据问题类型选取司法机关、纪委监察机关等接收对象；在移交后，审计机关需回顾审计移交全过程，对过程中存在的问题及处理意见进行总结和记录。关于政府部门处理处罚措施。在处理处罚前，司法机关、纪委监察机关等部门需建立相应的处理处罚细则规定，保证问题的处理处罚有依可判；在处理处罚中，各部门要及时处理处罚相关责任人，防止出现处理拖延、处理不合规等情况；在处理处罚后，各部门应对处理处罚过程中存在的问题和改善建议进行总结和记录，以期完善处理处罚机制。

6.1.4　返贫的问责路径

（1）审计与其他问责主体间的关系

返贫风险的督查问责机制是一种及时纠正问题并处罚责任人，以防范返贫风险发生的机制。从防范风险的角度来看，审计之后的问责可以起到威慑作用，目的是防止屡审屡犯问题发生。根据陶媛婷、王帆（2019）的研究问责主体包括四种：审计机关，司法机关，纪检监察机关，主管部门（单位）、监管部门或各级政府。为了研究返贫问责主体间的关系，如图 6－1 所示，在国家治理体系的框架下，国家审计是国家监督系统中的一个重要子系统。审计的主要职责是查实违法违规责任，但国家审计机关的问责权力有限，需要与其他问责主体协作完成监督工作。因此，本书将问责划分为审计机关权限内和审计机关权限外两种。

首先，在审计机关问责权限内，审计人员依据《中华人民共和国审计法》以及《审计法实施条例》等直接进行处罚，并要求进行整改。

其次，在审计机关问责权限外，要根据移送的不同部门进行下一步问责。其中：

①在审计发现贪污资金等涉及职务的违法行为、构成犯罪的人员与单位，审计机关应及时将人员与单位移送至检察院进行调查。同时，在审计发现违法违纪行为，涉嫌构成犯罪的人员与单位，依法需要追究刑事责任，审计机关应该及时向有关机关移送。

②审计机关问责权外的非犯罪行为，违反了法律法规或违反党纪党规的单位与人员。例如针对扶贫主体责任缺失、监督责任缺位

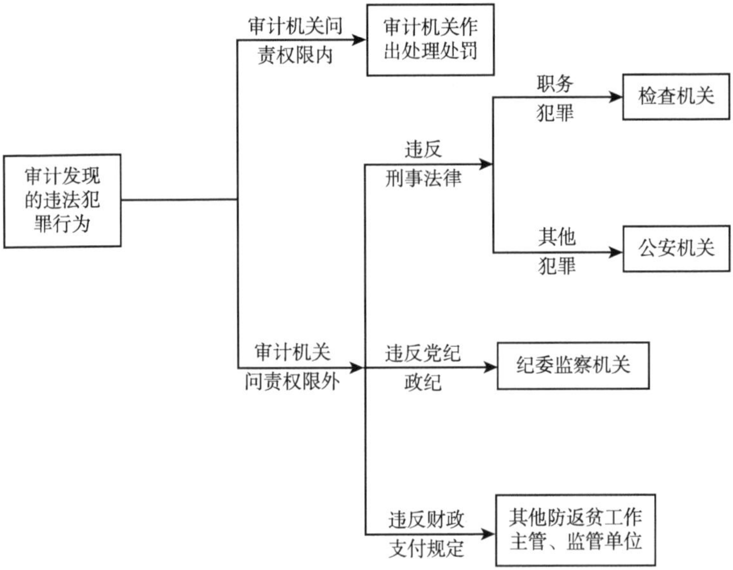

图 6－1　审计机关与问责主体间的关系

等责任单位与责任人，审计人员应移送这些单位与人员至有调查与问责权的纪检监察机关，进行党纪政纪责任追究并做出相应的处理处罚决定。

③审计过程中发现的失责问题且不属于移送司法机关或纪检监察机关监督与问责的范围，但是违反财政财务收支规定的情况，审计机关应移送被审计单位的主管、监管机关进行失责行为的问责。

最后，监督与问责由多部门、多环节所构成，多部门需要良好的协调配合才能使问责机制发挥作用。为了使这些部门的监督更具效力，需加从以下方面加强各部门的协作：第一，完善审计监督与问责主体之间的紧密协作。可建立由纪检监察机关牵头，包含审计等部门共同参加的问责监督联席会议制度。对于一些重大问责事项，需整合各个方面资源，消除部门之间的信息沟通障碍，实现精准问责。同时，也要明确联席单位各自的职责和运作方法，设置休会期间的专门办事机构，搭建起交流协作的长效平台；强化各个问责主体的责任意识，没有积极开展问责行动或不积极作为的责任人，联席会议有权进行问责。第二，建立现代化的问责综合信息平台。通过综合信息平台建设，打破各问责主体之间以及审计机关与问责主体之间的信息分割状况。一方面，审计机关可通过信息平台及时更新有关审计发现的信息，并通过平台将信息传递给其他问责主体；另一方面，其他问责主体及时从平台获得审计发现的信息，并将问责信息及时更新。随后，其他问责主体通过共享信息资源形成问责合力，以及时有效的开展审计后的监督工作。

（2）应用问责结果的路径

问责结果要交给行政系统外部及党外部的其他主体监督，包括人大监督、新闻媒体监督和人民群众监督、及政府人事部门等来应用。具体而言：

第一，强化人大对问责结果的使用。由图 6－2 可见，各问责主体可将问责结果形成清单并向人大常委会提交该清单。人大常委会对各问责主体提交的问责结果清单进行整理，在每年人大会议召开之际，向人大代表会提交问责清单，并由人大代表对该清单的满意度进行测评。如果人大代表半数以上不满意，人大要追究问责主体问责不力、敷衍了事的责任，并要求审计机关对问责不当事项进行问责后的跟踪审计，强化问责效力。

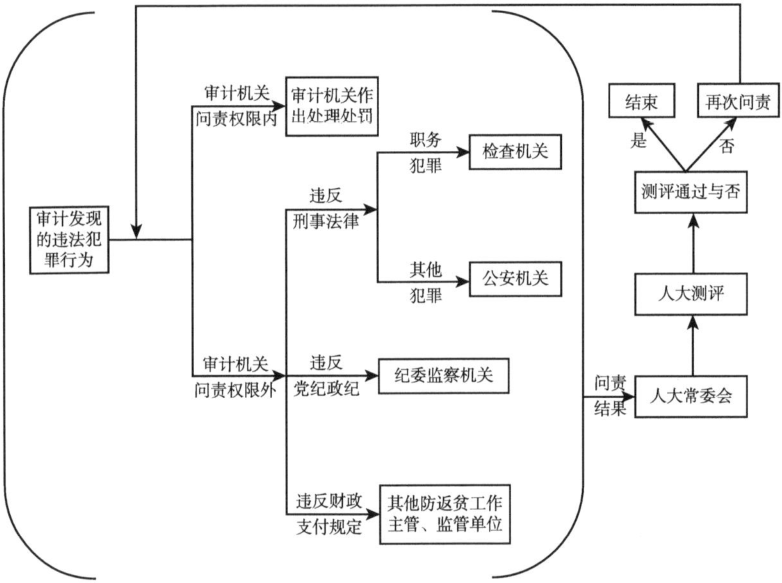

图 6-2　强化人大对审计后问责结果的监督路径

第二，加强新闻媒体和人民群众对问责结果的使用。图 6-3 所示，审计机关会追踪移交结果并形成审计移交结果公告，然后通过报纸、网络等多种新闻媒体发布审计移交结果。目的是，一方面让人民群众更全面、更具体地了解国家的防返贫政策措施以及领导干部的防返贫责任履行情况；另一方面可以利用社会舆论传播广、影响大的特点，形成强大的社会监督压力以促使问责主体履责并保障问责权力阳光运行。

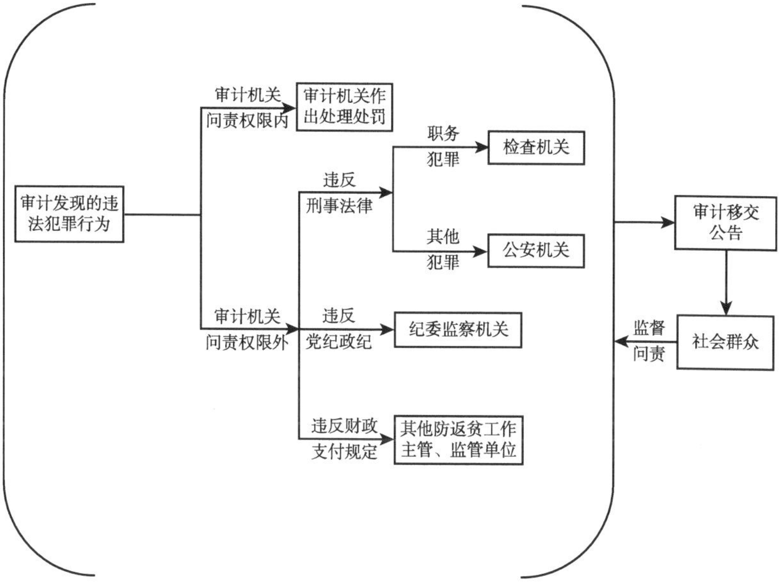

图 6－3　加强社会群众对于防返贫审计之后的问责监督路径

第三，将问责结果纳入领导干部工作考核。如图 6－4 所示，将问责结果纳入领导干部工作考核是指各个问责主体把问责结果提交给政府人事部门，由人事部门将问责结果纳入党风廉政建设责任考核，并作为任免、奖惩领导干部的重要依据。目的是警醒有关人员不要出现类似的扶贫政策落实不作为、乱作为的行为。

（3）建立健全问责法律法规的路径

图 6－5 显示了建立健全问责法律法规的具体路径。具体而言：

第一，为保障防返贫政策的落实，应从制度层面为问责提供保障。具体而言，可出台省级范围的《问责标准规定》，该规定应明确问责的标准及问责主体的问责范围与权限等。同时，针对问责力度，应做到"罪责相等"，起到警示防范效果，即通过问责强化监督威慑力，以助力防返贫目标实现。

第二，可建立《审计移交规范》，以明晰防返贫政策审计需移

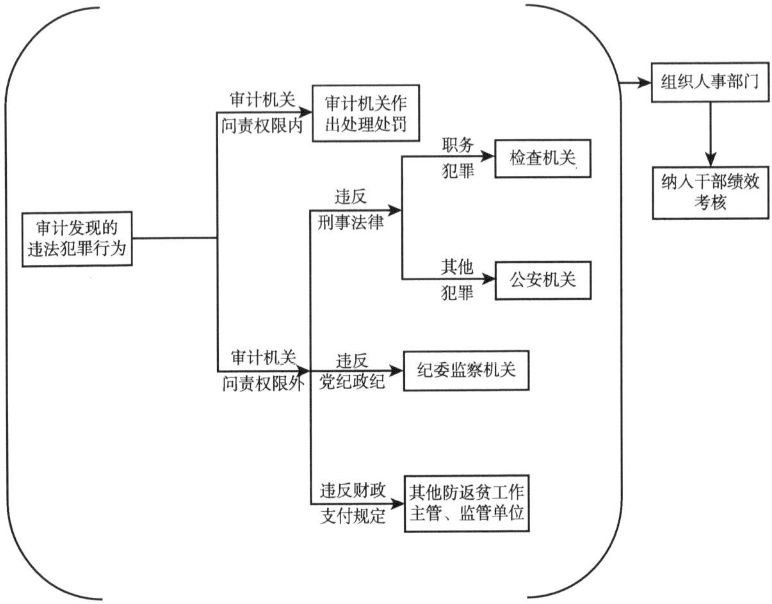

图6-4 问责结果纳入领导干部工作考核的路径

送纪检监察机关问责的事项细则，使审计机关充分明确移送纪检监察问责的情况，以确保审计后的移送问责更科学和有效。

第三，可以借鉴财政监督移送案件的相关经验，对问责主体受理后超过90天没有书面回复审计机关问责处理结果的机关，审计部门应制作“审计移送问责处理询问函”，要求问责主体告知具体处理结果。在遇到问责案件久而不决的特殊情况，审计机关应督促问责受理单位回复问责结果。必要时还应协助问责主体缩短问责时间，彰显审计在问责过程中的治理功效。

第四，建立法律法规以保障审计移送与司法问责之间的有效衔接。在审计机关权限范围内可以实现的问责取证，审计机关可以完成取证后再移送司法机关；或超出审计机关职责权限的问责取证，审计机关在发现相关线索时就应该及时移交司法机关并进一步取证

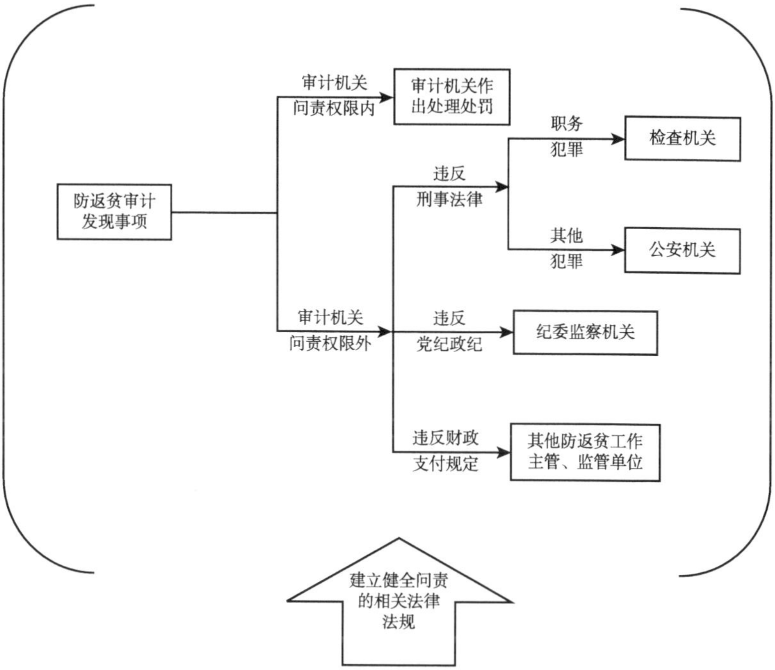

图 6-5　建立健全问责相关的法律法规的路径

查实；或审计机关与司法机关联合行动，查实问责证据。此外，也要明确审计证据向司法证据转换的具体适用机制，提高问责效率，防止重复性工作。

6.2　建立防返贫审计规范的建议

6.2.1　防止返贫审计的指导思想

防止返贫审计工作需要坚持以习近平新时代中国特色社会主义思想为指导，全面贯彻党的十九大和十九届二中、三中、四中全会精神，认真落实习近平总书记关于扶贫工作的重要论述，认真遵循《审计署办公厅关于进一步加强扶贫审计促进精准扶贫精准脱贫政策落实的意见》，围绕“两不愁三保障”主要指标，统筹政府、市场和社会资源，建立防止返贫监测和帮扶机制，巩固脱贫成果，确保高质量推进防返贫工作。具体而言：

第一，保障推动“两不愁、三保障”。在推动“两不愁”目标实现方面，防返贫审计要坚决杜绝脱贫群众因为返贫而使其面临“愁吃、愁穿”。在审计监督时，应持续检查群众的行路难、吃水难、用电难、通信难、上学难、就医难、住危房等问题是否得到有效解决，尤其避免在部分地区已解决基础上出现反弹。在“三保障”目标实现方面：其一，审计监督时，应注意地方政府是否保障每一个脱贫家庭孩子享受义务教育，避免出现因返贫而失学、辍学的现象出现。其二，审计监督时，应注意监督基本医疗保险是否全覆盖和医疗保险制度是否切实施行；注意监督常见病、慢性病有地方看、看得起，得了大病、重病后基本生活过得去；尤其要注意监督“因病返贫”的现象频繁出现。其三，审计监督时，应注意监督脱贫群众住房屋的安全性评估，落实“房住不炒”的政策，避免脱贫群众因难以承担现有住房成本而返乡居住、重住危房的现象发生。

第二，切实跟踪检查防返贫相关政策落实情况。审计部门需要持续有效地监测防返贫相关政策措施的落实情况，并将此作为国家重大政策措施落实跟踪审计的重点内容。对于责任不落实、机制不完善、方法不恰当，以及不作为、慢作为、假作为等问题，防返贫审计部门需要着力揭露、查处并推动整改问责，以促进各项政策措施落地生根、不断完善和发挥实效。关注扶贫项目开展过程中部分扶贫干部或扶贫企业可能过于急功近利只注重经济发展，而出现忽视生态环境保护的情况，或是出于降低环保成本而违规排放污染物等现象。全方位落实生态扶贫的审计监督工作，评估扶贫政策实施将对生态环境产生的不利影响，预防可能发生的生态破坏，实现对生态环境保护的事前保障，有效提升贫困地区绿色脱贫与发展效果，防止生态环境的返污染、返破坏。

第三，着力揭露和查处重大违纪违法问题。防返贫审计要坚持问题导向，严格区分公与私，坚决查处虚报冒领、骗取套取、截留侵占、贪污私分、挥霍浪费扶贫资金，违反中央八项规定精神和国务院"约法三章"要求。尤其要严肃查处一些脱贫地区借统筹整合之名，搞楼堂馆所、"政绩工程""形象工程"等问题，以避免脱贫县因政府资金使用不当而迅速返贫，从而切实保障统筹整合过程中的资金安全和绩效。国家扶贫审计对地方政府的扶贫治理产生较大压力，引导企业增加扶贫投资，提升扶贫投资效率。地方政府是党和国家落实精准扶贫政策、推进国家精准脱贫任务实现的主要受托责任人。作为国家精准扶贫政策落实的重要监督机制，国家扶贫审计的开展会强化地方政府的扶贫责任，加大地方政府的扶贫治理压力，改善扶贫地区企业的外部经营环境，降低扶贫企业的寻租行为，减少政府行政力量对民营企业扶贫投资行为的不当行政干预。而政府扶贫补助作为政府扶贫治理的一种重要宏观调控工具，在政府治理中发挥着重要作用。当面临国家扶贫审计时，拥有政府扶贫补助资金的企业更有责任和义务加大扶贫投资，提升扶贫投资效率以表明企业扶贫补助资金管理和使用的合规性，从而解除自身的扶贫合规性压力，保障扶贫企业扶贫投资效率提升与效果实现的持续性。

6.2.2　防止返贫审计的原则

第一，防止返贫审计需坚持公正原则。一方面，防返贫审计团队在进行防返贫审计时，需要实事求是，做出不带任何偏见的、符合客观实际的判断，并做出公正的评价、进行公正的处理；另一方面，需要成立独立的防返贫审计团队对各地方、各部门的防返贫工作进行审计，以保持防返贫审计的独立性，并由此取信于人民，真正树立防返贫审计的权威性。

第二，防止返贫审计需坚持经济原则。一方面，防返贫审计团队在进行防返贫审计时需要注重审计工作开展的成本，避免造成审计成本过高、资源浪费的现象；另一方面，避免因为防返贫审计工作的开展导致被审计单位承担过多成本。防返贫审计工作的开展必定需要被审计单位的配合，而被审计单位均为刚刚脱贫地区的相关政府部门，一旦因审计工作造成他们的配合成本过高，将会对防返贫工作的成效造成损害。

第三，防止返贫审计需坚持社会原则。一方面，在进行防返贫审计时，防返贫审计团队应避免用常规的经济效益原则对防返贫工作质量进行评估，而是综合考虑现有防返贫工作的经济效益和社会效益，对防返贫工作的具体环节和执行效果进行更为全面的评价；另一方面，审计工作本身也要注重社会影响，避免因开展防返贫审计工作，对脱贫群众正常生产、生活产生干扰。

第四，防止返贫审计需坚持鼓励创新原则。防返贫审计作为一种新的审计项目，在审计执行过程中要注重鼓励有利于防返贫政策措施落实，有利于维护脱贫群众利益，有利于推进财政资金统筹使用和提高资金绩效，有利于资源节约利用和保护生态环境的创新举措。要坚决支持，鼓励探索，积极促进规范和完善，大力推动形成新的制度规范。特别需要鼓励审计部门在防返贫审计时推动审计方法的创新，创造出更为科学、高效的方法以更为普遍地推广于防返贫审计领域。

第五，防止返贫审计需坚持推动改革原则。防返贫审计的推进过程中必然会触及扶贫领域改革发展的深层次问题，尤其是这些问题中还存在着一部分对制约和阻碍中央扶贫开发政策措施贯彻落实，制约和阻碍简政放权、政府职能转变，制约和阻碍提高绩效等体制机制性问题。因此，审计机关面对这些问题要及时反映，大力推动完善制度和深化改革。这也要求防返贫审计部门在执行防返贫审计时需要推动审计理念改革，以推动制度的完善和改革的深化作为目标，以保障脱贫群众的切实需求作为追求，而不仅将审计的理念局限于审查、监察等范围之内。

6.2.3　防返贫审计监督中存在的风险

1. 防返贫审计中审计人员能力问题

（1）审计人员的理念有待更新

现阶段，审计人员所采用的审计理念主要来源于精准扶贫审计，另外来源于国务院、审计署等出台的相关精准扶贫审计指导意见。如果在未来需要实施防返贫审计，审计人员所依据的指导意见及相关审计理念必然会因审计种类的变化而有所改变。因此，要求审计人员对审计理念及时更新、与时俱进地做出进一步的完善，以满足未来防返贫审计的需要。

（2）审计人员综合业务能力有待提高

在防返贫审计中，仍需关注此类审计项目的复杂性、全局性等特点。鉴于防返贫审计项目涉及范围较广、审计对象较庞杂，而绝大部分审计人员主要掌握财会类知识，就可能会引起综合业务能力不足的风险。同时，在未来防返贫审计项目能借鉴的经验仅来源于精准扶贫审计，缺少相应的实战经验基础。当审计人员面对项目实施过程中存在的问题时，可能会出现提出的整改意见缺乏针对性的情况，继而导致审计效果降低。特别是不同地区的经济状况存在差异且可能造成各地区返贫的原因也有所差异，因此审计人员需有经验判断该地区可能导致返贫的风险有哪些、各类风险发生概率是多少、风险发生后可能产生的后果是哪些等。而该判断要求审计人员具有较高的综合业务能力和清晰认识各地区的防返贫状况。这就对现有审计人员的综合业务能力提出了更高要求。

（3）审计人员数据收集能力有待提升

防返贫审计的数据收集工作相较精准扶贫审计的数据收集工作

而言更为复杂。一方面现阶段防返贫数据还未融入大数据系统，无法满足后续防返贫审计工作的复杂性，继而影响审计效率；另一方面，审计人员还需准确获取当地是否存在返贫情况、返贫人数是多少、返贫原因是什么等信息，而该信息的获取需要审计人员深入当地去调研和考察，即数据主要来源于基层团体与个人。因此，需要审计人员掌握较高的数据收集能力。

（4）审计人员的审计方法有待创新

大数据时代对审计人员的审计方法创新提出了更高的要求，为了完成既定审计计划，审计人员需充分将大数据技术运用到审计过程中。但从目前来看，现行审计人员还未全面采用的大数据技术。但防返贫审计中所涉及的范围较广、项目较多、数据较复杂，必然要求审计人员将大数据技术运用到审计过程中，以此提高审计效率。因此，需要求审计人员在审计方法上做出创新，保证在有限的时间内完成相应的防返贫审计工作。

2. 防返贫审计执行中存在的问题

（1）准备阶段可能存在的风险

借鉴精准扶贫审计耦合评价方案的内容，在防返贫审计耦合评价方案的准备阶段中，包括建立防返贫审计项目组和利用大数据设定防返贫客体与范围两方面。在该过程中，可能存在组建团队不够专业或确定审计对象与范围不够精确等风险。

第一，组建团队不够专业。首先，体现在未能充分发挥国家审计、内部审计与社会审计的协同作用。内部审计均具有防返贫执行主体的内部信息，社会审计拥有各行业财务审计和咨询的专业优势，国家审计通过采纳内部审计与社会审计的审计结果，可以促进自身审计工作方案的制订与完成。其次，在防返贫审计耦合评价方案的准备阶段，还需依靠相关专家的协助。如政策制定专家、扶贫领域专家等，上述专家对我国当前的农村情况有较深入的了解，也有足够充分的防返贫专业知识。但在组建团队中应考虑如何搭配专家，如果专家选择不适当就可能出现审计目标、方案等制订存在偏差，难以保障防返贫审计耦合评价方案执行。

第二，审计对象与范围确定的不够精确。产生的原因主要包括：①审计机关未深入实地调研、采访相关人员，了解政府部门的信息系统运行、版本、功能等情况。或缺乏相应的调研，未能将信息系统中的数据导入集中分布式数据库。②在利用大数据确定审计对象与范围时，由于数据量庞大、数据类型分散、计量方式不同等原因，导致数据分析较为困难，易出现审计对象与范围确定不精准的情况。

（2）实施阶段可能存在的风险

防返贫审计耦合评价方案实施阶段中进一步现场审计确认过程、政策实施效果评价过程和交流报告阶段均可能存在风险。

第一，在进一步现场审计确认过程中，审计机关为了获取更为充分适当的证据而选择现场审计，即进一步了解重大与重要风险，特别是必须通过现场审计来了解的事件与情况。但在现场审计中会出现以下两种风险：①审计人员未能提前与被审计单位进行沟通，确认相关的时间、人员、资料清单等，导致被审计单位未能在充分安排前述内容；②审计人员在现场审计过程中，未采用适当的审计程序获取相应证据，导致证据未能帮助审计人员了解被审计单位情况。

第二，在防返贫政策实施效果评价过程中，可能会出现以下两种风险：①审计团队中的专家未能实地调研防返贫地区，未充分了解当地的具体情况，对体系中相关指标所赋权重存在偏差；②审计人员未能对审计过程中所发现的问题提出适当的审计整改意见，影响后续防返贫政策的实施。

第三，在交流报告阶段中，可能会出现以下两种风险：①审计组人员个人能力有限，不了解整个地区的防返贫情况与返贫原因，导致报告中提出的问题与现实不符；②针对相关判断的风险，审计人员与被审计单位存在一定争议，且争议未能恰当解决，导致双方难以达成一致意见。

（3）报告阶段可能存在的风险

防返贫审计耦合评价方案报告阶段主要包括提交整改征求意见书和出具审计报告两个部分。主要存在以下风险：一是在提交整改征求意见书时。①整改征求意见书中未能考虑专家意见的合理性，未能确保专家的独立性；②整改征求意见书中未能考虑整改意见与审计目标间的吻合程度；③整改征求意见书中对相关防返贫执行部门存在的问题描述不当。二是在出具审计报告时。①审计报告中未披露典型的返贫事例，也未能通过社会监督来督促防返贫工作；②出具的审计报告存在一定的滞后性，未能及时披露存在的返贫现象以及防返贫过程中相关部门存在的问题。

（4）提升阶段可能存在的风险

提升阶段包括推动容错纠错机制执行和实施结果导向的审计机关监督绩效评价。在该阶段中，可能存在三方面风险：①相关整改措施未能有效解决发现的问题，对相关责任人的追查不到位；②审计机关未能构建相应的监督绩效评价指标或未根据指标内所提及的五个方面进行整改；③审计机关未建立复查机制，可能存在部分防返贫政策执行部门“虚假”整改情况。

6.2.4 防返贫审计监督中风险的应对措施

1. 审计人员能力提升的对策

（1）完善审计人员的理念

审计人员应将原有扶贫审计理念转变为防返贫审计理念。具体转变方法为：第一，审计侧重点需从原有的扶贫过程监督转变为返贫风险监督；第二，审计方法需做完善，即将大数据技术应用到防返贫审计方法中，提升审计工作效率；第三，审计目标需做调整，即从原有的国家审计助力国家脱贫转变到国家审计防止返贫；第四，审计范围需做调整，即在防返贫审计过程中，应重点关注原有精准扶贫阶段“边缘性”脱贫地区和“末段”脱贫地区；第五，审计信息获取来源应有所拓宽，审计人员在获取防返贫信息时，需更加关注实地调研，从当地组织、团体和个人等途径获取防返贫人员信息、资金使用信息等，服务于防返贫审计工作。

（2）增强审计人员的综合业务能力

防返贫审计的政策较多、复杂性较强，需要审计人员具备扶贫政策、大数据审计、乡村振兴策略等多领域的知识架构和熟练的综合业务能力。因此，在日常工作中，审计机关可以组织审计人员提前学习防返贫审计政策的专业知识、强化知识结构。同时，还可以邀请扶贫专家开展专题讲座，通过讲座审计人员可与专家开展更为深层次的交流，并从交流中拓宽视野以更好地为后续防返贫审计服务。

（3）提升审计人员数据收集能力

审计人员在防返贫审计过程中，需以政策或相关指导意见为基准，因而既需要收集国家、地方政府等指导意见，也需要收集各单位的实施防返贫审计数据。要想全面收集所有政策与数据，应当拓宽当前的数据收集渠道，不仅可从防返贫政府部门获取相关数据，也可深入实地调研组织、团体、个人等获取调研数据。同时，在调研过程中沟通能力至关重要，只有与审计对象进行良好有效地沟通，才能获取更为全面的政策信息与数据信息。因此，审计人员要注重自身沟通能力的培养，以提高沟通效能。此外，审计人员还应掌握基础的大数据审计技术，利用大数据审计更快获取防返贫审计数据。

（4）应用大数据审计方法

为了提高审计效率，审计人员应充分利用大数据技术开展防返贫审计工作。首先，大数据技术可以帮助审计人员获取实时数据以实现贫困人口变化过程监督。例如，在大数据平台上监测防返贫资金的使用情况和防返贫项目的建设情况，对过程中存在的问题可以通过大数据平台及时提出整改意见。其次，审计人员可以通过大数据平台对不同地区的防返贫实施情况进行交叉对比，以认识不同地区防返贫过程中可能存在的不足或风险。最后，将大数据技术融入传统审计方法，使审计方法更为精准高效，审计流程更为快捷完整。

2. 防返贫审计执行风险的对策

（1）准备阶段的风险对策

针对组建团队不够专业这一风险。首先是要整合相应的审计资源、增强监督合力，充分发挥防返贫政策监督中内部审计与社会审计的协同作用。在防返贫审计过程中，国家审计应发挥主导监督作用，审查与评价防返贫执行主体的项目管理、资金分配、资源使用和相关负责人履责情况；内部审计应发挥基础监督作用，一方面要加强单位内部防返贫政策执行情况的监督与评价，将防返贫审计监督与防返贫主体的执行过程进行有机结合，对执行过程中存在的因素进行筛选和分析，为后续改进防返贫政策实施提供相应的建议；国家审计也要善于利用政府购买服务的政策，通过市场购买并使用相关的注册会计师服务。一些财务审计可考察注册会计师审计结果的可靠性，继而使用其适当的审计结果以减少重复审计。

针对确定审计对象与范围不够精确这一风险。一是审计机关需根据项目要求，必要时采取实地调研等方式，对被审单位或相关审计内容进行深入了解，且将获取数据集中导入大型的分布式数据库中。此外，为便于防返贫评价方案的顺利展开，还可以考虑必要时打破原有以科室为主的传统审计小组模式，在审计队伍中加入相应地专长人员，如信息技术人员等，以推动大数据在审计工作中的应用。二是在纷繁复杂的数据中，审计人员可以首先通过穿行测试分析审计对象确定的准确性，再分析审计对象数据中是否存在造假、错误等问题；最后以紧密相连的重点字段、不同项目等勾稽关系为基础，查找其中存在的疑点，进而确定审计对象与范围。

（2）实施阶段的风险对策

针对审计机关进一步现场审计确认中可能存在的风险，可从以下两方面来应对。一是在进点会议前审计机关应提前与被审计单位沟通时间、范围等具体事宜；二是在进点会议结束后，审计人员需采取多种审计程序获取防返贫项目建设等方面的证据。特别需要指出的是，审计人员需注重与一线防返贫政策实施人员进行沟通，了解资料上未标示的内容，对存在疑虑或表述模糊的内容需进一步咨询。

针对防返贫政策实施效果评价过程可能存在的风险，可从以下两个方面来应对。一是审计团队需根据实地调研结果来调整防返贫政策实施效果评价指标体系，并与相关专家沟通防返贫指标的重要性，以赋予更为科学的专家权重。随后，根据专家赋予的权重以及调整后的评价指标体系，审计人员采取变权层次分析模型进行评价。二是在评价结果基础上，复盘原先所讨论的内容，关注审计过程尚未意识或已意识却未解决的内容，要求相关部门进行整改；对相关责任人，应根据问题性质进行移送。

针对报告交流阶段中可能存在的风险，审计机关可以从以下两个方面来应对。一是提高审计小组的专业能力，促进小组间人员的交流，特别是对防返贫审计标准等内容进行交流，进而提升审计质量；二是审计机关需与防返贫政策实施部门沟通交流审计过程中确认的重大风险与重要风险，对判断偏差及时进行调整。

（3）报告阶段的风险对策

针对整改征求意见书中的风险对策，可从以下三方面进行：首先，审计人员与团队中的专家需对已发现的重大风险或重要风险进行讨论，讨论方式可采取集体讨论或分组讨论的方式；其次，审计人员需根据审计过程中所得到的真实状况，对专家意见进行合理化判断，选择适当的整改建议；最后，所出具的整改征求意见书中的意见应经过多轮次讨论并达成一致意见，才能提交给被审计单位。

针对审计报告中的风险对策，可从以下两方面进行：第一，整改意见应与发现的问题相对应，即存在某一问题，就应该提出相应的对策。第二，在审计报告中，既要披露典型的防返贫政策实施问题单位，也要披露实施较好的单位，以此起到向其他单位示范的效应。

（4）提升阶段的风险对策

提升阶段的风险对策，可从以下三方面进行：一是审计机关可根据第一次审计结果，后续对问题单位进行再次审计，评价先前所提出的问题是否得到整改；二是审计机关应从资金、项目、政策、体制机制、违法违纪等方面出发构建监督绩效评价指标体系，并根据被审计单位的特征对原有体系进行调整；三是审计机关需构建相应的复查机制，审查防返贫政策执行部门是否真正落实相应的整改意见。对屡犯不改的单位，如在自身权责范围内的，可立即出具惩罚意见；如超过自身权责范围，需及时上报或移送，杜绝“虚假”整改情况的出现。

6.3 促进精准扶贫政策实施效果的方案

6.3.1 促进脱贫地区环境改善

精准扶贫是促进民生的关键政策，而生态环境保护关系到社会发展、民生改善。面对我国近年来生态环境持续恶化的现状，尤其是一些贫困地区民居生态环境未得到充分的改善，在推进精准扶贫过程中，应根据环境保护理念，有效结合生态保护与精准扶贫，促进脱贫地区生态环境的改善。

（1）加快脱贫后的乡村生态环境治理

精准扶贫工作的开展是为了达到脱贫的目的，以保障民生质量和安全；而实施乡村振兴是为了实现脱贫地区的可持续发展，以提高人们的生活质量，促进脱贫地区的环境改善，因此，精准扶贫下的生态环境与乡村振兴关系十分紧密。由于脱贫地区尚处于经济发展期，对于生态环境的认识还不深入，乡村振兴机制不够完善，所以应持续发展精准扶贫政策，提高生态环境治理的有效性。首先，必须加强脱贫地区的生态环境保护观念，在思想层面上高度重视生态环境。脱贫地区的环境治理尚未得到根本改善部分原因是由于对生态环境的重视程度不足，再加上人为因素的干扰破坏，所以在脱贫地区环境治理工作做得好之前，更紧要的是要先讲得好，吸收借鉴环境治理优秀成果方案，推广宣传环境治理工作，在思想上引导脱贫地区环境改善。其次，脱贫地区环境改善离不开可持续产业的发展。在“绿水青山就是金山银山”理念下，进行科学的规划，因地制宜地明确精准扶贫重点内容，借助有利生态资源，大力发展生态产业，实现产业价值的同时达到环境改善的目的，促进精准扶贫工作与乡村振兴有效衔接实现生态环境保护目标。

（2）统筹推进精准扶贫和脱贫地区人居环境整治

脱贫地区农村人居环境整治关系到农村基础设施、公共服务建设，同时也关系到农民生活水平、质量的高低，人居环境的改善是强化基层脱贫能力的重要工具。精准扶贫工作期间，国家高度重视人居环境整治工作，例如，2019 年《扎实有序推进贫困地区农村人居环境整治》的通知，强调脱贫攻坚与农村人居环境整治有效融合，统筹推进。具体应从以下三个方面进行：①通过政府主导、社会参与的方式，充分调动脱贫地区人民的能动性、积极性。根据农户的实际需求和环境整治措施，推进实用的地区规划编制，科学规划，合理安排，重点补齐农村污染治理、排水系统、文化体育等基础设施短板问题，建立健全人居环境整治网络；②加大脱贫地区基础设施投入。通过政府筹集配套资金，有效整合各方扶贫资源，把农村环境整治资金与其他建设项目结合起来，充分发挥财政资金的引导作用，重点突出水、电、网络、交通、卫生等基础设施建设，保障实现乡村生态保护、社会治理、民生保障等系统工作目标；③引导农户移风易俗，发挥思想文化作用，增强环保意识。人居环境改善有利于脱贫地区产业发展和实现扶贫先扶智，所以需进一步完善脱贫地区环境保护机制，加强新文化、新思想的宣传工作，挖掘和保护地区特色历史文化，因地制宜地开展人居环境整治工作，打造和谐、美丽乡村。

（3）提高脱贫地区环保意识

脱贫地区环保工作的开展仅仅依靠政府层面是不够的，还要依靠地区村民环保意识的提高，所以精准扶贫扶持的不止是经济，还包括个体思想，秉承可持续发展原则，从根本上做好环保工作，促进脱贫地区环境改善。脱贫地区环保意识的提高措施具体包括以下3个：①开展工作提高脱贫地区收入和村民综合素质。精准扶贫除了扶贫也要扶智，所以应重点从教育工作入手，潜移默化的从传播环境保护知识，改变农村地区落后的环保观念，同时还可以借助教育手段向脱贫地区传授绿色种植技术或污染治理知识等，发展绿色产业，如此一来，带动脱贫地区经济发展的同时还能促进环境改善。②采取措施组建脱贫地区环保组织。民众作为脱贫地区环境建设的受益者，同时还是环境保护的主体，可以通过发挥环保组织的带头作用提高地区整体的环保意识。例如可以选择环保意识强的领头人组织环保队伍，带头参与地区环保管理监督工作，大幅提高居民的环保意识，积极参与到环境治理工作中。③建立健全环境保护规章制度，完善政府职能。政府可以根据脱贫地区特点因地制宜的制定环境保护法律法规，提高对环境改善的关注度，另外，还需要拿出部分脱贫地区专向资金投入环境治理工作，建设职能型政府。

6.3.2　推动民营企业实施防返贫投资

民营企业具有高效管理、人才集聚、创新意识强等优势，是精准扶贫工作开展的重要支持力量，而习近平扶贫思想的一个重要特点便是积极引导民营企业投入精准扶贫工作中，加大民营企业扶贫投资力度，为脱贫地区发展贡献力量。精准扶贫政策应用中，民营企业应主动响应号召，承担社会责任，通过产业扶贫、就业扶贫、捐赠扶贫等方式助力精准扶贫，加快脱贫攻坚，帮助脱贫地区摆脱返贫。

（1）政府引导民企积极参与扶贫

脱贫地区不止脱贫，更重要的是要防止返贫，实现致富，民营企业投身精准扶贫工作，离不开政府的支持，为民企助力脱贫地区实施防返贫投资创造良好的环境。

①加强民企参与扶贫顶层设计工作。根据民营企业实施防返贫投资的目的、实现路径、关键环节制定配套的政策和规章制度，包括工作规范、年度考核甚至组织动员工作等内容，在政策的基础之上，落实工作责任，鼓励、支持民营企业参与防返贫投资，为脱贫攻坚贡献力量。②加快引导民企参与扶贫工作机构建设。机构建设可以进一步明确职责内容和工作要求，相关责任部门在问题解决、组织动员等方面发挥职能优势，专业机构可以针对脱贫地区实施调研，深入了解扶贫攻坚形势，加强政策宣传工作，提高民企参与扶贫的思想认识，针对化地指导管理民营企业实施防返贫投资。③健全民企参与防返贫工作激励机制。政府针对民营企业助力脱贫地区，加大投资力度制定相关政策，激励引导民企参与到扶贫工作中来，充分调动其积极性和主观能动性。各级政府更要建立统筹机制，协调各部门参与到政策制定过程中，出台具体可实施的支持办法，在财政、土地、税收、农业等方面给予民企充分的支持。

（2）民营企业主动承担脱贫社会责任

脱贫攻坚取得胜利之后，如何巩固脱贫成果，防止返贫是脱贫地区面临的首要问题，出去政府引导帮扶，民营企业更应该主动参与，承担应有的社会责任，针对脱贫地区实施科学的防返贫投资。

①主动探索不同的扶贫方式，精准投资，提升帮扶效果。脱贫地区的致贫原因、脱贫方式以及脱贫程度存在差异化，所以民企应该识别区分不同的脱贫地区，分别制定不同的防返贫投资措施。例如，对于因病致贫，民企可以选择健康助贫，加大公共卫生健康投资力度，而对于因学致困的地区，民营企业应加大教育培训方面的投资，以此有针对性地实施投资方案，切实解决脱贫地区真正的贫困难题。②科学选择投资项目，打造特色品牌。脱贫地区要想实现真正的富裕、脱离贫困，稳定合适具有当地特色的项目才是真正有效果的，因此打造特色品牌是民企实施防返贫投资的重点工作之一。那么，民企就应驻扎脱贫地区，深入了解当地的特色，围绕农村集体经济的特点，打造当地品牌。另外民营企业需要正确认识品牌，持续投资维护品牌，加强管理并让利脱贫地区，服务好当地村民并提升地区发展水平，在此基础上还可以发展壮大龙头企业，进一步发挥带头示范作用。③注重创新投资，加强产研结合。民营企业具备创新能力，要想带动脱贫地区致富，实现企业自身发展，必须走科技发展的道路。民营企业需加强与科研机构的合作，吸收培养高技术人才，并把科技力量融入脱贫地区产业中，实现产研结合，促进产业升级，与脱贫地区发展实现共赢。

（3）配置各种资源，促进民企切实参与防返贫工作

精准扶贫政策下，除了政府引导和民企主动参与扶贫，还需要其他各种力量的凝聚，充分释放民营企业精准扶贫的潜能。①在资金方面给予民营企业支持，拓宽民企的融资渠道，加大民企的信贷资金支持力度。银行等信贷机构可以在坚持原则和手续齐全的基础上，对积极实施防返贫投资的民营企业适当放宽贷款权限，提高授信额度，并且优化流程提高对民营企业的贷款效率。②为民营企业参与扶贫工作输送人才。积极引进涉及卫生、环境、农业、教育等专业技术的人才，以支持民营企业开展防返贫工作，加强项目技能培训、管理培训等，从而切实帮助脱贫地区困难群众提升生产技

能，提高当地产业经营管理水平。③创新脱贫地区扶贫模式，探索“互联网 +”模式。民营企业助力脱贫地区防止返贫可以紧紧抓住数字化机遇，加大对信息化基础设施建设投资，推进脱贫地区网络宽带业务全覆盖，努力缩小发展差距。另外，还可以通过加快构建精准扶贫大数据平台，为民企实施防返贫投资提供及时、准确的信息，提供有力的数字支撑，从而采取更为科学的扶贫投资战略，使民营企业助力脱贫攻坚效果更为显著。

附录 1　扶贫履责风险调查问卷

尊敬的专家：

您好！非常感谢您能在百忙之中抽出时间填写此问卷。此问卷旨在确定对精准扶贫审计客体受托责任进行调查，请根据您的宝贵经验，按概率与结果对所列问题进行评分。本项调查的结果将作为确定问题重要程度的主要依据。感谢您的支持！

问题描述

党的十九大报告指出“决胜全面建成小康社会”“乡村振兴战略”“坚决打赢脱贫攻坚战”等战略部署。在全国努力实现全面小康的当下，请您填列下列问卷，并指出哪些因素最为重要。

基本信息

此处请填写真实的个人信息，以便我们将问卷结果反馈给您，请您和我们一起分享研究成果！请您放心，我们对您的个人信息将绝对保密。

1. 您的姓名：________________　　2. 您的职称：__________
3. 您常用的 Email 地址：______　　4. 您的部门名称：________
5. 您的主要工作：____________　　6. 您的问卷填写日期：____

问卷内容

（1）履责风险发生的概率（请填写 <5% 、5% ~20% 、 >20% ）

表附录-1 扶贫资金风险发生的概率

扶贫资金风险概率	扶贫资金闲置	未统筹使用资金	骗取或虚列扶贫资金	违规使用扶贫资金	超标或重复发放扶贫资金

表附录-2 项目建设运营风险发生的概率

项目建设运营风险概率	配套设备未到位	项目无法或没有投入使用	项目未按规定招标	项目建造中存在问题	项目未开工或进展缓慢

表附录-3 扶贫政策风险发生的概率

扶贫政策风险概率	政策落实不到位	政策制定不合理	政策缺失或多余

表附录-4 体制机制风险发生的概率

体制机制风险概率	机构设置不合理	决策机制存在问题	执行机制存在问题	监督机制存在问题	协调机制存在问题

表附录-5 重大违法违纪发生的概率

重大违法违纪风险概率	审计移交的人数	审计移交的涉案资金

（2）履责风险产生的后果（请填写低、中、高）

表附录-6 扶贫资金风险发生的后果

扶贫资金风险后果	扶贫资金闲置	未统筹使用资金	骗取或虚列扶贫资金	违规使用扶贫资金	超标或重复发放扶贫资金

表附录 -7　　项目建设运营风险发生的后果

项目建设运营风险后果	配套设备未到位	项目无法或没有投入使用	项目未按规定招标	项目建造中存在问题	项目未开工或进展缓慢

表附录 -8　　扶贫政策风险发生的后果

扶贫政策风险后果	政策落实不到位	政策制定不合理	政策缺失或多余

表附录 -9　　体制机制风险发生的后果

体制机制风险后果	机构设置不合理	决策机制存在问题	执行机制存在问题	监督机制存在问题	协调机制存在问题

表附录 -10　　重大违法违纪发生的后果

重大违法违纪风险后果	审计移交的人数	审计移交的涉案资金

表附录 -11　　变量定义表

问题	含义
扶贫资金闲置	地方政府或组织从财政获得的扶贫资金因未统筹使用而导致的闲置，闲置时间至少在 1 年以上
未统筹使用资金	各单位资金统筹整合推进不力，导致扶贫资金没有用于具体的项目或贫困人口上
骗取或虚列扶贫资金	为了获得更多财政支持，通过虚报培训课时、提供虚假材料、虚报工程造价等方式，骗取或虚列扶贫资金
违规使用扶贫资金	单位将扶贫资金用于城市开发、拆迁补偿、服务等非扶贫领域，导致贫困人口脱贫慢，无法实现国家扶贫目的

续表

问题	含义
超标或重复发放扶贫资金	医疗保险、农村危房改造等扶贫资金发放过程中重复或超标准发放各类补贴资金
配套设备未到位	各单位配套设备闲置、未到位，导致农机具、扶贫项目等配套设施无法使用
项目无法或没有投入使用	投入扶贫资金建成的项目无法投入使用，使项目闲置且资金浪费
项目未按规定招标	扶贫项目存在招标人资质不够、违规转包等现象
项目建造中存在问题	项目建造中存在未按设计施工、偷工减料、多支付工程款等问题，使项目建造缓慢，造成资金浪费
项目未开工或进展缓慢	扶贫项目未开工或进展缓慢，导致浪费扶贫资金或资金闲置等
政策落实不到位	存在某种政策，但被审计单位还未将政策执行到位
政策制定不合理	制度设置障碍过多、未修订与目标不符制度，使已制定的政策制度无法展开或展开后难以执行
政策缺失或多余	相关部门应出台措施但未按规定出台措施，或相关部门违反相关法规制定措施，这将使制度规范存在弊端且不利于扶贫政策目标的实现
机构设置不合理	没有组建专门完成政策目标的机构、违规设置机构，这将导致政策执行时缺乏权威机构指导及违规设置机构，进而增加扶贫费用负担
决策机制存在问题	指政府的决策过程、决策规划等方面问题
执行机制存在问题	政策执行的过程存在问题，即政策执行后效果没达到预期，进而导致出现项目闲置、资金闲置、审批事项下放不到位等情况
监督机制存在问题	审核把关不严、监督不力两方面，其中审核把关不严会导致国家资产流失、监督不力会导致政策执行难以到位
协调机制存在问题	未实现信息共享、方案意见不一致、统筹协调不畅等方面

附录 2　精准扶贫政策跟踪审计评价指标调查问卷

尊敬的专家：

您好，我是浙江工商大学审计专业的研究生，正在对精准扶贫政策跟踪审计评价指标体系进行研究。为了确定该评价指标体系中各项指标的权重，需要您抽出宝贵的时间完成以下调查。此问卷采用九级标度法，请您根据问卷中的指标进行两两比较，并对其重要性打分。

调查问卷仅用于学术研究，请您放心填写，非常感谢您的支持与帮助！

评价尺度如下表所示：

评价尺度	
成对比较标准 a_{ij} （i 为横向指标，j 为纵向指标）	定义
1	i 和 j 同等重要
3	i 比 j 稍微重要
5	i 比 j 相当重要
7	i 比 j 明显重要
9	i 比 j 绝对重要
2、4、6、8	重要性介于 1、3、5、7、9 之间
倒数	j 比 i 的重要性程度

本书构建的精准扶贫政策跟踪审计评价指标体系如下表所示：

精准扶贫政策实施效果评价指标体系		审计机关精准扶贫监督绩效评价指标体系	
准则层	指标层	准则层	指标层
资金使用体系	扶贫资金闲置金额	资金使用审计规范体系	盘活扶贫资金金额
	违规使用扶贫资金金额		归还与规范违规使用资金金额
	未统筹使用资金金额		统筹使用资金金额
	骗取或虚列扶贫资金金额		返还骗取或虚列扶贫资金金额
项目建设和运营体系	项目无法或没有投入使用数量	项目建设和运营审计优化体系	加速项目使用数量
	项目未按规定招标数量		追究相关责任人数量
	项目建造中存在问题数量		解决项目建造中存在问题的数量
	项目未开工或进展缓慢的数量		推动项目进展的数量
政策落实体系	政策制定不合理数量	政策落实审计纠正体系	修订完善相关制度数量
	政策落实不到位数量		重新落实政策数量
	政策缺失或多余数量		制定或减少相应政策数量
体制机制运行体系	执行机制存在问题数量	体制机制审计完善体系	重新或加快执行扶贫工作数量
	决策机制存在问题数量		改善决策过程或制度数量
	监督机制存在问题数量		加强监督机制的数量
重大违纪违法体系	审计移交的人数	重大违纪违法审计查处体系	政府部门处理的人员
	审计移交的单位数		政府部门处理的单位
	审计移交的案件数		政府部门处理的案件

（1）精准扶贫政策实施效果评价指标体系

①资金使用体系

资金使用体系	扶贫资金闲置金额	违规使用扶贫资金额	未统筹使用资金额	骗取或虚列扶贫资金额
扶贫资金闲置金额				
违规使用扶贫资金额				
未统筹使用资金额				
骗取或虚列扶贫资金额				

②项目建设和运营体系

项目建设和运营体系	项目无法或没有投入使用数量	项目未按规定招标数量	项目建造中存在问题数量	项目未开工或进展缓慢的数量
项目无法或没有投入使用数量				
项目未按规定招标数量				
项目建造中存在问题数量				
项目未开工或进展缓慢的数量				

③政策落实体系

政策落实体系	政策制定不合理数量	政策落实不到位数量	政策缺失或多余数量
政策制定不合理数量			
政策落实不到位数量			
政策缺失或多余数量			

④体制机制运行体系

体制机制运行体系	执行机制存在问题数量	决策机制存在问题数量	监督机制存在问题数量
执行机制存在问题数量			
决策机制存在问题数量			
监督机制存在问题数量			

⑤重大违纪违法体系

重大违纪违法体系	审计移交的人数	审计移交的单位数	审计移交的案件数
审计移交的人数			
审计移交的单位数			
审计移交的案件数			

（2）审计机关精准扶贫监督绩效评价指标体系

①资金使用审计规范体系

资金使用审计规范体系	盘活扶贫资金额	归还与规范违规使用资金额	统筹使用资金额	返还骗取或虚列扶贫资金额
盘活扶贫资金额				
归还与规范违规使用资金额				
统筹使用资金额				
返还骗取或虚列扶贫资金额				

②项目建设和运营审计优化体系

项目建设和运营审计优化体系	加速项目使用数量	追究相关责任人数量	解决项目建造中存在问题的数量	推动项目进展的数量
加速项目使用数量				
追究相关责任人数量				
解决项目建造中存在问题的数量				
推动项目进展的数量				

③政策落实审计纠正体系

政策落实审计纠正体系	修订完善相关制度数量	重新落实政策数量	制定或减少相应政策数量
修订完善相关制度数量			
重新落实政策数量			
制定或减少相应政策数量			

④体制机制审计完善体系

体制机制审计完善体系	重新或加快执行扶贫工作数量	改善决策过程或制度数量	加强监督机制的数量
重新或加快执行扶贫工作数量			
改善决策过程或制度数量			
加强监督机制的数量			

⑤重大违纪违法审计查处体系

重大违纪违法审计查处体系	政府部门处理的人员	政府部门处理的单位	政府部门处理的案件
政府部门处理的人员			
政府部门处理的单位			
政府部门处理的案件			

问卷到此结束，感谢您的参与！

附录 3　革命老区全面奔小康的经验

（1）引言

2016 年中共中央办公厅、国务院办公厅印发了《关于加大脱贫攻坚力度支持革命老区开发建设的指导意见》指出："按照区别对待、精准施策的原则，以重点区域、重点人群、重点领域为突破口，加大脱贫攻坚力度，带动老区全面振兴发展。"随后，2017 年党的十九大报告指出"决胜全面建成小康社会""乡村振兴战略""坚决打赢脱贫攻坚战"等战略部署，标志着革命老区将进入全面奔小康的发展新阶段。在这个阶段，革命老区应该如何制定发展战略是目前面临的重要问题。浙江宁波梁弄革命老区是习近平总书记支持建设的"全国革命老区全面奔小康样板镇"，在十几年的发展中取得了巨大成功并形成了梁弄模式，其发展路径值得总结借鉴。因此，本团队通过调研，从全面践行习近平脱贫攻坚战略思想、因地制宜扶持奔小康产业、创新体制机制制度增强致富能力三方面出发总结梁弄镇全面奔小康经验，以期为其他革命老区经济发展提供借鉴，促进习近平总书记"所有贫困地区和贫困人口一道迈入全面小康社会"思想早日实现。

（2）全面践行习近平脱贫攻坚战略思想，多措并举奔小康

习近平总书记在党的十九大报告中指出："到 2020 年现行标准下确保农村贫困人口实现脱贫，确保贫困县全部摘帽，所有贫困地区和贫困人口一道迈入全面小康社会。"这是新时代中国特色社会主义脱贫攻坚战略目标，也是指导命老区全面奔小康的重要方针。梁弄正是在该战略思想指导下成为革命老区全面奔小康样板镇。其

主要做法包括以下方面。

第一，充分发挥基层党组织引领作用，确保革命老区实现脱贫。2003 年习总书记指示“要把梁弄建设成为全国革命老区全面奔小康样板镇”，宁波市委、市政府成立工作班子进驻梁弄，指导基层党组发挥全面奔小康作用。如梁弄镇党委强化党员带头意识，发挥党员在群众中的表率作用；党委培养村民“规矩”认知，通过村级“小微权力”清单、健全村级决策责任和监督机制、修订《村规民约》等措施使村民认识到任何人都不能违反规矩、必须依民约办事才能致富；创新基层党建工作方法，通过村干部走访工作了解民意并创立“三问”制度及时解决群众困难。

第二，积极引入社会保险参与扶贫，保障老区人民基本生活生存需求。《浙江省人力资源和社会保障事业发展“十三五”规划》提出到 2020 年全省基本养老保险、基本医疗保险覆盖率要达到 95% 以上。而 2016 年梁弄镇社会养老和医疗保险覆盖率分别达到 93% 和 97% 以上，且平均每年发放各类救助资金 1000 余万元，实现社会救助对象动态化管理和精准救助。可见，较高的社会保险水平已让梁弄群众得到了实惠，如 2018 年 2 月新华每日电讯报道了东山村村民汪小忠大病统筹报销并由政府代缴养老保险、医保的事例，充分体现了梁弄扶贫保险的兜底作用。

第三，增强老区人民主人翁意识，激发脱贫主体致富激情。2016 年李克强总理在部署促进老区致富全面奔小康工作指出：“加快建设一批重点水利工程，强化电、气等能源保障，完善交通运输网络等基础设施，到 2020 年力争实现老区行政村基本通宽带。”事实上，加大革命老区基础设施不仅能增加群众的优越感，还能激发人民群众的创新创业精神。2003 年宁波市委、市政府投资 3.5 亿元建设了余梁公路，2016 年杭甬高速夏巷互通开始建设。同时，各级政府在余梁公路基础上陆续投资近 1 亿元完成了梁朱线拓宽改造、浒溪线拓宽改造、集镇主要道路改造提升等路网工程，2015

年又投资1500万元迁建了梁弄汽车站。这些基础设施的建设不仅提高了群众的生活便利、增加了群众的自豪感与自信心，极大地激发人民群众的创新创业精神从而促进红色旅游业飞速发展。

（3）因地制宜扶持奔小康产业，增加致富可持续发展动力

只有从革命老区特色出发，因地制宜布置产业，才能促进当地奔小康具备活力。梁弄正是按照该思路因地制宜开展多层次奔小康产业才取得了成功。如，梁弄自四明湖水库从灌溉用水调整为饮用水源后，大规模工业生产不再适宜。老区人民从当地特点出发，全力打造“红色旅游名镇、历史文化古镇、会展教育重镇、特色农业强镇、智慧宜居小镇”。具体而言：

第一，借势发展红色旅游产业。2015年习近平总书记指出：“革命老区是党和人民军队的根，我们永远不能忘记自己是从哪里走来的，永远都要从革命的历史中汲取智慧和力量。老区和老区人民为我们党领导的中国革命作出了重大牺牲和贡献，我们要永远珍惜、永远铭记。”作为革命老区不仅拥有良好地历史文化，也拥有坚韧斗争的人民。红色旅游产业能够将两者完美结合，即能传承红色文化，也能推动当地人民全面奔小康的热情。梁弄革命老区先后投入1.5亿元资金对四明山抗日根据地旧址群进行保护性修缮，还对发展旅游业的群众给予大力补贴。这使群众有动力进行民宿与特色农产品发展，村民年收入达四五十万元，真正实现了奔小康。

第二，推动发展绿色产业品牌化。借助革命老区天然绿色环境，将绿色产品品牌化发展能极大地促进经济发展。由于革命老区大多属于工业落后地区，环境相对较好，利用绿色产业发展经济符合习近平总书记“金山银山”与“绿水青山”两座山理论思想。事实上，旅游业的发展会带动大批游客进入革命老区，相应的会引起更多绿色水果、蔬菜等产品的消费。如梁弄镇政府为了增加旅游业附加值鼓励群众种植樱桃，并最终形成一条旅游与农产品协同发展之路，通过旅游业极大地推广了梁弄樱桃品牌。同时，利用自身

的优质资源与商家合作，共同开发当地生态产业。如梁弄镇利用当地优质水资源，与深圳景田公司合作建设浙江百岁山食品饮料有限公司，2016 年销售额达到近 2 亿元，极大地促进了当地经济发展。

第三，创新发展传统产业。振兴革命老区发展不能忽略传统产业的作用，如果放弃了具有一定优势的传统产业将不利于老区经济发展。特别，传统产业在当地有很好地经济基础，需要注入新活力才能推动其进一步发展。梁弄镇是“中国灯具之乡”，梁弄人民抓住中国灯具生产基地品牌，带动了革命老区整个灯具产业发展。为降低传统企业外迁影响，激发灯具产业散发新的活力，梁弄建设了总投资 8000 万元的梁弄灯具城，为企业提供灯具展示交流平台，有效打响了梁弄灯具品牌。2017 年灯具行业产值突破 20 亿元，再次推动灯具产业“春天”的到来。

第四，发展培训会展等文化产业。良好的生态环境不仅能吸引游客，还能促进培训、会展等文化产业发展，同时，文化产业的发展也能促进红色旅游品牌的提升，并实现习近平总书记两座山理论思想。如梁弄镇先后建设台湾健峰培训城、浙江省委党校四明山分校、四明湖国际会议中心、中小学生素质教育实践基地、浙江四明山干部学院，成为余姚最大的会议培训基地。同时，灯具会展中心地建设也推动了该地区会展的发展，充分表明梁弄有实力承接大型会展活动。事实上，2016 年中国机器人峰会落户梁弄，再次体现了强大的会展能力，极大地提高了梁弄文化产业发展。

（4）创新体制机制制度，增强致富能力

建立专门工作组支持革命老区致富，各级部门协同致富工作机制，研究出台特殊扶持政策拉动革命老区致富是梁弄镇在奔小康道路上积累的体制机制制度经验。

第一，专门成立工作组领导脱贫，为致富提供体制保障。工作组通过调研老区人民致富发展之路，能将致富过程存在的问题及时向各级政府汇报从而争取各种支持，并起到沟通桥梁作用。并如

2003年习近平总书记提出“要把梁弄建设成为全国革命老区全面奔小康样板镇”的重要指示后，宁波市委、市政府专门成立了工作班子进驻梁弄搞基础调查，并在调查的基础上与基层党组共同制定全面奔小康策略。随后多次邀请各级领导至梁弄指导工作并将梁弄发展中的问题予以反应，从而及时解决面临的问题。如袁家军省长两次到梁弄参加中国机器人峰会，期间就如何建设发展特色产业作出了明确指示。时任省委副书记、宁波市委书记唐一军专门召开座谈会，为梁弄打造四明山重要门户区提供每年1亿元、连续3年的政策扶持资金。

第二，各级部门建立脱贫协同机制，为致富提供机制保障。根据梁弄的经验，革命老区经济发展的机制可分为市场服务、村民服务、产业发展、资金支持、配套服务等几个方面。其中，市场服务方面包括资源市场化配置机制、日常联络机制、风险防范机制等，即通过对闲置土地进行合理开发、日常联络商户、防范商户与村民纠纷等方式增加市场服务；村民服务方面包括民主协商机制、民主决策责任和监督机制、人才培养机制、矛盾化解机制、隐患排查机制等，即通过村民协商、决策、责任和监督权力、培养后备干部、化解村民矛盾、排除村民矛盾隐患等方式提高村民服务质量；产业发展方面包括创新创业乐业增收帮扶机制、生态保护与补偿机制、中心镇奖励机制等，即通过帮助村民民宿经营等活动、补偿生态保护行为、奖励产业发展好的中心镇等方式促进产业发展；资金支持主要与转移支付机制有关，即增加各级政府财政转移支付资金规模，并鼓励金融机构加大信贷扶持；配套服务方面包括环卫保洁机制、安全责任机制等，即通过环境卫生保障、安全保障等方式保障老区居民生活。

第三，研究出台脱贫政策，为致富提供制度保障。为保障脱贫取得实效，梁弄镇出台一批制度，包括资金投入支持、考核指标引导、招商服务加强等，保障致富工作开展。其中，在习近平总书记指示后的15年内，宁波、余姚两级财政用于梁弄发展的资金多达25亿元，极大地促进了梁弄建设；考核指标引导是拉动革命老区致富的办法，如何设定考核指标就决定了革命老区经济发展方向，这种发展方向需因地制宜，通过慎重考量设置指标。如为了调节环境保护与经济发展的矛盾，梁弄在设置干部考核指标时更注重生态保护、旅游开发、增收致富等方面的权重，促使地方政府减少对工业创造GDP的依赖思想；招商服务加强也是拉动革命老区致富的办法，在因地制宜的基础上加强招商服务有利于更多能促进革命老区发展的企业入驻，这些企业将成为该地区经济发展的生力军。如在招商前，梁弄镇加大招商推介工作，专门建设招商项目库。并盘活闲置资源，加快闲置厂房、闲置土地的二次开发。在招商过程中，对重点区块进行统一整理，带领客商考察湖东工业功能区、东溪工业功能区等已建成项目，证明自己的资源优势。在招商后，建立日常联络机制，从土地征用、公司注册、规划设计到项目建设等全程出发给予招商项目支持帮扶，给予客商良好地工作环境。

附录4 相关矩阵

附录4－1　　精准扶贫政策实施效果评价指标体系相关矩阵表

	扶贫资金闲置金额	违规使用扶贫资金额	未统筹使用资金额	骗取或虚列扶贫资金额	项目无法或没有投入使用数量	项目未按规定招标数量	项目建造中存在问题数量	项目未开工或进展缓慢的数量	政策制定不合理数量	政策落实不到位数量	政策缺失或多余数量	执行机制存在问题数量	决策机制存在问题数量	监督机制存在问题数量	审计移交的人数	审计移交的单位数	审计移交的案件数
扶贫资金闲置金额	1.000	0.824 (0.000***)	−0.052 (0.414)	0.606 (0.002**)	0.270 (0.125)	−0.017 (0.472)	0.295 (0.104)	0.141 (0.276)	0.200 (0.199)	−0.046 (0.423)	−0.061 (0.400)	0.084 (0.362)	0.015 (0.474)	0.109 (0.324)	0.133 (0.288)	0.015 (0.475)	0.137 (0.282)
违规使用扶贫资金额	0.824 (0.000***)	1.000	0.084 (0.363)	0.550 (0.006**)	0.134 (0.287)	−0.103 (0.333)	0.217 (0.179)	−0.025 (0.458)	0.371 (0.054)	0.238 (0.156)	0.177 (0.227)	0.146 (0.270)	−0.079 (0.371)	−0.017 (0.472)	0.385 (0.047*)	0.155 (0.257)	0.436 (0.027*)
未统筹使用资金额	−0.052 (0.414)	0.084 (0.363)	1.000	−0.009 (0.485)	−0.348 (0.067)	0.473 (0.018*)	−0.217 (0.180)	−0.326 (0.081)	0.026 (0.456)	−0.053 (0.412)	0.399 (0.041*)	−0.167 (0.241)	−0.257 (0.137)	−0.090 (0.353)	0.195 (0.205)	−0.032 (0.446)	0.079 (0.370)
骗取或虚列扶贫资金额	0.606 (0.002**)	0.550 (0.006**)	−0.009 (0.485)	1.000	0.083 (0.364)	0.051 (0.415)	0.351 (0.065)	0.020 (0.467)	0.052 (0.414)	0.093 (0.349)	0.027 (0.455)	−0.207 (0.191)	−0.131 (0.291)	−0.135 (0.286)	0.170 (0.237)	0.014 (476)	0.161 (0.249)

续表

	扶贫资金闲置金额	违规使用扶贫资金额	未统筹使用资金额	骗取或虚列扶贫资金额	项目无法或没有投入使用数量	项目未按规定招标数量	项目建造中存在问题数量	项目未开工或进展缓慢的数量	政策制定不合理数量	政策落实不到位数量	政策缺失或多余数量	执行机制存在问题数量	决策机制存在问题数量	监督机制存在问题数量	审计移交的人数	审计移交的单位数	审计移交的案件数
项目无法或没有投入使用数量	0.270 (0.125)	0.134 (0.287)	-0.348 (0.067)	0.083 (0.364)	1.000	0.147 (0.268)	0.541 (0.007 **)	0.356 (0.062)	0.038 (0.437)	0.319 (0.085)	-0.155 (0.256)	0.564 (0.005 **)	0.405 (0.038 *)	0.689 (0.000 ***)	-0.193 (0.207)	-0.154 (0.259)	-0.116 (0.314)
项目未按照规定招标数量	-0.017 (0.472)	-0.103 (0.333)	0.473 (0.018 *)	0.051 (0.415)	0.147 (0.268)	1.000	0.535 (0.007 **)	0.294 (0.105)	0.273 (0.122)	0.205 (0.193)	0.223 (0.173)	-0.146 (0.269)	0.510 (0.011 *)	0.348 (0.066)	0.132 (0.289)	-0.056 (0.407)	0.039 (0.434)
项目建造中存在问题数量	0.295 (0.104)	0.217 (0.179)	-0.217 (0.180)	0.351 (0.065)	0.541 (0.007 **)	0.535 (0.007 **)	1.000	0.415 (0.035 *)	0.244 (0.150)	0.403 (0.039 *)	-0.277 (0.119)	0.029 (0.451)	0.547 (0.006 **)	0.321 (0.083)	0.285 (0.112)	0.158 (0.253)	0.340 (0.071)
项目未开工或进展缓慢的数量	0.141 (0.276)	-0.025 (0.458)	-0.326 (0.081)	0.020 (0.467)	0.356 (0.062)	0.294 (0.105)	0.415 (0.035 *)	1.000	0.399 (0.041 *)	0.057 (0.405)	0.081 (0.366)	0.377 (0.051)	0.671 (0.001 ***)	0.229 (0.166)	-0.055 (0.409)	-0.072 (0.382)	-0.097 (0.341)
政策制定不合理数量	0.200 (0.199)	0.371 (0.054)	0.026 (0.456)	0.052 (0.414)	0.038 (0.437)	0.273 (0.122)	0.244 (0.150)	0.399 (0.041 *)	1.000	0.310 (0.091)	0.480 (0.016 *)	0.085 (0.361)	0.373 (0.052)	0.280 (0.116)	0.689 (0.000 ***)	0.515 (0.010 **)	0.599 (0.003 **)
政策落实不到位数量	-0.046 (0.423)	0.238 (0.156)	-0.053 (0.412)	0.093 (0.349)	0.319 (0.085)	0.205 (0.193)	0.403 (0.039 *)	0.057 (0.405)	0.310 (0.091)	1.000	0.324 (0.082)	0.288 (0.109)	0.401 (0.040 *)	0.404 (0.039 *)	0.202 (0.196)	0.132 (0.290)	0.345 (0.068)

续表

	扶贫资金闲置金额	违规使用扶贫资金额	未统筹使用资金额	骗取或虚列扶贫资金额	项目无法或没有投入使用数量	项目未按规定招标数量	项目建造中存在问题数量	项目未开工或进展缓慢的数量	政策制定不合理数量	政策落实不到位数量	政策缺失或多余数量	执行机制存在问题数量	决策机制存在问题数量	监督机制存在问题数量	审计移交的人数	审计移交的单位数	审计移交的案件数
政策缺失或多余数量	-0.061 (0.400)	0.177 (0.227)	0.399 (0.041*)	0.027 (0.455)	-0.155 (0.256)	0.223 (0.173)	-0.277 (0.119)	0.081 (0.366)	0.480 (0.016*)	0.324 (0.082)	1.000	0.180 (0.224)	-0.119 (0.308)	0.204 (0.195)	0.140 (0278)	-0.044 (0.428)	0.069 (0.386)
执行机制存在问题数量	0.084 (0.362)	0.146 (0.270)	-0.167 (0.241)	-0.207 (0.191)	0.564 (0.005**)	-0.146 (0.269)	0.029 (0.451)	0.377 (0.051)	0.085 (0.361)	0.288 (0.109)	0.180 (0.224)	1.000	0.279 (0.117)	0.475 (0.017*)	-0.260 (0.134)	-0.244 (0.150)	-0.176 (0.229)
决策机制存在问题数量	0.015 (0.474)	-0.079 (0.371)	-0.257 (0.137)	-0.131 (0.291)	0.405 (0.038*)	0.510 (0.011*)	0.547 (0.006**)	0.671 (0.001***)	0.373 (0.052)	0.401 (0.040*)	-0.119 (0.308)	0.279 (0.117)	1.000	0.459 (0.021*)	-0.055 (0.409)	-0.058 (0.405)	-0.050 (0.417)
监督机制存在问题数量	0.109 (0.324)	-0.017 (0.472)	-0.090 (0.353)	-0.135 (0.286)	0.689 (0.000***)	0.348 (0.066)	0.321 (0.083)	0.229 (0.166)	0.280 (0.116)	0.404 (0.039*)	0.204 (0.195)	0.475 (0.017*)	0.459 (0.021*)	1.000	-0.186 (0.217)	-0.183 (0.221)	-0.167 (0.241)
审计移交的人数	0.133 (0.288)	0.385 (0.047*)	0.195 (0.205)	0.170 (0.237)	-0.193 (0.207)	0.132 (0.289)	0.285 (0.112)	-0.055 (0.409)	0.689 (0.000***)	0.202 (0.196)	0.140 (0.278)	-0.260 (0.134)	-0.055 (0.409)	-0.186 (0.409)	1.000	0.877 (0.000***)	0.937 (0.000***)
审计移交的单位数	0.015 (0.475)	0.155 (0.257)	-0.032 (0.446)	0.014 (0.476)	-0.154 (0.259)	-0.056 (0.407)	0.158 (0.253)	-0.072 (0.382)	0.515 (0.010**)	0.132 (0.290)	-0.044 (0.428)	-0.244 (0.150)	-0.058 (0.405)	-0.183 (0.405)	0.877 (0.000***)	1.000	0.846 (0.000***)
审计移交的案件数	0.137 (0.282)	0.436 (0.027*)	0.079 (0.370)	0.161 (0.249)	-0.116 (0.314)	0.039 (0.434)	0.340 (0.071)	-0.097 (0.341)	0.599 (0.003**)	0.345 (0.068)	0.069 (0.386)	-0.176 (0.229)	-0.050 (0.417)	-0.167 (0.417)	0.937 (0.000***)	0.846 (0.000***)	1.000

附录 4 – 2 审计机关监督绩效评价指标体系相关矩阵表

	盘活扶贫资金额	归还与规范违规使用资金额	统筹使用资金额	返还骗取或虚列扶贫资金额	加速项目使用数量	追究相关责任人数量	解决项目建造过程中存在问题的数量	推动项目进展的数量	修订完善相关制度数量	重新落实政策数量	制定或减少相应政策数量	重新或加快执行扶贫工作数量	改善决策过程或制度数量	加强监督机制的数量	政府部门处理的人员	政府部门处理的单位	政府部门处理的案件
盘活扶贫资金额	1.000	0.160 (0.250)	0.612 (0.002 **)	0.487 (0.015 *)	-0.094 (0.347)	-0.087 (0.357)	-0.080 (0.368)	0.256 (0.138)	0.466 (0.019 *)	-0.325 (0.081)	0.543 (0.007 **)	0.322 (0.083)	-0.136 (0.284)	0.103 (0.333)	0.320 (0.085)	0.246 (0.148)	0.402 (0.039 *)
归还与规范违规使用资金额	0.160 (0.250)	1.000	0.111 (0.321)	0.031 (0.449)	0.153 (0.260)	0.479 (0.016 *)	0.189 (0.212)	0.295 (0.104)	0.357 (0.061)	-0.238 (0.156)	0.175 (0.230)	0.307 (0.094)	-0.002 (0.496)	-0.265 (0.130)	-0.127 (0.297)	-0.204 (0.194)	-0.168 (0.239)
统筹使用资金额	0.612 (0.002 **)	0.111 (0.321)	1.000	0.697 (0.000 ***)	0.037 (0.439)	-0.107 (0.327)	0.382 (0.048 *)	-0.094 (0.347)	0.219 (0.176)	-0.133 (0.288)	0.136 (0.284)	0.180 (0.223)	-0.166 (0.242)	0.235 (0.159)	0.357 (0.061)	0.218 (0.178)	0.443 (0.025 *)
返还骗取或虚列扶贫资金额	0.487 (0.015 *)	0.031 (0.449)	0.697 (0.000 ***)	1.000	-0.092 (0.351)	-0.067 (0.390)	0.137 (0.283)	-0.034 (0.444)	0.133 (0.289)	-0.263 (0.131)	-0.097 (0.342)	-0.251 (0.143)	-0.104 (0.331)	0.411 (0.036 *)	-0.126 (0.299)	0.019 (0.468)	-0.002 (0.496)
加速项目使用数量	-0.094 (0.347)	0.153 (0.260)	0.037 (0.439)	-0.092 (0.351)	1.000	-0.072 (0.381)	0.102 (0.335)	-0.169 (0.238)	0.105 (0.330)	0.506 (0.011 *)	-0.105 (0.330)	-0.045 (0.425)	-0.113 (0.318)	-0.157 (0.254)	-0.025 (0.458)	-0.004 (0.493)	0.208 (0.189)
追究相关责任人数量	-0.087 (0.357)	0.479 (0.016 *)	-0.107 (0.327)	-0.067 (0.390)	-0.072 (0.381)	1.000	-0.154 (0.258)	0.288 (0.109)	0.746 (0.000 ***)	-0.208 (0.190)	-0.076 (0.374)	0.049 (0.418)	0.246 (0.147)	-0.115 (0.315)	-0.111 (0.321)	-0.129 (0.294)	-0.132 (0.289)
解决项目建造中存在问题的数量	-0.080 (0.368)	0.189 (0.212)	0.382 (0.048 *)	0.137 (0.283)	0.102 (0.335)	-0.154 (0.258)	1.000	-0.228 (0.167)	-0.243 (0.151)	0.406 (0.038 *)	0.025 (0.458)	0.145 (0.271)	-0.241 (0.153)	-0.149 (0.265)	-0.062 (0.398)	-0.194 (0.206)	-0.082 (0.366)

续表

	盘活扶贫资金额	归还与规范违规使用资金额	统筹使用资金额	返还骗取或虚列扶贫资金额	加速项目使用数量	追究相关责任人数量	解决项目建造过程中存在问题的数量	推动项目进展的数量	修订完善相关制度数量	重新落实政策数量	制定或减少相应政策数量	重新或加快执行扶贫工作数量	改善决策过程或制度数量	加强监督机制的数量	政府部门处理的人员	政府部门处理的单位	政府部门处理的案件
推动项目进展的数量	0.256 (0.138)	0.295 (0.104)	-0.094 (0.347)	-0.034 (0.444)	-0.169 (0.238)	0.288 (0.109)	-0.228 (0.167)	1.000	0.292 (0.106)	-0.081 (0.367)	0.120 (0.308)	0.310 (0.092)	-0.064 (0.394)	-0.269 (0.125)	-0.040 (0.433)	-0.143 (0.274)	-0.077 (0.374)
修订完善相关制度数量	0.466 (0.019*)	0.357 (0.061)	0.219 (0.176)	0.133 (0.289)	0.105 (0.330)	0.746 (0.000***)	-0.243 (0.151)	0.292 (0.106)	1.000	-0.264 (0.131)	0.250 (0.144)	0.243 (0.151)	0.090 (0.354)	-0.094 (0.347)	0.146 (0.269)	0.242 (0.152)	0.269 (0.125)
重新落实政策数量	-0.325 (0.081)	-0.238 (0.156)	-0.133 (0.288)	-0.263 (0.131)	0.506 (0.011*)	-0.208 (0.190)	0.406 (0.038*)	-0.081 (0.367)	-0.264 (0.131)	1.000	-0.302 (0.098)	-0.130 (0.292)	0.000 (0.500)	-0.075 (0.376)	-0.085 (0.360)	-0.261 (0.133)	0.011 (0.481)
制定或减少相应政策数量	0.543 (0.007**)	0.175 (0.230)	0.136 (0.284)	-0.097 (0.342)	-0.105 (0.330)	-0.076 (0.374)	0.025 (0.458)	0.120 (0.308)	0.250 (0.144)	-0.302 (0.098)	1.000	0.611 (0.002**)	-0.119 (0.308)	-0.167 (0.241)	0.247 (0.147)	0.110 (0.322)	0.241 (0.153)
重新或加快执行扶贫工作数量	0.322 (0.083)	0.307 (0.094)	0.180 (0.223)	-0.251 (0.143)	-0.045 (0.425)	0.049 (0.418)	0.145 (0.271)	0.310 (0.092)	0.243 (0.151)	-0.130 (0.292)	0.611 (0.002**)	1.000	-0.232 (0.163)	-0.297 (0.102)	0.200 (0.199)	0.062 (0.397)	0.164 (0.245)
改善决策过程或制度数量	-0.136 (0.284)	-0.002 (0.496)	-0.166 (0.242)	-0.104 (0.331)	-0.113 (0.318)	0.246 (0.147)	-0.241 (0.153)	-0.064 (0.394)	0.090 (0.354)	0.000 (0.500)	-0.119 (0.308)	-0.232 (0.163)	1.000	0.358 (0.061)	-0.173 (0.233)	-0.201 (0.197)	-0.206 (0.192)
加强监督机制的数量	0.103 (0.333)	-0.265 (0.130)	0.235 (0.159)	0.411 (0.036*)	-0.157 (0.254)	-0.115 (0.315)	-0.149 (0.265)	-0.269 (0.125)	-0.094 (0.347)	-0.075 (0.376)	-0.167 (0.241)	-0.297 (0.102)	0.358 (0.061)	1.000	-0.233 (0.162)	-0.178 (0.226)	-0.195 (0.205)

续表

	盘活扶贫资金额	归还与规范违规使用资金额	统筹使用资金额	返还骗取或虚列扶贫资金额	加速项目使用数量	追究相关责任人数量	解决项目建造过程中存在问题的数量	推动项目进展的数量	修订完善相关制度数量	重新落实政策数量	制定或减少相应政策数量	重新或加快执行扶贫工作数量	改善决策过程或制度数量	加强监督机制的数量	政府部门处理的人员	政府部门处理的单位	政府部门处理的案件
政府部门处理的人员	0.320 (0.085)	-0.127 (0.297)	0.357 (0.061)	-0.126 (0.299)	-0.025 (0.458)	-0.111 (0.321)	-0.062 (0.398)	-0.040 (0.433)	0.146 (0.269)	-0.085 (0.360)	0.247 (0.147)	0.200 (0.199)	-0.173 (0.233)	-0.233 (0.162)	1.000	0.728 (0.000***)	0.938 (0.000***)
政府部门处理的单位	0.246 (0.148)	-0.204 (0.194)	0.218 (0.178)	0.019 (0.468)	-0.004 (0.493)	-0.129 (0.294)	-0.194 (0.206)	-0.143 (0.274)	0.242 (0.152)	-0.261 (0.133)	0.110 (0.322)	0.062 (0.397)	-0.201 (0.197)	-0.178 (0.226)	0.728 (0.000***)	1.000	0.747 (0.000***)
政府部门处理的案件	0.402 (0.039*)	-0.168 (0.239)	0.443 (0.025*)	-0.002 (0.496)	0.208 (0.189)	-0.132 (0.289)	-0.082 (0.366)	-0.077 (0.374)	0.269 (0.125)	0.011 (0.481)	0.241 (0.153)	0.164 (0.245)	-0.206 (0.192)	-0.195 (0.205)	0.938 (0.000***)	0.747 (0.000***)	1.000

附录5　双向评价指标体系信度分析

附录5－1　　精准扶贫政策实施效果评价指标体系表

专家序号	准则层	资金使用体系	项目建设和运营体系	政策落实体系	体制机制运行体系	重大违纪违法体系
专家一	*CI*	0.0264	0.0146	0.0268	0.0000	0.0000
	CR	0.0307	0.0170	0.0516	0.0000	0.0000
专家二	*CI*	0.0385	0.0697	0.0000	0.0092	0.0000
	CR	0.0448	0.0810	0.0000	0.0176	0.0000
专家三	*CI*	0.0400	0.0114	0.0000	0.0092	0.0000
	CR	0.0465	0.0133	0.0000	0.0176	0.0000
专家四	*CI*	0.0293	0.0146	0.0000	0.0270	0.0000
	CR	0.0340	0.0170	0.0000	0.0518	0.0000
专家五	*CI*	0.0395	0.0146	0.0000	0.0092	0.0000
	CR	0.0459	0.0170	0.0000	0.0176	0.0000
专家六	*CI*	0.0272	0.0146	0.0000	0.0000	0.0000
	CR	0.0317	0.0170	0.0000	0.0000	0.0000
专家七	*CI*	0.0293	0.0146	0.0000	0.0092	0.0000
	CR	0.0340	0.0170	0.0000	0.0176	0.0000
专家八	*CI*	0.0163	0.0224	0.0000	0.0092	0.0268
	CR	0.0189	0.0261	0.0000	0.0176	0.0516
专家九	*CI*	0.0666	0.0282	0.0092	0.0092	0.0268
	CR	0.0775	0.0328	0.0176	0.0176	0.0516

续表

专家序号	准则层	资金使用体系	项目建设和运营体系	政策落实体系	体制机制运行体系	重大违纪违法体系
专家十	*CI*	0.0666	0.0282	0.0092	0.0092	0.0268
	CR	0.0775	0.0328	0.0176	0.0176	0.0516
专家十一	*CI*	0.0544	0.0528	0.0000	0.0092	0.0092
	CR	0.0632	0.0614	0.0000	0.0176	0.0176
专家十二	*CI*	0.0395	0.0528	0.0000	0.0092	0.0092
	CR	0.0459	0.0614	0.0000	0.0176	0.0176
专家十三	*CI*	0.0264	0.0439	0.0092	0.0000	0.0268
	CR	0.0307	0.0510	0.0176	0.0000	0.0516
专家十四	*CI*	0.0395	0.0439	0.0092	0.0000	0.0268
	CR	0.0459	0.0510	0.0176	0.0000	0.0516
专家十五	*CI*	0.0114	0.0439	0.0000	0.0000	0.0268
	CR	0.0132	0.0510	0.0000	0.0000	0.0516
专家十六	*CI*	0.0272	0.0330	0.0000	0.0000	0.0268
	CR	0.0317	0.0384	0.0000	0.0000	0.0516
专家十七	*CI*	0.0395	0.0529	0.0000	0.0000	0.0268
	CR	0.0459	0.0615	0.0000	0.0000	0.0516
专家十八	*CI*	0.0114	0.0529	0.0000	0.0000	0.0000
	CR	0.0132	0.0615	0.0000	0.0000	0.0000
专家十九	*CI*	0.0293	0.0529	0.0000	0.0000	0.0000
	CR	0.0340	0.0615	0.0000	0.0000	0.0000
专家二十	*CI*	0.0395	0.0146	0.0000	0.0000	0.0000
	CR	0.0459	0.0170	0.0000	0.0000	0.0000
专家二十一	*CI*	0.0272	0.0146	0.0000	0.0000	0.0000
	CR	0.0317	0.0170	0.0000	0.0000	0.0000
专家二十二	*CI*	0.0395	0.0146	0.0000	0.0000	0.0000
	CR	0.0459	0.0170	0.0000	0.0000	0.0000

续表

专家序号	准则层	资金使用体系	项目建设和运营体系	政策落实体系	体制机制运行体系	重大违纪违法体系
专家二十三	*CI*	0.0666	0.0114	0.0000	0.0000	0.0000
	CR	0.0775	0.0133	0.0000	0.0000	0.0000
专家二十四	*CI*	0.0666	0.0200	0.0000	0.0000	0.0000
	CR	0.0775	0.0233	0.0000	0.0000	0.0000
专家二十五	*CI*	0.0666	0.0255	0.0268	0.0000	0.0000
	CR	0.0775	0.0297	0.0516	0.0000	0.0000
专家二十六	*CI*	0.0666	0.0396	0.0268	0.0000	0.0000
	CR	0.0775	0.0461	0.0516	0.0000	0.0000
专家二十七	*CI*	0.0385	0.0146	0.0000	0.0092	0.0000
	CR	0.0448	0.0170	0.0000	0.0176	0.0000
专家二十八	*CI*	0.0544	0.0222	0.0000	0.0000	0.0000
	CR	0.0632	0.0259	0.0000	0.0000	0.0000
专家二十九	*CI*	0.0395	0.0114	0.0000	0.0092	0.0000
	CR	0.0459	0.0133	0.0000	0.0176	0.0000
专家三十	*CI*	0.0293	0.0154	0.0000	0.0000	0.0000
	CR	0.0340	0.0179	0.0000	0.0000	0.0000
专家三十一	*CI*	0.0264	0.0146	0.0000	0.0000	0.0000
	CR	0.0307	0.0170	0.0000	0.0000	0.0000
专家三十二	*CI*	0.0666	0.0282	0.0000	0.0268	0.0268
	CR	0.0775	0.0328	0.0000	0.0516	0.0516
专家三十三	*CI*	0.0666	0.0146	0.0000	0.0000	0.0000
	CR	0.0775	0.0170	0.0000	0.0000	0.0000
专家三十四	*CI*	0.0395	0.0663	0.0000	0.0268	0.0000
	CR	0.0459	0.0771	0.0000	0.0516	0.0000
专家三十五	*CI*	0.0163	0.0439	0.0000	0.0268	0.0092
	CR	0.0189	0.0510	0.0000	0.0516	0.0176

附录 5－2　审计机关精准扶贫监督绩效评价指标体系表

专家序号	准则层	资金使用审计规范体系	项目建设和运营审计优化体系	政策落实审计纠正体系	体制机制审计完善体系	重大违纪违法审计查处体系
专家一	*CI*	0.0632	0.0146	0.0000	0.0000	0.0000
	CR	0.0732	0.0170	0.0000	0.0000	0.0000
专家二	*CI*	0.0632	0.0349	0.0000	0.0092	0.0268
	CR	0.0732	0.0406	0.0000	0.0176	0.0516
专家三	*CI*	0.0388	0.0349	0.0000	0.0092	0.0268
	CR	0.0449	0.0406	0.0000	0.0176	0.0516
专家四	*CI*	0.0597	0.0820	0.0000	0.0269	0.0268
	CR	0.0691	0.0954	0.0000	0.0517	0.0516
专家五	*CI*	0.0774	0.0391	0.0000	0.0000	0.0268
	CR	0.0896	0.0455	0.0000	0.0000	0.0516
专家六	*CI*	0.0632	0.0349	0.0000	0.0000	0.0268
	CR	0.0732	0.0406	0.0000	0.0000	0.0516
专家七	*CI*	0.0626	0.0146	0.0000	0.0000	0.0268
	CR	0.0725	0.0170	0.0000	0.0000	0.0516
专家八	*CI*	0.0806	0.0014	0.0000	0.0000	0.0000
	CR	0.0933	0.0016	0.0000	0.0000	0.0000
专家九	*CI*	0.0806	0.0014	0.0000	0.0000	0.0268
	CR	0.0933	0.0016	0.0000	0.0000	0.0516
专家十	*CI*	0.0388	0.0014	0.0000	0.0000	0.0268
	CR	0.0449	0.0016	0.0000	0.0000	0.0516
专家十一	*CI*	0.0404	0.0014	0.0000	0.0092	0.0000
	CR	0.0467	0.0016	0.0000	0.0176	0.0000
专家十二	*CI*	0.0699	0.0071	0.0000	0.0000	0.0000
	CR	0.0809	0.0082	0.0000	0.0000	0.0000
专家十三	*CI*	0.0806	0.0114	0.0000	0.0092	0.0000
	CR	0.0933	0.0133	0.0000	0.0176	0.0000

续表

专家序号	准则层	资金使用审计规范体系	项目建设和运营审计优化体系	政策落实审计纠正体系	体制机制审计完善体系	重大违纪违法审计查处体系
专家十四	*CI*	0.0806	0.0014	0.0000	0.0000	0.0268
	CR	0.0933	0.0016	0.0000	0.0000	0.0516
专家十五	*CI*	0.0806	0.0014	0.0000	0.0000	0.0268
	CR	0.0933	0.0016	0.0000	0.0000	0.0516
专家十六	*CI*	0.0806	0.0014	0.0000	0.0000	0.0268
	CR	0.0933	0.0016	0.0000	0.0000	0.0516
专家十七	*CI*	0.0597	0.0069	0.0000	0.0000	0.0000
	CR	0.0691	0.0080	0.0000	0.0000	0.0000
专家十八	*CI*	0.0597	0.0052	0.0000	0.0000	0.0000
	CR	0.0691	0.0060	0.0000	0.0000	0.0000
专家十九	*CI*	0.0626	0.0069	0.0000	0.0000	0.0000
	CR	0.0725	0.0080	0.0000	0.0000	0.0000
专家二十	*CI*	0.0632	0.0754	0.0268	0.0000	0.0000
	CR	0.0732	0.0877	0.0516	0.0000	0.0000
专家二十一	*CI*	0.0626	0.0843	0.0000	0.0000	0.0000
	CR	0.0725	0.0981	0.0000	0.0000	0.0000
专家二十二	*CI*	0.0626	0.0843	0.0000	0.0000	0.0000
	CR	0.0725	0.0981	0.0000	0.0000	0.0000
专家二十三	*CI*	0.0320	0.0635	0.0000	0.0000	0.0000
	CR	0.0370	0.0738	0.0000	0.0000	0.0000
专家二十四	*CI*	0.0626	0.0832	0.0092	0.0000	0.0000
	CR	0.0725	0.0968	0.0176	0.0000	0.0000
专家二十五	*CI*	0.0806	0.0679	0.0092	0.0000	0.0000
	CR	0.0933	0.0790	0.0176	0.0000	0.0000
专家二十六	*CI*	0.0626	0.0624	0.0000	0.0000	0.0000
	CR	0.0725	0.0725	0.0000	0.0000	0.0000

续表

专家序号	准则层	资金使用审计规范体系	项目建设和运营审计优化体系	政策落实审计纠正体系	体制机制审计完善体系	重大违纪违法审计查处体系
专家二十七	*CI*	0.0516	0.0146	0.0092	0.0000	0.0000
	CR	0.0597	0.0170	0.0176	0.0000	0.0000
专家二十八	*CI*	0.0597	0.0634	0.0000	0.0000	0.0000
	CR	0.0691	0.0738	0.0000	0.0000	0.0000
专家二十九	*CI*	0.0632	0.0146	0.0000	0.0000	0.0268
	CR	0.0732	0.0170	0.0000	0.0000	0.0516
专家三十	*CI*	0.0806	0.0757	0.0000	0.0000	0.0000
	CR	0.0933	0.0881	0.0000	0.0000	0.0000
专家三十一	*CI*	0.0597	0.0146	0.0270	0.0092	0.0268
	CR	0.0691	0.0170	0.0518	0.0176	0.0516
专家三十二	*CI*	0.0806	0.0014	0.0000	0.0268	0.0268
	CR	0.0933	0.0016	0.0000	0.0516	0.0516
专家三十三	*CI*	0.0626	0.0146	0.0000	0.0000	0.0000
	CR	0.0725	0.0170	0.0000	0.0000	0.0000
专家三十四	*CI*	0.0320	0.0053	0.0000	0.0268	0.0000
	CR	0.0370	0.0061	0.0000	0.0516	0.0000
专家三十五	*CI*	0.0405	0.0071	0.0000	0.0000	0.0000
	CR	0.0469	0.0082	0.0000	0.0000	0.0000

附录6　本专著包含作者已发表的章节论文

［1］第2章 理论基础，2.2 政策跟踪审计概述中 2.2.1 政策跟踪审计的理论框架（包括政策跟踪审计创新特征、政策跟踪审计中国家审计与其他政府部门监督的职责分工与协同、政策跟踪审计绩效评估的构想），转引自文章：王帆，谢志华．政策跟踪审计理论框架研究［J］．审计研究，2019（3）：3－10.

［2］第2章 理论基础，2.2 政策跟踪审计概述中 2.2.2 审计推动制度体制机制完善的路径（包括国家治理现代化视角下公共政策审计实施的现状分析、政策跟踪审计推动制度体制机制完善的路径），转引自文章：Wang F and Qiongna Z. Current Situation and Path of Public Policy Audit of the Chinese Government—From the Perspective of Modernization of State Governance［J］. Argos，2018：131－140.

［3］第5章 精准扶贫政策实施效果研究，5.2 精准扶贫实施的宏观效果：以环境改善为例部分（包括国家审计、精准扶贫与环境改善的关系部分内容，精准扶贫期间环境改善的效果、研究与建议部分内容），转引自文章：Fan Wang，Yao Lu，Jin Li and Juan Ni. Evaluating Environmentally Sustainable Development Based on the PSR Framework and Variable Weigh Analytic Hierarchy Process，International Journal of Environmental Research and Public Health，2021，18（6）：1－16.

［4］第5章 精准扶贫政策实施效果研究，5.3 精准扶贫实施的微观效果：以企业投资效率为例部分（包括国家审计、精准扶贫与民营企业投资效率的关系部分内容、企业扶贫与企业投资效率的

关系、精准扶贫提升民营企业投资效率检验、研究与建议部分内容），转引自文章：王帆，陶媛婷，倪娟．精准扶贫背景下上市公司的投资效率与绩效研究——基于民营企业的样本［J］．中国软科学，2020（6）：122－135．

参考文献

中文参考文献

边俊杰，赵天宇．精准扶贫政策对农村贫困居民家庭消费的影响——基于赣南苏区的入户调查数据分析［J］．江西财经大学学报，2019（1）：63－73.

陆铭．城市、区域和国家发展——空间政治经济学的现在与未来［J］．经济学（季刊），2017，16（4）：1499－1532.

蔡春，唐凯桃，刘玉玉．政策执行效果审计初探［J］．审计研究，2016（4）：35－39.

曾繁清，叶德珠．金融体系与产业结构的耦合协调度分析——基于新结构经济学视角［J］．经济评论，2017（3）：134－147.

曾小溪，崔嵩，汪三贵．彩票公益金扶贫项目实施效果——基于山东、湖北、四川省的调查与思考［J］．农村经济，2015（7）：60－65.

陈希晖，邢祥娟．重大政策落实跟踪审计的实施框架［J］．中国审计评论，2017（2）：30－38.

陈扬乐．湖南县域经济发展水平的空间差异与扶贫开发［J］．经济地理，2003（2）：183－186.

程慧，徐琼，郭尧琦．我国旅游资源开发与生态环境耦合协调发展的时空演变［J］．经济地理，2019（6）：233－240.

程新生，谭有超，刘建梅．非财务信息、外部融资与投资效率［J］．管理世界，2012（7）：137－150.

从晓男．耦合度模型的形式，性质及在地理学中的若干误用［J］．经济地理，2019，39（4）：18－25.

樊丽明，解垩．公共转移支付减少了贫困脆弱性吗？［J］．经济研究，2014（8）：67－78.

方菲，吴志华．双重脱嵌：精准扶贫政策的基层实践困境解析——基于湖北省X镇的调查［J］．学习与实践，2019（1）12－19.

方俊，任素平，黄均田．PPP项目全过程跟踪审计评价指标体系设计［J］．审计研究，2017（6）：14－21，98.

付宏琳．美国复苏与再投资政策执行情况跟踪审计及启示［J］．审计研究，2016（6）：25－29.

高小平，刘晶．政府理论在治理实践中发展［J］．中国行政管理，2014（7）：123.

高雪莲．政策评价方法论的研究进展及其争论［J］．理论探讨，2009（5）：139－142.

龚霖丹，刘相龙，骆劲颖．银行精准扶贫效率评价及影响因素研究——以福建南平为例［J］．金融监管研究，2017（1）：97－110.

郭春甫，薛倩雯．扶贫政策执行中的形式主义：类型特征，影响因素及治理策略［J］．理论与改革，2019（5）：140－152.

郭沛源，于永达．公私合作实践企业社会责任——以中国光彩事业扶贫项目为案例［J］．管理世界，2006（4）：41－47，171.

韩峰，吴雨桐．国家审计治理与公共服务供给——基于系统耦合互动视角［J］．会计之友，2018（14）：92－97.

和月月，周常春，张峰．生态扶贫政策对农户生计策略和收入的影响［J］．统计与决策，2021，37（4）：82－86.

后小仙，赵中伟．经济责任审计与领导干部选拔任用的制度耦合［J］．中国行政管理，2016（3）：26－30.

胡泽君．国务院关于2016年度中央预算执行和其他财政收支的审计工作报告［N］．中国审计报，2017－06－26（2）.

黄爱军，朱奎．美国扶贫减困的主要特点及启示［J］．江苏农村经济，2010（8）：68－70.

黄溶冰．党政领导干部经济责任审计的层次变权综合评价模型——基于科学发展观的视角［J］．审计研究，2013（5）：53－59.

黄溶冰．国家审计项目的审计质量评价研究［J］．中国审计评论，2016（2）：8－15.

黄溶冰．国家审计质量的影响因素研究——基于结构方程和DEA－Tobit模型的分析［J］．兰州学刊，2017（5）：156－172.

黄渊基．连片特困地区旅游扶贫效率评价及时空分异——以武陵山湖南片区20个县（市，区）为例［J］．经济地理，2017（11）：229－235.

简小文．习近平关于人大监督的重要论述研究——兼论我国宪法法律监督权与人大监督制度的完善［J］．经济社会体制比较，2020（1）：1－8.

蒋悟真．政府主导精准脱贫责任的法律解释［J］．政治与法律，2017（7）：72－83.

金宇超，靳庆鲁．宣扬“不作为”或“急于表现”：企业投资中的政治动机［J］．经济研究，2016（10）：126－139.

金钰莹，叶广宇．我国教育公平与区域经济增长的耦合协调性分析［J］．湖南社会科学，2019（4）：115－122.

雷俊生．基于国家审计的精准扶贫保障机制研究［J］．学术论坛，2018（5）：103－110.

李德清，崔红梅，李洪兴．基于层次变权的多因素决策［J］．系统工程学报，2004（3）：258－263.

李洪兴．因素空间理论与知识表示的数学框架（Ⅷ）——变权综合原理［J］．模糊系统与数学，1995（3）：1－9.

李静，马丽娟，姜旭．财政支出、农村人口对脱贫攻坚的影响［J］．社会科学战线，2019（9）：249－253.

李璐，夏昱．基于数据包络分析的审计机关绩效评价研究［J］．财政研究，2011（12）：46－50．

李曼，陆贵龙．基于耦合理论的内部审计绩效评估研究［J］．审计与经济研究，2013（1）：46－52．

梁涛．基础设施项目融资模式及其资本结构优化研究［D］．天津：天津大学，2011．

廖义刚，韩洪灵，陈汉文．政府审计之职能与特征：国家理论视角的解说［J］．会计研究，2008（2）：86－92，96．

刘爱东，张鼎祖．中国地方审计机关效率测度与分析——基于1998—2009年的面板数据［J］．审计研究，2014（5）：60－67．

刘博，单珊，金静．精准扶贫绩效审计评价指标体系的构建与分析——以安徽省为例［J］．河北科技大学学报（社会科学版），2019（2）：15－21．

刘东，贺舒昱．区域科技投入与经济发展耦合协调度实证研究——以云南省为例［J］．商业经济研究，2019（15）：150－153．

刘飞．经济责任审计与绩效审计的耦合问题研究［D］．大连：东北财经大学，2015．

刘国城，黄崑．扶贫政策跟踪审计机制研究［J］．审计研究，2019（3）：11－19．

刘玲，智慧．新型城镇化与生态环境耦合协调度的测算［J］．统计与决策，2019（14）：137－141．

刘占勇．精准扶贫思想内涵特征及对扶贫实践的启示［J］．江汉学术，2016（4）：5－11．

陆汉文，黄承伟．中国精准扶贫发展报告（2016）［M］．北京：社会科学文献出版社，2016．

逯进，郭志仪．中国省域人口迁移与经济增长耦合关系的演进［J］．人口研究，2014，38（6）：40－56．

吕劲松，黄崑．乡村振兴战略背景下扶贫审计创新研究［J］．

审计研究，2018（4）：12－17.

马跃明．“精准扶贫”的浙江样本［J］．浙江人大，2016（6）：26－30.

马志娟，梁思源．基于公共政策过程的环境政策审计研究［J］．审计与经济研究，2017（4）：8－15.

毛婧瑶，葛咏，赵中秋，等．武陵山贫困片区扶贫成效评价与空间格局分析［J］．地球信息科学学报，2016（3）：334－342.

彭兰香，李佳丽，刘婷．基于绩效棱柱和PSR模型的水环保绩效审计评价体系构建研究——以浙江省“五水共治”为例［J］．财经论丛，2015（5）：67－73.

秦荣生．国家审计职责的界定：责任关系的分析［J］．审计与经济研究，2011（2）：3－8.

上海市审计学会课题组．政策措施落实情况跟踪审计实务研究［J］．审计研究，2017（3）：12－18.

审计署武汉特派办课题组，程光．国家重大政策措施贯彻落实情况跟踪审计创新与发展研究［J］．审计研究，2018（4）：18－23.

审计署重庆特派办理论研究会课题组．政策措施落实情况跟踪审计中提高审计判断质量的路径分析［J］．审计研究，2017（3）：23－29.

生延超，钟志平．旅游产业与区域经济的耦合协调度研究——以湖南省为例［J］．旅游学刊，2009（8）：23－29.

时现．国家审计与内部审计耦合联动机制研究［J］．会计之友，2019（13）：2－7.

宋常，赵懿清．投资项目绩效审计评价指标体系与框架设计研究［J］．审计研究，2011（1）：40－46.

汤小莉，冯均科，逯颖，等．我国地方审计机关绩效影响因素评价［J］．财会月刊，2016（6）：86－91.

唐惠敏，范和生．精准扶贫与公私合作（PPP）的协同治理

[J]. 宁夏社会科学，2017（3）：87－93.

唐丽霞. 精准扶贫机制的实现——基于各地的政策实践［J]. 贵州社会科学，2017（1）：158－162.

唐兴霖，尹文嘉. 从新公共管理到后新公共管理——20世纪70年代以来西方公共管理前沿理论述评［J]. 社会科学战线，2011（2）：178－183.

唐雪松，周晓苏，马如静. 政府干预、GDP增长与地方国企过度投资［J]. 金融研究，2010（8）：33－48.

陶媛婷，王帆. 精准扶贫政策跟踪审计的问责方式与路径［J]. 财会月刊，2019（17）：124－129.

童藤. 金融创新与科技创新的耦合研究［D]. 武汉：武汉理工大学，2013.

汪三贵，曾小溪. 从区域扶贫开发到精准扶贫［J]. 农业经济问题，2018（8）：40－50.

汪三贵，刘未. 以精准扶贫实现精准脱贫：中国农村反贫困的新思路［J]. 华南师范大学学报（社会科学版），2016（5）：110－115，191.

汪侠，甄峰，沈丽珍，等. 基于贫困居民视角的旅游扶贫满意度评价［J]. 地理研究，2017（12）：2355－2368.

王昌森，张震，董文静，等. 乡村振兴战略下美丽乡村建设与乡村旅游发展的耦合研究［J]. 统计与决策，2019（13）：97－101.

王帆，钱瑞. 政策跟踪审计效果评价体系构建与应用研究——以稳增长等政策审计为例［J]. 西安财经学院学报，2019（5）：60－66.

王帆，谢志华. 政策跟踪审计理论框架研究［J]. 审计研究，2019（3）：3－10.【发表的章节论文为，第2章理论基础，2.2政策跟踪审计概述中2.2.1政策跟踪审计的理论框架（包括政策跟踪审计创新特征、政策跟踪审计中国家审计与其他政府部门监督的职责

分工与协同、政策跟踪审计绩效评估的构想。pp. 32－46】

王帆，陶媛婷，倪娟．精准扶贫背景下上市公司的投资效率与绩效研究——基于民营企业的样本［J］．中国软科学，2020（6）：122－135.【发表的章节论文为，第5章 精准扶贫政策实施效果研究，5.3 精准扶贫实施的微观效果：以企业投资效率为例部分，包括国家审计、精准扶贫与民营企业投资效率的关系部分内容、企业扶贫与企业投资效率的关系、精准扶贫提升民营企业投资效率检验、研究与建议部分内容。pp. 196－218】

王高贺．精准扶贫思想内涵深刻［N］．中国社会科学报，2016－11－24（1）.

王会金．国外后新公共管理运动与我国政府绩效审计发展创新研究［J］．会计研究，2014（10）：81－88，97.

王慧．政策措施落实情况跟踪审计理论与实务研究综述［J］．审计研究，2017（2）：21－24.

王灵桂，侯波．精准扶贫：理论，路径与和田思考［M］．北京：中国社会科学出版社，2018.

王善平，金妍希．反贫能力导向的财政扶贫绩效审计研究［J］．湘潭大学学报（哲学社会科学版），2013（3）：17－21.

王小林，Sabina Alkire. 中国多维贫困测量：估计和政策含义［J］．中国农村经济，2009（12）：4－10，23.

王小鲁，樊纲，余静文．中国分省份市场化指数报告（2016）［M］．北京：社会科学文献出版社，2017.

王学龙，王复美．审计机关绩效评价指标体系构建——以审计署绩效报告为例［J］．审计研究，2015（1）：52－59.

王艺明，刘一鸣．慈善捐赠、政治关联与私营企业融资行为［J］．财政研究，2018（6）：54－69.

王艺明，刘志红．大型公共支出项目的政策效果评估——以"'八七'扶贫攻坚计划"为例［J］．财贸经济，2016（1）：33－47.

王永海，王嘉鑫．国家审计可以有效提升国家治理能力吗［J］．当代财经，2017（9）：119－133．

卫小将．精准扶贫中群众的主体性塑造——基于赋权理论视角［J］．中国特色社会主义研究，2017（5）：80－85．

魏金义，祁春节．农业技术进步与要素禀赋的耦合协调度测算［J］．中国人口·资源与环境，2015，25（1）：90－96．

魏明，席小欢．政策落实跟踪审计评价研究［J］．南京审计大学学报，2017（6）：56－65．

魏志华，曾爱民，李博．金融生态环境与企业融资约束——基于中国上市公司的实证研究［J］．会计研究，2014（5）：7380，7395．

温素彬．企业三重绩效的层次变权综合评价模型——基于可持续发展战略的视角［J］．会计研究，2010（12）：82－87．

巫林洁，刘滨，唐云平．产业扶贫对贫困户收入的影响——基于江西省1047户数据［J］．调研世界，2019（10）：16－20．

吴勤堂．产业集群与区域经济发展耦合机理分析［J］．管理世界，2004（2）：133－134．

伍宁杰，官翠铃，邱映贵．长江中游城市群物流产业与经济发展耦合协调性研究［J］．中南财经政法大学学报，2019（4）：89－99．

肖云，徐新鹏，尹新哲．新时期扶贫开发科学发展的十大长效机制设计［J］．重庆邮电大学学报（社会科学版），2012（4）：11－17，63．

谢志华．国家审计对国有企业进行的审计是代表所有权进行的审计［J］．审计研究，2016（3）：12－13．

徐玉莲，王玉冬，林艳．区域科技创新与科技金融耦合协调度评价研究［J］．科学学与科学技术管理，2011，32（12）：116－122．

薛曜祖．吕梁山集中连片特困地区科技扶贫的实施效果分析［J］．中国农业大学学报，2018（5）：218－224．

杨肃昌．中国公共支出绩效审计发展现状与趋势分析［J］．

会计之友，2014（22）：84－88.

余海宗，吴艳玲，田至立．地方审计机关绩效考核体系优化研究［J］．审计研究，2017（5）：10－16.

喻坤，李治国，张晓蓉，等．企业投资效率之谜：融资约束假说与货币政策冲击［J］．经济研究，2014，49（5）：106－120.

张金辉．国家审计促进转变经济发展方式的路径探析［J］．审计研究，2014（3）：33－37.

张磊．中国扶贫开发政策演变（1949—2005年）［M］．北京：中国财政经济出版社，2007.

张阳．绩效审计报告：促进社会和谐的制度耦合视角分析［J］．审计研究，2010（6）：41－46.

赵金元．生产制造类软件项目风险的识别、评估和控制研究［D］．北京：北京科技大学，2015.

郑石桥，徐孝轩，宋皓杰．国家审计治理指数研究［J］．南京审计学院学报，2014（1）：89－96.

郑伟，徐萌萌，戚广武．内部审计质量与控制活动有效性研究——基于内部审计与内部控制的耦合关系及沪市上市公司经验证据［J］．审计研究，2014（6）：100－107.

中共中央文献研究室．习近平关于全面从严治党论述摘编［M］．北京：中央文献出版社，2016.

中国人民银行贵阳中心支行内审处课题组．金融精准扶贫绩效审计评价指标体系的构建与分析［J］．金融会计，2017（1）：63－72.

仲杨梅，张龙平．职业化视角下的国家审计人力资源管理框架研究［J］．审计研究，2017（5）：3－9.

周亮，车磊，孙东琪．中国城镇化与经济增长的耦合协调发展及影响因素［J］．经济地理，2019（6）：97－107.

朱玲．中国扶贫理论和政策研究评述［J］．管理世界，1992（4）：196－203.

朱梦冰，李实．精准扶贫重在精准识别贫困人口——农村低保政策的瞄准效果分析［J］．中国社会科学，2017（9）：90－112，207.

朱启超，陈英武，匡兴华．复杂项目界面风险管理模型研究［J］．科研管理，2005（6）：151－158.

朱小平，叶友，傅黎瑛．中美国家审计绩效衡量指标体系比较研究［J］．审计与经济研究，2004（5）：1－4.

朱智鸿．政策跟踪审计作用及路径探析［J］．财会月刊，2016（21）：103－106.

淄博市审计局课题组．“三维”视角下政策措施落实情况跟踪审计分析［J］．审计研究，2016（1）：22－28.

英文参考文献

BENLEMLIH M，BITAR M. Corporate social responsibility and investment efficiency［J］. *Journal of Business Ethics*，2018，148（3）：647－671.

BARONR M，KENNYD A. The moderator－mediator variable distinction in social psychological research：conceptual，strategic，and statistical considerations［J］. *Journal of Personality and Social Psychology*，1986，51（6）：1173－1182.

CHIH H L，SHEN C H，KANG F C. Corporate social responsibility，investor protection，and earnings management：some international evidence［J］. *Journal of Business Ethics*，2008，79（1/2）：179－198.

CHRISTENSEN T，LAGREID P. The Whole－of－government Approach to Public Sector Reform［J］. *Public Administration Review*，2007，67（6）：1059－1066.

CONCHADA M I P，RIVERA J P R. Assessing the Impacts of Food and Non－Food Grants on Poverty Alleviation in the Philippines：The Case of Pasay City［J］. *Mlaysian Journal of Econamic Studies*，

2013, 50 (2): 53 - 78.

DEEPARK L, ANUJ S. Private Household Transfers and Poverty Alleviation in Rural India [J]. *The Journal of Applied Economic Research*, 2009, 32 (4): 97 - 112.

DOLMAN P M, MOSSMAN H L. The Biodiversity Audit Approach Challenges Regional Priorities and Identifies a Mismatch in Conservation [J]. *Journal of Applied Ecology*, 2012, (5): 986 - 997.

FAN W and QIONGNA Z. Current Situation and Path of Public Policy Audit of the Chinese Government—From the Perspective of Modernization of State Governance [J]. Argos, 2018: 131 - 140. 【发表的章节论文为，第 2 章理论基础，2.2 政策跟踪审计概述中 2.2.2 审计推动制度体制机制完善的路径（包括国家治理现代化视角下公共政策审计实施的现状分析、政策跟踪审计推动制度体制机制完善的路径）。pp. 46 - 54】

FAN W, YAO L, JIN L, JUAN N. Evaluating Environmentally Sustainable Development Based on the PSR Framework and Variable Weigh Analytic Hierarchy Process, International Journal of Environmental Research and Public Health, 2021, 18 (6): 1 - 16. 【发表的章节论文为，第 5 精准扶贫政策实施效果研究，5.2 精准扶贫实施的宏观效果：以环境改善为例部分（包括国家审计、精准扶贫与环境改善的关系部分内容，精准扶贫期间环境改善的效果、研究与建议部分内容）。pp. 178 - 196】

DUNLEAVY P, MARGETTS H S, Bastow, Tinkler J. New Public Management is Dead - Long live Digital - Era Governance [J]. *Journal of Public Administration Research and Theory*, 2005, 16 (3): 467 - 494.

FRYLW, KEIMGD, MEINERSRE. Corporate contributions: altruistic or for profit? [J]. *The Academy of Management Journal*, 1982, 25 (1): 94 - 106.

GAIHA R, IMAI K. Rural Public Works and Poverty Alleviation – the Case of the Employment Guarantee Scheme in Maharashtra [J]. *International Review of Applied Economics*, 2002, 16 (3): 131 –151.

HILL J S. Why So Much Stability? The Impact of Agency Determined Stability [J]. *Public Choice*, 1985, 46 (3): 275 – 287.

JENSEN M C, MECKLING W H. Theory of the firm: managerial behavior, agency costs and ownership structure [J]. *Journal of Financial Economics*, 1976, 3 (4): 305 –360.

KAKWANI N, PERNIA E. "What is Pro – Poor Growth?" [J]. *Asian Development Review*, 2000, 18: 1 –16.

KAKWANI N. "On Measuring Growth and Inequality Components of Poverty with Application to Thailand" [J]. *Journal of Quantitative Economics*, 2000, 16: 8 –67.

KOOHSAR K, SAEID Y. Haghighatnejad S A. The Effect of Agriculture Investment on R – ural Poverty Alleviation Iran [J]. *Quarterly Iranian Econmic Research*, 2008, 35 (5): 205 –217.

KRUGMAN P. Intraindustry Specialization and the Gains from Trade [J]. *Journal of Political Economy*, 1981, 89 (5): 959 –973.

LANG M H, LUNDHOLM R J. Corporate disclosure policy and analyst behavior [J]. *The Accounting Review*, 1996, 71 (4): 467 –492.

MAASOUMI E, LUGO M. *The Information Basis of Multivariate Poverty Assessments* [C]. Quantitative Approaches to Multidimensional Poverty Measurement, 2008: 1 –29.

MONTALVO J G, RAVALLION M. The Pattern of Growth and Poverty Reduction in China [J]. *Journal of Comparative Economics*, 2010, 38 (1): 2 –16.

NEGOITA C V. Application of Fuzzy Sets to Systems Analysis [J]. *Applied Economics Letters*, 1997 (4): 497 –501.

Petra Kynčlovú, Shyam Upadhyaya, Thomas Nice. Composite index as a measure onachieving Sustainable Development Goal 9 (SDG - 9) industry - related targets: The SDG - 9 index [J]. *Applied Energy*, 2020, 265.

POLLITT C. Performance Audit in Western Europe: Trends and Choices [J]. *Critical Perspectives on Accounting*, 2003, 14 (1): 157 - 170.

RAVALLION M, CHEN S. China's (uneven) progress against poverty [J]. *Journal of Development Economics*, 2007, 82 (1): 1 - 42.

MARTIN M, CHEN S. "What Can New Survey Data Tell Us About Recent Changes in Distribution and Poverty?" [J]. *The World Bank Economic Review*, 1996, 11: 345 - 361.

SAATY T L. *Decision Making with Dependence and Feedback: The Analytic Network Process* [M]. Pittsburgh: RWS Publication, 2001.

SAATY T L. The analytic hierarchy process (AHP) [J]. *The Journal of the Operational Research Society*, 1980, 41 (11): 1073 - 1076.

SAATY T L, Tran L T. Fuzzy judgments and fuzzy sets [J]. *International Journal of Strategic Decision Sciences*, 2010, 1 (1): 23 - 40.

SAATY T L, Tran L T. On the invalidity of fuzzifying numerical judgements in the analytic hierarchy process [J]. *Mathematical and Computer Modelling*, 2007, 46 (7 - 8): 962 - 975.

SEN A. *Development as Freedom* [M]. Oxford University Press, 1999.

SMEEDING T M, WALDFOGEL J. Fighting Poverty: Attentive Policy Can Makea Huge Difference [J]. *Journal of Policy Analysis & Management*, 2010, 29 (2): 401 - 407.

STEVRNS W G, MYERS L. Constantine "Structured Design" [J]. *IBM Systems Journal*, 1976, 13 (2): 115 - 139.

STOKER G. Public Value Management: A New Narrative for a Network Government? [J]. *American Review of Public Administration*, 2006, 36 (1): 41 -57.

KWATRA S, SHARMA P, KUMAR A. A critical review of studies related to construction and computation of Sustainable Development Indices [J]. *Ecological Indicators*, 2020, 112 (112).

U. S. Government Accountability Office (GAO). *Actions Needed to Address Serious Weaknesses in Federal Management of Programs Serving Indian Tribes* [R]. May 24, 2017.

ULLMAN A A. Data in search of a theory: a critical examination of the relationships among social performance, social disclosure, and economic performance of U. S. firms [J]. *Academy of Management Review*, 1985, 10 (3): 540 -557.

WAGEL U. R. Multidimensional Poverty: An Alternative Measurement Approach For the United States? [J]. *Social Science Research*, 2008, 37 (2): 559 -580.

WAGNER M, SCHALTEGGER S. The effect of corporate environmental strategychoice and environmental performance on competitiveness and economic performance: an empirical study of EU manufacturing [J]. *European Management Journal*, 2004, 22 (5): 557 -572.

WEICK K E. Educational Organizations as Loosely Coupled Systems [J]. *Administrative Science Quarterly*, 1976, 21 (1): 1 -19.

WILLIAMS R J, BARRETT J D. Corporate philanthropy, criminal activity, and firm reputation: is there a link? [J]. *Journal of Business Ethics*, 2000, 26 (4): 341 -350.

相关文件及网站资料

财政部，扶贫办，国家发展改革委，国家民委，农业部，林业局．中央财政专项扶贫资金管理办法 [EB/OL]. 财农〔2017〕8

号，http://www.mof.gov.cn/mofhome/ningxia/lanmudaohang/ysjg/zcfg/201804/t20180425_2878793.html.

国务院．“十三五”脱贫攻坚规划［R］．国发〔2016〕64号，2016.

国务院．关于加强审计工作的意见［EB/OL］．国发〔2014〕48号，http://www.gov.cn/zhengce/content/2014-10/27/content_9170.htm.

国务院．关于印发贯彻落实“十三五”脱贫攻坚规划具体措施的通知［EB/OL］．国发〔2016〕64号，http://www.gov.cn/zhengce/content/2016-12/02/content_5142197.htm.

国务院．国家“八七”扶贫攻坚计划（1994—2000）［EB/OL］．国发〔1994〕30号，http://www.cpad.gov.cn/art/2016/7/14/art_343_141.html.

国务院．中共中央 国务院关于打赢脱贫攻坚战的决定［EB/OL］．国务院公报〔2015〕35号，http://www.gov.cn/gongbao/content/2015/content_2978250.htm.

国务院．中国农村扶贫开发纲要（2001—2010）［EB/OL］．国发〔2001〕23号，http://www.gov.cn/zhengce/content/2016-09/23/content_5111138.htm.

国务院．中国农村扶贫开发纲要（2011—2020）［EB/OL］．国发〔2011〕35号，http://www.gov.cn/gongbao/content/2011/content_2020905.htm.

国务院办公厅．关于支持贫困县开展统筹整合使用财政涉农资金试点的意见［EB/OL］．国办发〔2016〕22号，http://www.mof.gov.cn/zhengwuxinxi/zhengcefabu/201604/t20160425_1963571.htm.

国务院扶贫开发领导小组．中央单位定点扶贫工作考核办法（试行）［EB/OL］．http://www.cpad.gov.cn/art/2017/8/8/art_1747_862.html.

海南日报. 海南省精准扶贫大数据管理平台实现扶贫对象、举措、成效等“一张图”管理［EB/OL］. 海南省人民政府网，2019，http：//www. hainan. gov. cn/hainan/tpxwbd/201910/129cab27c26a43cda5e54d59f7c27129. shtml.

李政皓，郭晨. 中国社会扶贫网利用大数据赋能精准扶贫［EB/OL］. 解放军新闻传播中心网，2018，https：//www. sohu. com/a/250965031_628598.

审计署. 2020年第1号公告：2019年第四季度国家重大政策措施落实情况跟踪审计结果［EB/OL］. http：//www. audit. gov. cn/n5/n25/c139059/content. html.

审计署. 2010—2015年审计署54个县财政性资金审计调查结果等绩效报告（2010—2015）［EB/OL］. http：//www. audit. gov. cn/n5/n25/c63597/content. html.

审计署. 2015—2019年国家重大政策措施落实情况跟踪审计结果（2015—2019）［EB/OL］. http：//www. audit. gov. cn/n5/n25/index. html.

审计署. 2016年第28号公告：2016年第二季度国家重大政策措施贯彻落实情况跟踪审计结果［EB/OL］. http：//www. audit. gov. cn/n5/n25/c86241/content. html.

审计署. 2016年第29号公告：2016年第三季度国家重大政策措施贯彻落实情况跟踪审计结果［EB/OL］. http：//www. audit. gov. cn/n5/n25/c90786/content. html.

审计署. 2016年第4号公告：2016年第一季度829个单位1796个项目贯彻落实国家重大政策措施跟踪审计结果［EB/OL］. http：//www. audit. gov. cn/n5/n25/c83697/content. html.

审计署. 2016年第7号公告：审计署关于40个县财政扶贫资金的审计结果［EB/OL］. http：//www. audit. gov. cn/n5/n25/c84959/content. html.

审计署.2017年第2号公告：2016年第四季度国家重大政策措施贯彻落实情况跟踪审计结果［EB/OL］. http：//www. audit. gov. cn/n5/n25/c93892/content. html.

审计署.2017年第30号公告：审计署移送违纪违法问题线索的查处情况［EB/OL］. http：//www. audit. gov. cn/n5/n25/c97012/content. html.

审计署.2017年第31号公告：2017年第二季度国家重大政策措施贯彻落实情况跟踪审计结果［EB/OL］. http：//www. audit. gov. cn/n5/n25/c98579/content. html.

审计署.2017年第32号公告：2017年第三季度国家重大政策措施贯彻落实情况跟踪审计结果［EB/OL］. http：//www. audit. gov. cn/n5/n25/c117878/content. html.

审计署.2017年第3号公告：2017年第一季度国家重大政策措施贯彻落实情况跟踪审计结果［EB/OL］. http：//www. audit. gov. cn/n5/n25/c96326/content. html.

审计署.2017年第6号公告：158个贫困县扶贫审计结果［EB/OL］. http：//www. audit. gov. cn/n5/n25/c97001/content. html.

审计署.2018年第2号公告：2017年第四季度国家重大政策措施贯彻落实情况跟踪审计结果［EB/OL］. http：//www. audit. gov. cn/n5/n25/c121703/content. html.

审计署.2018年第42号公告：审计署移送违纪违法问题线索查处情况［EB/OL］. http：//www. audit. gov. cn/n5/n25/c123558/content. html.

审计署.2018年第45号公告：2018年第一季度国家重大政策措施贯彻落实情况跟踪审计结果［EB/OL］. http：//www. audit. gov. cn/n5/n25/c123561/content. html.

审计署.2018年第46号公告：145个贫困县扶贫审计结果［EB/OL］. http：//www. audit. gov. cn/n5/n25/c123562/content. html.

审计署.2018年第48号公告：2018年第二季度国家重大政策措施贯彻落实情况跟踪审计结果［EB/OL］. http：//www. audit. gov. cn/n5/n25/c126692/content. html.

审计署.2018年第49号公告：2018年第三季度国家重大政策措施贯彻落实情况跟踪审计结果［EB/OL］. http：//www. audit. gov. cn/n5/n25/c128862/content. html.

审计署.2019年第10号公告：2019年第三季度国家重大政策措施贯彻落实情况跟踪审计结果［EB/OL］. http：//www. audit. gov. cn/n5/n25/c136378/content. html.

审计署.2019年第1号公告：2018年第四季度国家重大政策措施贯彻落实情况跟踪审计结果［EB/OL］. http：//www. audit. gov. cn/n5/n25/c130878/content. html.

审计署.2019年第5号公告：审计署移送违纪违法问题线索查处情况［EB/OL］. http：//www. audit. gov. cn/n5/n25/c133004/content. html.

审计署.2019年第7号公告：2019年第一季度国家重大政策措施贯彻落实情况跟踪审计结果［EB/OL］. http：//www. audit. gov. cn/n5/n25/c133006/content. html.

审计署.2019年第8号公告：2019年第二季度国家重大政策措施贯彻落实情况跟踪审计结果［EB/OL］. http：//www. audit. gov. cn/n5/n25/c134057/content. html.

审计署. 国家重大政策措施和宏观调控部署落实情况跟踪审计实施意见［EB/OL］. http：//www. gov. cn/xinwen/2015 - 05/11/content_2859975. htm.

审计署办公厅. 关于进一步加强扶贫审计促进精准扶贫精准脱贫政策落实的意见［R］. 审办农发［2016］68号，2016.

浙江省发改委. 浙江省扶贫协作四川省26个贫困县三年行动实施方案（2018—2020年）［EB/OL］. 浙发改帮扶〔2018〕644号，http：//fzggw. zj. gov. cn/art/2019/1/2/art_1229123367_1047302. html.

浙江省审计厅．办公室关于印发全省扶贫专项审计工作方案的通知［R］．浙审办农〔2019〕9号，2019.

浙江省审计厅．关于进一步深化扶贫审计的通知［R］．浙审农〔2018〕119号，2018.

浙江省审计厅．关于统筹推进2019年全省东西部扶贫协作专项审计工作的通知［EB/OL］．审计署网站，http：//www. audit. gov. cn/n4/n20/n524/c131939/content. html.

浙江省审计厅．审计厅进一步加强“十三五”期间扶贫审计工作的意见［R］．审农〔2017〕66号，2017.

浙江省审计厅办公室．关于进一步加强扶贫审计工作的通知［R］．浙审办农〔2018〕21号，2018.

中共浙江省委，浙江省人民政府．低收入农户高水平全面小康计划（2018—2022）的通知［EB/OL］．浙委发〔2018〕41号，http：//www. linhai. gov. cn/art/2018/10/11/art_1457951_5851. html.

中共浙江省委．关于浙江省助力东西部扶贫协作地区脱贫攻坚的实施意见的通知［EB/OL］．浙委发〔2018〕32号，http：//www. ouhai. gov. cn/art/2018/6/19/art_1536919_30589877. html.

中共中央办公厅，国务院办公厅．关于创新机制扎实推进农村扶贫开发工作的意见［EB/OL］．http：//www. cpad. gov. cn/art/2014/2/13/art_46_12338. html.

中共中央办公厅，国务院办公厅．关于创新机制扎实推进农村扶贫开发工作的意见［EB/OL］．中办发〔2013〕25号，http：//www. gov. cn/zhengce/2014 -01/25/content_2640104. htm.

中共中央国务院．关于打赢脱贫攻坚战的决定［R］．中发〔2015〕34号，2015.

中共中央国务院．关于加大改革创新力度加快农业现代化建设的若干意见［EB/OL］．一号文件，http：//www. gov. cn/zhengce/2015 -02/01/content_2813034. htm.

中共中央组织部，中央农村工作领导小组办公室，国务院扶贫开发领导小组办公室．关于做好选派机关优秀干部到村任第一书记工作的通知［EB/OL］．组通字〔2015〕24号，http：//www.cpad.gov.cn/art/2015/5/13/art_50_13584.html.

最高人民检察院，国务院扶贫办，全国检察机关．扶贫部门集中整治和加强预防扶贫领域职务犯罪专项工作方案［EB/OL］．http：//www.bjjc.gov.cn/bjoweb/sfyj/90423.jhtml.

ASOSAI. Tokyo Declaration［EB/OL］．http：//www.asosai.org/declarations/dectokyo.htm.

审计署．2015年第23号公告：2015年5月稳增长促改革调结构惠民生政策措施贯彻落实情况跟踪审计结果［EB/OL］．http：//www.audit.gov.cn/n5/n25/c67426/content.html.

审计署．2015年第26号公告：审计署关于2015年6月稳增长促改革调结构惠民生防风险政策措施贯彻落实情况跟踪审计结果［EB/OL］．http：//www.audit.gov.cn/n5/n25/c74463/content.html.

审计署．2015年第28号公告：2015年7月稳增长促改革调结构惠民生防风险政策措施贯彻落实情况跟踪审计结果［EB/OL］．http：//www.audit.gov.cn/n5/n25/c74379/content.html.

审计署．2015年第30号公告：2015年8月稳增长促改革调结构惠民生防风险政策措施贯彻落实跟踪审计结果［EB/OL］．http：//www.audit.gov.cn/n5/n25/c75955/content.html.

审计署．2015年9月稳增长等政策措施贯彻落实跟踪审计结果公告解读［EB/OL］．http：//www.audit.gov.cn/n5/n25/c77300/content.html.

审计署．2015年第32号公告：2015年10月稳增长促改革调结构惠民生防风险政策措施贯彻落实跟踪审计结果［EB/OL］．http：//www.audit.gov.cn/n5/n25/c78874/content.html.

审计署．2015年第34号公告：审计署移送至2015年11月已处理的 29 起违法违纪问题情况［EB/OL］. http://www.audit.gov.cn/n5/n25/c79660/content.html.

审计署.2016 年第 1 号公告：2015 年 11 月稳增长促改革调结构惠民生防风险政策措施贯彻落实情况跟踪审计结果［EB/OL］. http://www.audit.gov.cn/n5/n25/c80336/content.html.

审计署.2016 年第 3 号公告：2015 年 12 月稳增长促改革调结构惠民生防风险政策措施贯彻落实情况跟踪审计结果［EB/OL］. http://www.audit.gov.cn/n5/n25/c81573/content.html.

审计署."十三五"国家审计工作发展规划的通知［EB/OL］. http://www.gov.cn/xinwen/2016-06/02/content_5078941.htm.

审计署.2016 年第 27 号公告：审计署移送至 2016 年 6 月已处理的 39 起违纪违法问题情况［EB/OL］. http://www.audit.gov.cn/n5/n25/c84810/content.html.

段虹.用大数据助力精准扶贫［EB/OL］. 人民网，2017，http://theory.people.com.cn/n1/2017/0217/c40531-29087141.html.